国家社科基金重大项目『百年中国播音史』阶段性成果

沈力的主持风格

吴倩 著

中国传媒大学出版社
·北京·

序

《沈力的主持风格》这本书几经打磨终于即将出版,实属不易,可喜可贺。吴倩是我指导的博士生,本书是依托她早年的博士论文所作。之所以用"终于",是因为在我看来,这本书早就可以问世。在早年论文答辩期间,吴倩的博士论文就获得了很多评审专家的认可,其中一方面是沈力本人在业内的成就和口碑赋予了论文很高的研究起点,另一方面是吴倩在主持风格研究中的体例、方法以及写作文笔方面都展现出了较高的水平。但吴倩本人对这本书的出版始终保持着审慎态度,她用了近7年的时间不断完善书中的内容,持续积累大量的第一手研究资料,力求让沈力的主持风格得到更加立体、丰满的呈现。尽管如此,在她看来,这本书仍存在待完善之处。研究无止境,我坚持催促她可以在出版后、在广泛收集意见的基础上继续进行本书的修订。对于那些珍贵的第一手资料,我建议她通过汇编的方式进行整理,作为沈力主持风格研究的重要成果之一共同出版,也为其他研究者提供重要的研究考据。吴倩听取了我的建议,将沈力的手稿、书信、照片、口述访谈等内容进行了整理编入了书中,并请沈力老师的家人把关文稿,补充并核对了沈力老师的重要个人履历信息。吴倩对于研究审慎的态度是值得肯定的,我也深深地感受到,这份审慎也来自她对沈力老师的价值认同和敬仰爱戴。这是我乐于见到的情形。我曾指导博士和硕士做过不少播音主持名家的个案研究,一方面是希望通过名家研究丰富播音历史研究的细节,供后来人了解学习;另一方面是希望通过深入的剖析,让更多人认识到"风格即人"——人格魅力是成就播音主持艺术之基。如今,吴倩因为论文写作有机会走近榜样,深入研究榜样，最终自身也受到榜样的激励和影响，谦虚谨慎，吃苦耐劳，让我倍感欣慰。

沈力是20世纪家喻户晓的电视播音员和节目主持人，是播音主持历史上标杆性的人物。不仅如此，在荧屏内外，沈力都拥有着令人惊叹的好口碑。如今，沈力已经离开我们快4年的时间了，但是她在播音主持创作中开创的风格、展现的人格魅力不会随着时间消逝，相反，在时间的沉淀中，她的主持风格历久弥新。风格的形成不是一朝一夕的，而是要经过艰苦的锤炼和打磨，是要经得起历史考验的。沈力的主持风格扎根于人民的土壤，她勤勤恳恳工作近半个世纪，凭借顽强的毅力和艰辛的探索，在播音主持领域做了大量开创性的工作。无论是主持风格还是品格修养，沈力均可谓中国播音主持界的榜样与担当。在她身上，我们看到了风格与人格的统一。

沈力一直是我非常敬仰的播音前辈。20世纪90年代，在"沈力主持艺术研讨会"上，我曾以《长期艰苦的创造 平易真切的风格》为题进行发言，阐明了沈力主持风格对主持界的学习价值。荧屏之外的沈力老师待人真诚、做事认真，总是设身处地为他人着想，始终保持着那份平易与真切，真正做到了内外一致。多年来，每次面对我的播音教学邀约，沈力老师总是欣然配合支持。尽管已经有了丰富的业务经验，可每一次的教学，沈力老师都会真情投入，认认真真地做足准备，从不敷衍。我的师姐敬一丹的硕士论文，也得到过沈力老师的指点。当时，沈力老师可以说是播音主持界炙手可热的主持人，尽管如此，她在忙碌的工作之余，还为师姐提供了大量的素材、稿件，并耐心讲解主持人的工作方式，帮助师姐顺利完成了硕士论文。30多年后，当吴倩提出博士论文要做个人主持风格研究时，我立刻想到了沈力老师。从研究资料的丰富性、播音主持人物形象的完成性以及主持成就和个人品格来看，沈力老师都是最佳人选。关于沈力老师的研究已散见于各类报纸、杂志，但是用一篇博士论文做深度、系统研究尚属首次。完成好这一研究不仅为播音主持界提供了宝贵的专业学习范本，也将成为中国播音史研究中具有里程碑意义的成果。当年我跟沈力老师联系沟通博士论文事宜时，才得知沈力老师已经身患重病，但她仍应允下来。在感动与感激之余，我更加认识到这一研究的紧迫性，反复叮嘱吴倩一定要把博士论文做扎实。随后，吴倩在与沈力老师的多次接触中，真切地感受到了沈力老师的人格魅力。她对沈力老师的崇敬和感激之情，进一步增强了论文写作的使命感和责任感。最终，吴倩不辱使命，高质量地完成了博士论文的写作。

博士毕业后，吴倩进入中华女子学院工作，沈力的主持风格成为她在播音课程中最生动的案例。她始终不忘研究使命，持续搜集第一手资料，补充采访和沈力老师工作、生活关系密切的同事和亲人，让这本书的内容得到了进一步充实。据了解，书中对沈力老师主持风格和人格探析之细腻与准确，得到了沈力老师家人的充分认可。我也期待着她的这本专著在出版后能够获得更多的鼓励和肯定。

沈力老师作为中国电视播音主持的"第一滴水"，以"润物细无声"的方式滋润着中国播音主持事业的"田野"，浇灌着几代电视人的精神家园。如今，斯人已去，希望这本书的出版能带读者们重温沈力老师的荧屏风采，照亮中国播音主持的创作道路，让沈力老师在播音主持领域中作为榜样的力量与精神长存。同时，该书也将作为国家社科基金重大项目"百年中国播音史"的重要成果被收录。

姚喜双
2023 年 11 月 23 日

目录

绪　论　/　1

第一章　沈力电视节目主持风格概说　/　11

第一节　风格与主持风格　/　11

第二节　沈力电视节目主持风格的形成过程简论　/　20

小　结　/　32

第二章　沈力电视节目主持风格体现　/　34

第一节　质朴　/　36

第二节　平易　/　45

第三节　真切　/　55

第四节　知性　/　64

第五节　沈力经典主持作品赏析　/　69

小　结　/　86

第三章　沈力电视节目主持风格成因　/　87

第一节　个人追求　/　87

第二节　语境制导　/　98

第三节　人生积淀 / 113
小　结 / 124

第四章　沈力电视节目主持风格启示与思考 / 126
第一节　播音主持艺术发展的启示 / 126
第二节　媒体培养播音主持人才的启示 / 130
第三节　播音主持队伍的精神旗帜 / 134
小　结 / 142

结　语 / 143

参考文献 / 145

附　录 / 151
附录1：中央电视台沈力访谈摘编 / 151
附录2：中央电视台张悦访谈摘编 / 165
附录3：中央电视台赵忠祥访谈摘编 / 177
附录4：应红访谈摘编 / 190
附录5：吴林访谈摘编 / 198
附录6：沈力播音主持工作年谱 / 204
附录7：沈力资料汇编 / 208

后　记 / 280

绪　论

沈力的播音主持职业生涯是与新中国电视事业同步发展起来的。她是新中国第一位电视播音员,也是第一位固定的电视专栏节目主持人,是中国播音主持事业的开拓者。沈力曾获得全国优秀新闻工作者称号(1984年)、金话筒开拓奖特别金奖(1991年)、全国播音员主持人杰出贡献奖(十佳)(1994年)、第二届"金话筒"特殊荣誉奖(1995年)、"中国电视主持人盛典"25周年杰出贡献奖(2006年)等奖项,彰显了其播音主持的历史功绩。中央电视台原台长杨伟光曾评价道:"沈力同志作为我国电视播音员和主持人的代表人物,代表了中国电视工作者的优秀品质和精神,那就是勤恳敬业,勇于探索,开拓进取,不断创新。"[①]沈力作为播音主持领域老一辈革命工作者的杰出代表,是我国广播电视行业"初心"的践行者,她在播音主持事业上的开拓,树立了"不忘初心、牢记使命"的典范。

一、沈力主持风格研究的当代价值

播音主持艺术理论研究处于不断发展之中,播音主持风格研究是播音主持艺术理论架构中不可或缺的一部分,风格本身的复杂性、多层次性使得这一研究分支需要多学科的理论借鉴与支持,其研究深度和广度还有待进一步拓展。传媒业的高速发展带来了播音主持事业的空前繁荣,催生了许多与风格研究相关的新现象、新问题,这些都有待风格理论研究

---

① 杨伟光.沈力从艺40周年研讨会致辞[M]//白谦诚,胡妙德.中国荧屏第一人——沈力.北京:中国广播电视出版社,1999:3.

进行解释与分析。沈力个人主持风格作为早期电视节目主持风格的代表之一，为播音主持风格理论研究提供了重要依据。一方面，本书力求在研究沈力主持风格的基础上梳理出主持风格研究的理论框架，使主持风格的研究理论更深入、更具体。另一方面，本书对于沈力主持风格的全面阐释有利于丰富主持风格的研究样本，为播音主持风格理论的进一步完善提供重要参考。播音主持风格理论的建设离不开对于个人主持风格的研究，个人主持风格的研究是播音主持风格理论的核心，这是由播音主持的专业独特性决定的。无论是时代风格表现出的共性，还是个人风格体现出的个性，都离不开对"人"这一创作主体的分析。沈力主持风格的个案研究同样有赖于系统的理论梳理，没有了理论体系的支撑，个案研究将会变成无源之水、无本之木。此外，从理论研究视角来说，"风格"的提法本身就是对个人艺术成就的肯定，并非人人都撑得起"风格"这两个字。沈力的主持艺术成就是经过历史的考验和播音领域的专业认可的，对她的主持风格进行个案研究有着更为深刻的历史意义和理论意义。

在中华人民共和国成立75年之际，对沈力主持风格的研究还具有以下重要意义：

沈力作为新中国第一位固定的电视专栏节目主持人，其主持风格反映了电视节目主持历史的时代风貌。本书中展示的沈力照片、手稿、信件、奖章奖状等带有时代印记的资料，使播音主持的历史更加丰富可感。了解历史可以帮助播音主持工作者拓宽眼界、看清未来、明确方向。沈力从事播音主持工作40年，是播音主持领域的标杆性人物，为播音主持行业的后来人树立了学习典范。特别是沈力对工作一丝不苟的精神，以及她独有的人格魅力，都是后人学习的榜样，更是播音主持行业"风格"观的生动注脚，让大家认识到主持风格并不是为"个性"而"个性"、一味地追求自身的与众不同。

时代的发展呼唤受众审美意识的提高，沈力个人主持风格的研究为播音主持风格鉴赏提供了审美参考，有利于提升受众的鉴赏能力，满足人们多元化的精神需求。

二、沈力主持风格研究的相关资料基础

关于主持风格的探讨自 20 世纪 80 年代开始，至今还处于不断发展完善阶段。沈力的主持作品主要集中在 20 世纪八九十年代，距今已有二三十年的历史。关于沈力主持艺术研究的高峰则主要集中在 20 世纪 90 年代，当时正值我国主持人节目大发展的时期。由于跨度时间长和时代技术局限，获得沈力主持的相关视频、文献等重要历史资料并非易事。为了能够更好地展现沈力当年的主持风采，以对其主持风格进行更为深入的研究，本书从书籍、报刊、电视、新媒体等媒介，博物馆、图书馆、档案馆等多个机构以及家人、同事等途径，尽可能全面、细致地收集相关资料，以夯实研究基础。

（一）关于沈力主持研究的文献资料

从现有资料来看，专门进行沈力主持艺术探讨的相关文献主要被集中收录在《中国荧屏第一人——沈力》一书中，该书也是 1998 年 9 月召开的沈力主持艺术研讨会的成果。因为沈力一向为人低调，从不主张为自己著书立说，该书已成为目前对于沈力播音主持艺术最为集中的论述了。该书分为贺词篇、自述篇、特写篇、心言篇和文论篇，既有沈力个人自述，也有包括领导、专家以及电视编导、主持人在内的多方业内人士对沈力从业经历的回忆和品评。贺词篇主要是与会领导们对沈力播音主持事业成绩的肯定与概说；自述篇"四十年探寻"是沈力对自己 40 年的播音主持工作的总结，用 3 万余字详细地记载了其作为"荧屏第一人"对播音主持艺术的探寻，是宝贵的文献资料；特写篇主要记录了沈力的从业故事及她带给身边人的印象和感受；心言篇可被视为受众反馈的信息汇总和总结；文论篇更加侧重于对沈力主持艺术的探讨和研究。徐敏在沈力主持艺术研讨会的综述中总结道："在探讨沈力主持艺术风格特点形成的原因时，与会者一致认为——根本点在于沈力的人格魅力。"[1]

---

[1] 徐敏.升华历史推动实践：沈力主持艺术研讨会综述[J].电视研究,1998(11):58-59.

对于沈力主持案例及风格分析的研究散见于各大杂志或专业书籍中。如中国人民大学新闻学院博士生余玉在《"目中有人，心中有情"——浅论沈力播音主持理念的实践与启示》一文中重点探讨了沈力"情系观众"的主持创作理念，《节目主持人通论（修订版）》（俞虹，2004年）、《中国电视节目主持三十年研究（1980—2010）》（於春，2013年）、《论电视主持人三语境》等中均有对沈力主持案例的引用。

此外，沈力本人还曾撰写多篇文章发表于专业杂志和论文集中，目前能够查到的相关资料有：发表于《当代电视》的《我怎样当节目主持人》①是沈力早期对主持人这一职业角色的认知；发表于《中国中央电视台30年》②的《谈谈节目主持人》，是在前一篇的修改基础上完成的，主要添加了主持人语言使用时的一些具体操作方法，如用词的斟酌、句式的修改等；发表于《广播电视播音与节目主持人》③一书的《谈主持人的个性形成》是沈力在创造《为您服务》主持艺术的辉煌后沉淀下来的思考，文中结合大量自身主持案例对主持风格进行了探讨，是一篇实践性较强的业务论文。除了专业论文之外，沈力还发表过一些文学作品和艺术作品：《荧屏连接海内外：中央电视台的故事》④收录了沈力的《置身在初创播音的岁月里》，沈力在该文中回忆了中央电视台成立初期的播音工作情况；《难忘的军旅生活》⑤较为详细地记录了沈力的军旅生涯；《岁月拾贝（第二辑）》⑥收录了沈力的《机遇与挑战》，该文既有沈力从事播音主持工作的过程梳理，也有她的一些工作感悟；2008年，沈力在纪念中国电视事业诞生暨中央电视台建台50周年大会上的发言《青春与奉献 光荣与梦想》⑦，让人深刻地感受到了这位老电视人始终对电视事业保持的那份关注与热

---

① 沈力.我怎样当节目主持人[J].当代电视，1987(3)：15-17.
② 洪民生.中国中央电视台30年(1958—1988)[M].北京：中国广播电视出版社，1988.
③ 李瑞英，刘连喜.广播电视播音与节目主持人[M].沈阳：辽宁人民出版社，1991.
④ 赵化勇.荧屏连接海内外：中央电视台的故事[M].北京：中国广播电视出版社，2000.
⑤ 沈力.难忘的军旅生活[J].神州，2003(11)：65-68.
⑥ 王晞建.岁月拾贝（第二辑）[M].北京：朝华出版社，2003.
⑦ 沈力.青春与奉献 光荣与梦想[J].电视研究，2009(2)：12.

情;2010年10月,她还在《老年教育》(书画艺术)上发表了自己的摄影作品,那一张张百花美图展现了一个年逾古稀的老人的才情和对生活及大自然的那份热爱。

沈力在我国广播电视发展史中重要的历史地位,以及她独有的人格魅力,也使其成为报纸杂志竞相采访的对象,这些专访或特写从另一个侧面展现了沈力的独特风貌,为探索沈力主持风格的形成提供了可靠的研究素材,如《沈力:最美不过夕阳红》①、《永远的第一——沈力》②、《沈力和她的两个"第一"》③等。其中数《真话实说:名主持人访谈录》④一书中中国社会科学院研究人员对沈力的采访和中国人民大学口述历史工作坊的《〈为您服务〉与中国第一个节目主持人:沈力口述历史》⑤口述史料较为翔实,前者既有沈力早期电视工作的细节回眸又有沈力的个性解读,后者是用口述历史的方式再现了沈力主持《为您服务》时的具体情形。

从目前收集到的关于沈力主持风格研究的文献材料来看,已有研究主要呈现出五个特点。一是对于沈力的主持风格特点表述不尽相同。这首先是因为大家对于个人主持风格内涵的理解还存在差异,其次是对于主持风格类型的界定没有严格的划分标准,最后是对于沈力主持风格的总结还受限于评价者的感受力和描述水平。但总的来看,这些不同的风格表述之间在本质上趋同。二是对于沈力主持的实例分析存在大量的重复性内容,这些主持案例主要来自沈力的自述和她的个人论文。三是文献中对于沈力主持的讨论"述"居多、"论"偏少,系统研究沈力主持风格的论文数量有限。四是沈力"主持风格"的提法很少出现,相比之下,"个性""魅力""特色"等词语更习惯被使用。从这些词语的表述内容上来看,它们之间所谈及的主题具有极大的相似性,并且大多涉及了对主持风格内

---

① 李娟娟,陈洁.沈力:最美不过夕阳红[N].中国妇女报,2010-09-28(B04).
② 巴丹.诗心玫瑰:中央电视台18位女性心路历程[M].呼和浩特:内蒙古文化出版社,1998:17.
③ 朱旭红.沈力和她的两个"第一"[J].电视研究,2011(8):56-59.
④ 鲁景超.真话实说:名主持人访谈录[M].北京:光明日报出版社,1998.
⑤ 《为您服务》与中国第一个节目主持人:沈力口述历史[J].新闻春秋,2013(1):87-89.

容的探讨,缺少理论体系性和学术规范性。这也从一个侧面反映出主持风格理论的发展相对滞后,还没有形成强大的理论影响力,以至于大家在进行研究时还存在模糊地带。五是很多论文针对沈力主持风格中的某一层面进行探讨,如陆锡初重点探讨了沈力的语言风格、余玉重点探讨了沈力的播音主持创作理念等。

(二)关于主持风格理论的论述

播音主持风格的研究从未停下脚步,其理论体系也始终在发展完善中。20世纪90年代初出版的《播音风格探》(姚喜双,1992年)可以说是播音主持研究领域风格研究的奠基之作,该书初步构建了播音风格学较为系统、合理的理论体系,包括风格的概念、特征及播音风格的体现和成因等,书中的理论对当下的主持风格研究有着重要影响。此后,《广播电视语言传播风格多样化研究》(陈晓鸥,2007年)、《电视节目主持人风格与节目主持艺术》(许嫱、周嘉丽,2014年)和《主持艺术风格形态》(陈默,2018年)也从不同理论视角对主持风格进行了论述,并结合主持实例进行了风格分析。尽管播音主持风格学相关著作数量有限,但播音主持风格理论早已融入播音主持艺术理论体系,在《中国播音学》(张颂,2003年)、《播音主持概论》(姚喜双,2012年)、《电视节目主持》(赵淑萍,1999年)、《节目主持艺术学》(魏南江,2006年)和《节目主持人导论》(陆锡初,2013年)等著作中均可看到关于播音主持风格的独立论述。

从研究视角来看,目前对于个人主持风格的研究主要还是在播音主持理论视角下完成的,如《赵忠祥播音主持风格探析》[①]、《鞠萍主持风格探析》[②]等。二者研究个人主持风格的体系主要是基于《播音风格探》建立的风格研究体系,在主持风格的总结上考虑到了主持艺术的多要素特征,在原有的风格体系上有了进一步的完善。《方明的播音创作》(刘卓,2015年)中也有不少涉及个人播音风格的论述。此外,部分关于风格研

---

① 姚喜双,孙琰洁.赵忠祥播音主持风格探析[J].北华大学学报(社会科学版),2011,12(6):4-9.
② 霍慧娜.鞠萍主持风格探析[D].北京:中国社会科学院研究生院,2014.

究的论文开始出现多维的研究视角,开拓了播音主持风格问题研究的视野,丰富了播音主持风格研究的理论。例如,张曼缔的博士论文《中国电视节目主持风格的演进与创新》[①]就结合了语言学、美学和艺术学的理论对风格研究体系进行了建构,袁艳的《节目主持风格与人格化传播》[②]也引入了传播学视角对风格问题进行了较为具体的探讨。

从国外相关研究资料来看,"主持风格"的理论研究在国外较为少见,关于沈力主持艺术的相关论述则更难找到。20世纪90年代,海外考察成为了解国外播音主持工作情况的重要途径,这也为国内主持人的研究提供了鲜活的第一手资料。1993年9月,中国广播电视学会主持人节目研究委员会组织中国电视节目主持人代表团一行14人访问了美国,在此之前,"我国广播电视界虽然每年都有很多团队出访,但还没有专门就主持人节目进行过学术考察"[③]。本次访问实现了对国外主持资料的"人工搬运",活动结束后,白谦诚对出访所获成果进行了较为全面的整理。他对"主持人"一词的英文翻译做出了分析,认为 anchor 是指新闻主播或新闻节目主持人,而 host 则是指专栏节目的串联人、协调人。白谦诚认为,这一区别理顺了我国界定节目主持人的思路,也成为那次考察在主持人研究方面的重要贡献。如今,网络信息的发达让人们可以足不出户就看到国外的电视节目,这也拓宽了主持风格研究的眼界,丰富了研究样本。

综观主持风格理论发展,可以看到以下几点可喜的变化:关注和研究主持风格的论文和著作数量呈现递增趋势,多学科、多视角的引入让主持风格的研究变得更丰满、更具体,主持事业的蓬勃发展为主持风格的研究提供了更多鲜活的案例,国外节目资源丰富了主持风格研究的样本库。不足之处则主要表现在:缺少对于主持风格理论的深入研究和探索;学科间的借鉴常常出现顾此失彼和"两张皮"的现象,理论间的渗透和融合还有待加强;主持风格研究求新、求快,老一辈播音主持工作者的历史资料

---

① 张曼缔.中国电视节目主持风格的演进与创新[D].广州:暨南大学,2012.
② 袁艳.节目主持风格与人格化传播[J].湖北社会科学,2003(10):112-114.
③ 白谦诚.峥嵘岁月:见证中国节目主持人25年[M].北京:中国国际广播出版社,2006:126.

对播音主持风格研究的价值未能得到充分重视;国外可以直接借鉴的主持理论研究较少,主持风格研究的国际视野依然有待开拓。

(三)沈力口述及个人档案资料

与沈力相关的影像、口述、照片、手稿等资料的收集为本书内容的充实提供了重要保证,同时为建立沈力的个人资料库奠定了基础。这些资料主要包括三类。一是口述访谈资料。笔者通过多次与沈力面对面深度访谈获得了第一手资料,此外,笔者还对沈力身边的亲人、同事、友人进行了访谈。二是沈力个人档案资源。包括沈力的照片、主持视频、奖杯、奖状、聘书、观众来信及节目手稿等资料百余份,笔者均进行了电子扫描存储建档梳理。三是沈力参加媒体节目及活动的影像资料。比如天津电视台的电视人物纪录片《中国人》之沈力专题、沈力做客《说出你的故事》《今夜有戏》《夕阳红》特别节目等的视频、沈力作为第九届金鹰电视艺术节主持人盛典颁奖嘉宾的视频等;2016年1月央视科教频道播出的沈力专访《人物》之《为时代而歌》中既有沈力对于播音主持职业生涯的回顾,也有她生病后与病魔抗争的故事。

三、沈力主持风格研究的探索创新

沈力的广播电视从业经历主要在20世纪,对于其个人主持风格的研究可以说是一次历史性发掘。鉴于沈力在播音主持发展史中的重要历史地位,这次围绕其主持风格展开深入的历史性发掘是有着重要的历史价值与学术价值的。

从目前的研究现状来看,本书有以下探索创新。

(一)理论创新

在前人播音主持风格研究的基础上,本书强调主持风格与传统播音风格研究的区别与联系,进一步完善了主持风格研究的理论框架。在对主持风格进行描述和分析时,笔者注重整体感受和具体细节相结合,尽可能梳理出较为清晰的风格研究脉络,为日后主持风格独立为"学"打下理论基础。

(二)视角创新

主持风格作为播音主持理论的一部分,其研究带有边缘性学科的特点,需要美学、语言学、传播学、艺术学、心理学等相关学科的理论支持。本书力求结合其他学科在风格研究方面取得的经验和成果,在多维学科的视角下对个人主持风格进行更加全方位的分析研究。

(三)内容创新

沈力是播音主持历史上的重要人物,其主持风格的形成既反映了播音主持事业的发展进程,更是一个传媒时代的见证。本书用历史发展的眼光对沈力的主持风格进行研究,结合当下传媒事业发展出现的新现象、新问题进行对比分析,力求获得新的观点与启示。本书对沈力的主持风格进行了全面探讨,从沈力的个人修养、人生追求、处世态度、生活经历等多层面深入挖掘其独特的主持风格的成因。

四、研究方法

(一)文献调查法

本书从个人经历、栏目历史、朋友述说、受众反馈等多个维度进行沈力相关资料的收集整理,通过对这些资料的分析、汇总,梳理出沈力的职业成长脉络,寻找其主持风格形成的原因。

(二)对比研究法

本书研究主要分为共时和历时两个层面。共时的研究主要关注与沈力同一时期的节目主持人的相关情况,在比较中找到沈力的个性特色;历时的研究则侧重于给予沈力主持风格研究一个客观的历史视角,让人们能够透过历史发展看到沈力主持风格形成的原因和沈力主持艺术成就的重要历史地位。

(三)深度访谈法

区别于一般的访谈,深度访谈更着眼于就一些具体问题跟受访者进行有针对性的探讨,是文献调查法的补充。本书的深度访谈围绕沈力的个人主持风格展开,笔者曾经先后三次对沈力进行深度访谈,采访时长在4小时以上,以深入了解她在主持创作中的体会和个人经历、性格、修养等方面的内容。沈力的个人基本情况在各大报纸杂志上已有不少介绍,笔者在访谈中重点向沈力了解一些文献中查不到的内容,例如当年工作的细节、时代背景以及她对于播音主持艺术的一些深入的看法。为了能够更全面地了解沈力和她的主持艺术,笔者还先后采访了与沈力主持风格相似的中央电视台主持人张悦、在电视台初创期即与沈力共事的老同事赵忠祥、《夕阳红》栏目主编应红以及沈力的长子吴林,其间,对沈力由敬重走向了解的中国传媒大学教授吴郁也提供了重要的沈力访谈资料。采访中,他们都从自己的角度说出了对沈力个人及其主持风格的认识。这些宝贵的访谈资料让笔者获得了更充分的研究依据,也拓宽了笔者的研究视野。

(四)个案分析法

该方法主要用于对沈力个人主持资料进行案例分析,进而为她个人主持风格的品评找到具体的依据。这些个案分析材料主要来自沈力的近百份节目手稿、观众调查反馈及观众来信,还有笔者收集到的沈力当年主持栏目的部分视频资料,以及沈力接受媒体采访的视频资源。笔者从大量案例中获得了整体感受,丰富的主持案例研究也让本书对沈力电视节目主持风格的论述更加有理有据。

第一章 沈力电视节目主持风格概说

第一节 风格与主持风格

一、风格的起源

一般认为,"风格"源于希腊文,在希腊文中"风格"含有"木堆""石柱""雕刻刀"的含义。目前能够找到最早的关于"风格"的记载来源于古希腊哲学家柏拉图《理想国》中的对话:"节奏的好坏要看语文风格的好坏,正如音乐的好坏要看歌词的好坏一样。"此外,他在《斐德若篇——论修辞术》中写道:"到了他掌握住这些知识,再加上能辨别哪时应该说话,哪时应该缄默。哪里应该用简要格,悲愤格,愤怒格,以及原先学过的一切风格,哪时不应该用,只有到了这步功夫,他的艺术才算达到完美,否则就不能算。"[①]柏拉图生活在公元前427至公元前347年,如果排除文章在翻译过程中的走样影响的话,可以推断,早在公元前4世纪的古希腊,"风格"的含义就已经得到扩展。从内容来看,柏拉图时代"风格"就已经和文字产生了紧密的关联,但那时主要侧重作品风格和修辞风格,并且还没有形成广泛的影响力。如今,"风格"一词逐渐被引申为"以辞达意的方法""写作的气度""作品的特殊格调""伟大作家的写作格调""艺术作品的气势",更加注重风格带给人的整体感受。这些用法也得到了多学科的广泛认

---

① 柏拉图.柏拉图文艺对话集[M].朱光潜,译.合肥:安徽教育出版社,2007:6-155.

可,"风格"一词也已成为国际科学术语,英语写作"style",以 stylistics 表示风格学;法语的风格学写作"stylistique";德语的风格写作"stiel",以 stilistik 表示风格学。

1554年,意大利人罗保推洛发表了《论崇高》,这是一本名为 *Peri Hupsous* 的古罗马著作抄本,是在10世纪时被发现的。时至今日,该书仍没有确定的写作时间和作者,目前较为常见的说法是它的作者为古希腊文艺理论家朗基努斯(Langinus)。该书自初次印行就得到了西方文艺界的极度重视。1674年,法国学者布瓦洛把它译成了法文,扩大了该书的影响力,使其常常与亚里士多德的《诗学》并称。《论崇高》重点讨论了崇高这种风格的要素,即"庄严伟大的思想""强烈而激动的情感""适用藻饰的技术""高雅的措辞"和"整个结构的堂皇卓越"。前两种因素要靠自然或天资,后三种要靠艺术或人力。① 该书把"崇高"看作真正优秀作品的必有风格,正如文中所说:"如果这个作品,是不同凡响,无懈可击,难于忽视,或者简直不容忽视,如果它又顽强而持久地占住我们的记忆,这时候我们就可以断定,我们确是碰上真正的崇高了。"② 通观全篇,该书主要是在修辞学领域对风格进行了探讨。1953年,布封《论风格》的发表使风格理论研究又进入了一个新的阶段。这篇文章是在他当选为法兰西学院院士时的一篇入院演讲,布封在演讲中大胆提出的"风格即是人本身"这一观点,对风格研究领域产生了深远的影响。有学者认为,布封所指的"风格"与我们在艺术审美领域所使用的"风格"概念是一致的。

关于风格的探讨在我国春秋时期就已出现。《左传》记载,晏婴在和齐侯的一次谈话中,就谈到过音乐的"清浊""刚柔"。《左传》襄公二十九年记载,季札观周乐,在听到《颂》的演奏之后赞美说:"至矣哉! 直而不倨,曲而不屈,迩而不逼,远而不携,迁而不淫,复而不厌,哀而不愁,乐而不荒,用而不匮,广而不宣,施而不费,取而不贪,处而不底,行而不流,五

---

① 杨义,高建平.西方经典文论导读:上[M].合肥:安徽教育出版社,2009:139
② 伍蠡甫.西方文论选:上卷[M].上海:上海译文出版社,1979:124

声和,八风平,节有度,守有秩,盛德之所同也。"从中我们可以看出,季札对于《颂》乐庄严而典雅的风格特色的把握,已经比较准确了。[①] 虽然此时并没有出现"风格"二字,却已经有了风格的鉴赏意识。"风格"这个词在我国最早出现在魏晋时期,当时这个词并不是用来品文的,而是用来品人的。据传,汉末至魏晋一直有着品评人物的习俗,把人分为九品,用风格来形容士大夫的威仪规范,指人在风度或品格等方面所表现出的特点的综合。"风"指文采、风姿,指的是人的体貌;"格"指人格、德行的高下。二者合起来显然是对人的品貌的全面评价,如《抱朴子·疾谬篇》中的"以倾倚屈身者为妖妍标秀,以风格端严者为田舍朴骏",这里的"风格"就是在说人的气度品格,类似的还有《世说新语·鉴赏》"(陆)机清厉有风格",《晋书·和峤传》"(峤)少有风格,慕舅夏侯玄之为人,厚自崇重,有盛名于世"。

我国最先把"风格"这一概念引入文艺理论和文艺评论领域的是南朝梁的刘勰,他在《文心雕龙·体性》中提出了八体的分类:"一曰典雅,二曰远奥,三曰精约,四曰显附,五曰繁缛,六曰壮丽,七曰新奇,八曰轻靡。"这一文章也被视为最早的一篇关于风格的专论,对后来的风格研究产生了深远的影响。《文心雕龙》中谈到风格的地方很多,但"风格"一词出现的频率并不高,主要借"体"来探讨风格。我国古代文论所说的"体"包含两类,一类是指文学作品的样式,如"古体""近体",另一类是指文学作品的风格。刘勰在这里主要使用的是"体"的风格之义。早在《文心雕龙》之前,曹丕在《典论·论文》中对于"气"的探讨与此类似,他说:"文以气为主,气之清浊有体,不可力强而至。"这里所说的"气"在内指作家的气质,在外则指作家的风格,如文中"齐气""体气"的说法就是如此,由此也可以看出"风格"一词在我国的演变轨迹,从早期品人的"风格",到真正开始探讨风格的"气""体"。宋代以后涌现出了一大批以诗话、词话为形式的文艺批评著作,"风格"一词才逐渐成为术语,取代了"气""体"之说。时至

[①] 王志强.风格美学[M].青岛:青岛海洋大学出版社,1990:1

今日,"风格"一词已经被认定为国际通行的科学术语,并形成了系统的研究领域。

二、主持风格相关诸说

按照"风格"一词的含义来看,主持风格的提法还处于发展之中,从某种意义上来说,主持风格这一提法还没有形成严格的学术规范,因此,在各类论文和著作中总会出现很多相近、相似的提法,笔者对这些提法进行了较为系统的梳理。

(一)个性说

个性说的中心词在于"个性"二字,常见的说法有主持人的"个性化""个性魅力""个性特点"等。自20世纪80年代以来,"个性"一直是语言传播领域的评论家和从业者口中的高频词。"个性"一词在《辞海》中有两种解释:一是在一定的社会条件和教育影响下形成的一个人的比较固定的特性;二是指事物的特性,即矛盾的特殊性。一切个性都是有条件的、暂时存在的,所以是相对的。从解释内容来看,"个性说"主要侧重于后者,探讨的是与众不同的主持风格。但相对主持风格的提法,"个性说"缺少了稳定性、规范性,并且没有体现出风格中隐含的"崇高"意味。人人都可论及个性,却不是每个主持人都"撑得起"风格。在具体研究中,涉及风格的"个性"研究又难免会论及主持人的性格养成,此时就容易与《辞海》中对"个性"的第一类解释相混淆。

(二)魅力说

魅力说包括"个人魅力""人格魅力""主持魅力"等说法,这些也是主持风格研究的常用词。"魅力"在《辞海》中的解释为"极能吸引人的力量"。显然,"魅力说"的感情色彩更加强烈,文学气质有余,学术氛围不足。"人格魅力"的说法则只涉及主持风格形成的一个方面,不能代替主持风格。"个人魅力"似乎又太过宽泛,未能体现出节目主持语境的重要性。

(三)播音风格说

播音风格说是来自播音主持专业领域的学术说法,如"播音风格""播音主持风格"。这一说法是伴着播音艺术产生的,最早出现在苏联。在我国,1947年,毛泽东同志在陕北靖边县王家湾收听广播时曾赞扬播音员:"这个女同志好厉害,骂起敌人来义正词严,讲起我们的胜利又很能鼓舞人心,真是爱憎分明,这样的播音员要多培养几个。"①主席的话一下子点出了"爱憎分明"这一播音风格,也为接下来播音风格的探讨开了先河。可见,播音风格的说法是伴随着广播事业的发展而产生的。播音风格,在当时重点指播音员的风格,是播音创作中所体现出来的时代风格、民族风格、阶级风格,是节目和稿件风格的核心。1981年,张颂教授也曾提出:"风格化,是播音艺术成熟的标志。"②这足见播音风格研究在当时播音界的重要地位。随着20世纪80年代主持事业的兴起,"主持人"这一概念的出现让大家逐渐认识到主持人与播音员之间的区别与联系。"播音风格"的沿用以及"播音主持风格"说法的产生都更多强调播音与主持工作的共性,而弱化了二者之间的差异。如果要对主持人这一创作主体做系统深入的研究,强调二者在风格概念上的差异是非常必要的。

尽管关于主持风格的说法存在着几种不同的版本,但从CNKI论文搜索数据来看,"主持风格"的用法目前还处于主导地位(见表1-1),并且近些年讨论"主持风格"的文献数量呈逐年递增的趋势。

表1-1　2022年3月中国知网(CNKI)检索结果

按"篇名"检索	主持个性	主持魅力	播音风格	播音主持风格	主持风格
文献数量	74	197	432	187	593

注:在检索过程中,笔者并未限定对以上关键词进行"精确"搜索,其中,在"播音风格"和"主持风格"的搜索中,可能存在共同包含"播音主持风格"提法的文献数量现象,但从整体搜索结果上看,仍能看出"主持风格"提法的数量优势。

---

① 姚喜双.播音风格探[M].北京:中国文联出版公司,1992:19
② 张颂.研究播音理论是一项紧迫的任务[M]//张颂,乔石.论播音艺术.北京:北京广播学院出版社,1992:25.

三、主持风格概念的厘定

综观当前各类主持风格相关研究,笔者认为,在进行沈力电视节目主持风格系统性研究之前,非常有必要对主持风格的内涵进行较为系统的阐释。本书将通过相关概念辨析,对主持风格的内涵进行重新梳理。对"主持风格"这一概念的界定,也是本书对沈力电视节目主持风格进行描述和分析的基础。笔者主要参考以下三方面内容对主持风格概念进行梳理。

(一)语言风格的定义

语言是主持人职业的核心表现手段,语言风格与主持风格有着密切的联系。语言风格的研究在我国有着悠久的历史和优良的传统。早在汉朝,扬雄《法言·吾子》、魏朝曹丕《典论·文论》中就已经有了关于语言风格的说法。自此以后,历代都有关于语言风格的论述。有着多年语言研究经验的黎运汉在《汉语风格探索》中把各家的语言风格定义概括为三类:

(1)语言风格是在语言运用当中形成的言语气氛和格调;
(2)语言风格是在语言运用中形成的各种特点的综合表现;
(3)语言风格是语言的变异或变体。

黎运汉认为,作为一门学科的核心术语,其概念内涵和外延必须揭示所指对象的本质特征以及涵盖范围,因此他重新定义了语言风格:"语言学界通常说的语言风格,实为言语风格,简称风格。风格是人们运用语言的产物,是在主客观因素指导下运用语言表达手段的诸特点综合表现出来的气氛和格调。"[1]

《广播电视语言传播风格多样化研究》一书在借鉴吸收"语言风格"和"播音风格"定义的基础上,将语言传播风格定义为"语言传播的创作主体与创作对象的本质联系通过完美的节目或作品所体现出来的鲜明独特的

---

[1] 黎运汉.汉语风格学[M].广州:广东教育出版社,2000:7.

审美风貌。它表现为一种独特的艺术气氛和格调"①。这一概念反映了风格与创作主客体和艺术作品之间的关系,并且提出了具有美学思考的"审美风貌"的新鲜说法。

(二)播音主持风格的定义

姚喜双在《播音主持概论》中指出:"播音主持风格,就是指播音员、主持人在播音主持创作中所体现出来的创作个性和艺术特色。它以运动的状态贯穿播音主持创作的全过程,又以相对稳定的状态凝结在播音主持作品上。播音主持是二度创作,所以播音主持风格又是播音员、主持人同原文字作品(画面、音乐、音响等)风格有机统一的结果。播音主持是一门实践性很强的艺术创作活动,所以播音主持风格是播音员、主持人在长期艰苦的播音主持创作实践中逐渐积累形成的。"②这一定义强调了播音主持艺术的创作个性,指出播音主持风格的形成是长期艺术实践的结果,这一概念的提出为播音与主持风格的进一步区分奠定了理论基础。

(三)主持风格的定义

当下,尽管关于"主持风格"的论文数量不少,但给"主持风格"下定义的资料并不多。在不少研究者眼中,"主持风格"这一概念使用较为常见,似乎已经是一个不用解释即可达成共识的提法。然而,从实际研究情况来看,大家对于"主持风格"的内涵理解还是存在一定差异,甚至更多还是将"主持风格"与"主持个性""主持魅力"画等号。这导致同样是谈主持风格的文章,大家更多的是出于自己的理解对主持风格进行总结和归纳。例如将"个性化的服饰"作为主持风格的亮点之一,在作者看来,服饰特点是主持风格的重要组成部分,但文章并未对服饰与主持风格的内在联系进行理论化的阐释。研究主持人及主持人节目的资深专家吴郁曾将徐滔的主持风格总结为三个方面:"记者在现场"的职业理念、富于雄辩口才的

---

① 陈晓鸥.广播电视语言传播风格多样化研究[M].北京:中国广播电视出版社,2007:13.
② 姚喜双.播音主持概论[M].北京:高等教育出版社,2012:161.

主持人、公信力和亲和力同在的主持人。① 其中,职业理念体现了形成主持风格的内在思想基础,雄辩的口才和亲和力则更具直观可感性。但原文中并没有给出"主持风格"的明确定义。纵观同期论文,这样的现象似乎不在少数。部分研究著名主持人主持风格的硕士论文也缺少对主持风格表现的细节刻画,而将更多篇幅放在"风格成因"上。由此可见,当前对于主持风格的论述框架差异较大,研究者对于"主持风格"概念的内涵理解并未达成统一。

相较于论文,一些播音主持专业理论书籍对"主持风格"的界定值得关注。赵淑萍在《电视节目主持》中将节目主持人的风格定义为"主持节目活动中表现出来的主导思想和艺术特点。主持人风格作为一种表现形态,其有机因素包括外观形象、内在气质、个性语言、品格修养等互相关联协调的几个部分。主持人风格具有个性差异的特点,同时也具有风格类型的倾向性特点"②。

陆锡初在《节目主持人导论》中将节目主持的风格定义为"是主持人的外观形象、内在气质、语言特色、知识修养、人格魅力的体现,是节目主持人在节目主持过程中彰显出来的整体特征与精神风貌"③。

魏南江在《节目主持艺术学》中对主持风格的定义为"指节目主持人在节目主持艺术实践中逐步形成的,并为广大受众所喜爱的创作个性和艺术特色,它是主持艺术个性化的稳定状态的标志。节目主持艺术风格是主持人主持理念的直接体现,是主持人创造性劳动的结果与体现,是主持人在主持艺术道路上成熟的标志,也是一切主持人刻意追求的最高境界"④。

杨建华则认为,主持人的风格主要通过气质和风度两方面反映出来。气质主要是指主持人的个性特点,不同的气质反映了不同人的心理特点

---

① 吴郁.冲锋陷阵凝聚品牌核心竞争力:析徐滔的主持风格[J].中国广播电视学刊,2005(2):48-49,58.
② 赵淑萍.电视节目主持[M].北京:北京师范大学出版社,1999:103.
③ 陆锡初.节目主持人导论[M].北京:中国传媒大学出版社,2013:97.
④ 魏南江.节目主持艺术学[M].北京:中国广播电视出版社,2006:325.

和精神状态;风度主要指人的举止仪态和言谈话语,一个人的风度既是外表的反映,也是内心的反映。①

综合上述关于风格的定义可以看出,语言学更侧重于风格给人的综合意境——气氛和格调;播音主持风格则更关注风格的唯一性——个性和特色。在主持风格的概念中,除魏江南侧重个性外,其他人几乎都倾向于整体感受,如"有机因素""精神风貌""气质""风度"等。值得一提的是,赵淑萍、陆锡初和杨建华的定义还具体展现出了整体风貌与主持创作的主客观因素之间的关联。笔者综合以上观点,对主持风格进行如下定义:

主持风格是节目主持人在长期的主持实践活动中,由主持艺术美学效果的不同而表现出来的整体特征与精神风貌。它是主持人内在的思想修养与外化的气质风度的统一,是在长期的主客观因素制导下形成的主持艺术表现的稳态结构。主持风格即节目主持人的风格,是时代风格、节目风格以及民族风格等的集中体现,是主持艺术走向成熟的标志。

本书在进行沈力主持风格研究时,重点从三个层次对定义内容进行具体把握。第一层次注重主持人的气质风度的整体印象和直观感受,由此对主持风格类型进行整体上的区分,如亲切、庄重、含蓄等。一位主持人可以同时具有多种风格表现特征,但是这些特征之间应该具有不同的内涵。第二层次揭示不同风格特征下的深层的特殊美学性质,让整体风貌的内涵得到进一步发掘。例如,同样是"亲切"这一特征,却包含着多种美学性质,如细腻之美、体贴之美、温柔之美等。这一层次的提炼可以加深大众对个人主持风格深层美学特质的理解,这也是具体的主持形式特征的核心体现。第三层次为主持人在主持实践过程中风格体现的具体行为方式,如着装、造型、言语表达、副语言使用以及体态语的展现等。这一层次的研究最为活跃、多样,是对深层美学性质的现象剖析、归纳和总结。

---

① 杨建华.节目风格与主持风格应协调一致[J].声屏世界,1999(9):45-46.

第二节　沈力电视节目主持风格的形成过程简论

沈力在《四十年探寻》①里，将自己的工作经历划分为四个阶段：

第一阶段：建台初期的播音(1958—1966年，共8年)
第二阶段：改行做编导(1974—1982年，共8年)
第三阶段：组办并主持《为您服务》(1982—1987年)
第四阶段：离休到主持《夕阳红》(1988—1998年)

对于沈力来说，每个阶段都意味着新的挑战。沈力常说自己不是个勇于争取的人，每一次转变都是时代使然。她很感谢生活，她说："没有这些生活，就可能不会把沈力锻炼得像现在这么经风雨见世面！"②事实上，这四个阶段也是沈力电视节目主持风格形成的历史轨迹。时代的安排，加上沈力的认真与脚踏实地，最终形成了沈力独特的主持风格。

一、萌芽期(1958—1966年)：初识电视

1958年，我国电视业正处在刚刚起步的阶段，经历着初创的艰难。苏联的专家认为我们还缺乏发展电视的条件，可是我们就凭着那股不服输的劲头，自力更生，艰苦创业，最终成功建立了我国第一座电视台。同年，沈力通过选拔从广播一下子跨入了电视行业，郭镇之在他的《中国电视史》里曾这样描述："1958年11月2日，北京电视台(中央电视台前身)开始口播《简明新闻》，每次5分钟。稿件起初是中央人民广播电台提供的。后来成为著名节目主持人的沈力是第一位电视播音员。"③此前，沈

---

① 沈力.四十年探寻[M]//白谦诚，胡妙德.中国荧屏第一人——沈力.北京：中国广播电视出版社，1999：29.
② 孙立峰.两个生命[M]//鲁景超.真话实说：名主持人访谈录.北京：光明日报出版社，1998：289.
③ 孙立峰.两个生命[M]//鲁景超.真话实说：名主持人访谈录.北京：光明日报出版社，1998：292.

力对于电视几乎没有任何概念,她用"一无所知"来形容自己对电视事业的感觉。尽管并不了解电视,但她能够积极努力地去尝试和体会播音员这个工作,并且形成了自己的感悟。

(一)高强度的工作历练

北京电视台(中央电视台前身)的创办得到了中央的高度重视,但当时的工作环境仍旧十分艰苦。1958年建台时,演播间是由中央人民广播电台四楼的一个转角过厅改装的,面积大约只有60平方米。演播室的三面墙挂上了幕布,另一侧用玻璃隔出一个狭长的空间,作为导播间和音响控制室。导播间的空间非常狭小,仅能容下3个人。由于空间有限,沈力为电视新闻片作解说时,必须站在导播间的外面,对着一支吊着的话筒进行解说。沈力当年就是在这样艰苦的条件下开始电视播音工作的。在建台后的近两年里,她是台里唯一的播音员,当时的播音工作可以用"高强度"来形容。这种"高强度"主要体现在三个方面。一是全程直播的压力。因为当时的电视还不具备录播条件,所有的播音工作都需在直播状态下完成。电视直播对于今天的电视节目主持人来说都是一种不小的压力,何况是当时还没有任何电视播音经验的沈力。二是工作内容范围广。建台初期,作为台里唯一的播音员,沈力除了播新闻、给新闻片配音外,还要预报节目、串联节目、人物专访,以及评价一些文艺节目。如此繁杂的工作内容对沈力来说既是挑战,也是机遇。沈力认为,自己能够在工作初期就接触到多样的工作形态是一种幸运。三是工作量相当大。沈力当时经常从早忙到晚,有时忙得连口饭都吃不上。"每天下午三四点钟领导审片,审片时播音员一边读稿,一边记画面。因为只有这一次对画面的机会,万万不能疏忽。"下午5点左右,沈力才能拿到定稿,这时离直播已经没有多少时间了,为保证直播不出错,她根本顾不上吃晚饭。当时,稿件出自多位记者和编辑之手,加上领导审核时的批注、修改,文字辨认难度之大难以想象。而新闻的播出量又较大,国内外新闻和专题片加起来大约需要50分钟,都是直播,紧张程度可想而知。① 正是这种高强度的工作方式让沈力得到了历练,她不仅凭借自己的努力和对事业的执着保质保量地完成了工作任务,还初步梳理出了播音的规律和工作方法,为日后全台的播音工作奠定了坚实的基础。

(二)播音规律的初步探索

沈力作为我国第一位电视播音员,几乎可以说没有任何参考材料和参照对象,她就是在工作实践的不断探索中,对电视播音形成了初步的认识。首先是对电视播音工作的认识。"电视播音员的工作小到代表一个台,大到代表一个国家,绝不是个人行为,要有一种使命感。"②这是沈力在第一次接受入台教育后获得的对播音性质明确的认识,也为其日后的播音工作打下了扎实的根基。其次是对电视播音特性的初步思考。在最初的工作中,沈力通过对电视播音与电影图像的比较,获得了对电视播音特性的初步判断:电视直播是一次成像,没有返工的余地,因此播音员必须做足准备工作,减少出错率;同时,电视图像主要是以半身近景出现的,播音员的每一个微小动作都会被放大,稍不注意,就会给电视台带来不好的影响。最后是对播音技巧的发掘。沈力进入电视台之前在中央人民广播电台待了近一年的时间,接受过齐越的指导。尽管在电台的时间并不长,但她对电台的播音工作和播音规律也有了初步的了解。因此,在播音技巧的发掘上,沈力可以说从电台播音中获得了一些启发。她通过与电台播音作比较,认为电视播音员要通过"荧屏"与观众产生交流:一是态度上要让观众感受到播音员发自内心的谦虚、热情和亲切;二是学会把镜头当作"观众的眼睛",播音员要能通过镜头"看"到观众;三是要实现语言上的交流感,不能自说自话。至此,沈力开始了由念到讲的尝试,她要求自己能够复述手稿。背稿复述是一件很苦的事,要想100%不出错,就要下

---

① 朱旭红.沈力和她的两个"第一"[J].电视研究,2011(8):56.
② 沈力.四十年探寻[M]//白谦诚,胡妙德.中国荧屏第一人——沈力.北京:中国广播电视出版社,1999:31.

120%甚至更多的功夫。为此,沈力每天凌晨4点就起床背稿。由于当时只有直播,因此每次节目重播她还要再背一次。后来,沈力总结了经验,除了新闻节目之外,在面对生活服务类、文艺类节目时,她已经能变"背稿"为"备稿",用自己的话来讲述了。新闻节目的播报常常时间紧、任务重,并且经常有那些不适合背诵的时政新闻,沈力便尝试把在电台学到的播讲方法与电视的需要结合起来,并由此发现了播音时"抬头点"的奥秘。沈力要求自己在需要强调的重音位置,尽可能抬头与观众交流,这样既让稿件播得清楚,又增加了与观众的交流感。事实上,当时领导并没有对播音工作细节提出如此严格的要求,电视观众也还是小众群体,因为整个首都也只有几十台电视机。沈力在这一阶段对电视播音规律的探索,可以说完全是自发行为。这种探索和尝试无形之中给本就忙碌的工作增加了新的压力,但是沈力毫不退缩,执着地坚持着自己的开拓。赵忠祥这样回忆建台初期沈力的成就:"1960年2月我参加工作时,唯一的参照就是沈力。而在我来台之前,沈力在大家的帮助下,已经初步摸索出了中国电视播音的初步规律,在新闻、专题、文艺三大支柱节目中的串场、报幕、口播新闻、新闻影片、图片新闻画外音、现场采访和大型活动以及实况转播等环节都有了基本框架。她开创的工作格局与工作细节的要求及走向,影响了几代电视播音员。"[①]

单纯从早期播音工作内容来看,那时沈力主持的采访、串联和节目赏析已经初具主持人的语言样态雏形。但沈力认为,那一时期自己完全没有"主人"的意识,并且基本是按照编辑的稿子完成任务,还不敢有自己的发挥,跟真正的主持工作还有着较大的差距。

(三)"风格"意识萌芽

1960年以后,吕大渝和赵忠祥加入了电视播音员的队伍。随着电视节目和人员的增加,积累了一定工作经验的沈力开始思考播音员的风格

---

① 赵忠祥.主持人节目研究委员会致辞[M]//白谦诚,胡妙德.中国荧屏第一人——沈力.北京:中国广播电视出版社,1999:13.

图 1-1　1958 年沈力电视播音员工作照

问题,不再满足于电视的"照片说"。所谓"照片说",是当时观众对电视播音员图像的一种比喻,他们认为播音员的图像很像统一版本的大二寸照片。沈力认为,这是"格调统一,尺度统一,甚至语气也统一造成的"。此时,沈力意识到电视播音员仅符合"电视台的代表""严肃的""大方的""有礼貌的"等基本要求是远远不够的,也不利于每一位播音员的职业成长。沈力对此的总结是:要在总的前提下,创造不同的风格。此时的沈力认为,个人风格要在不同类型的节目之中表现出来,节目因素和播音员自身的性格、阅历是她此时考虑的主要影响因素。她认为,播音员首先要对节目做具体的分析,如"要考虑对象——是对一般观众?还是少儿、学龄前观众?要考虑节目的内容和形式——是在文艺节目中报幕,还是介绍节目?或是播讲节目?同时还要考虑播音员在整个节目中的作用——是主讲,还是穿插?是介绍,还是引入?"①在此基础上,再结合自身特点,找出既适合节目内容,又符合自身特点的播法。这也成为沈力早期对风格的个人认知。在这一阶段,尽管沈力对于播音员风格的思考还不够全面和深入,但是风格的雏形已经具备。赵忠祥认为:"中央电视台开办不久就已经形成了自己的播音风格,后来一代一代传下来,形成如今丰富多彩的中央电视台播音与主持的特色。"②这种风格的迅速形成,离不开沈力的深入实践和对风格的探索思考。

二、积累期(1974—1982年):向编导、记者的转型

退居幕后从事编导工作,是沈力在"文革"后期的自我选择。当时她抱着多学一些东西的想法,开始了新的尝试,并不曾想到后来的职业辉煌与这一段转岗学习有着密不可分的关系。转岗后的学习,对沈力来说也有着不小的压力。从播音到编导,对她来说又是一个全新的课题。电视是综合艺术,涉及面非常广,是文字、画面、声音的有机结合。面对这一巨大的转变,沈力再次拿出了当初做电视播音员时的探索精神,不断学习与实践。就这样,她从一开始跟着老编辑们学习,到后来开始独立做节目并获得肯定,走过了充实的8年编导生涯。在这一阶段,她夯实了自己的采编能力。

(一)电视编辑能力提升

在做编导的这8年里,沈力将电视编导的活儿一样样学起。最终,她不仅掌握了多方面的电视技术,如镜头、声音、特技的运用,以及剪接点的把握等,而且开始形成全局观念,不再像做播音员时只参与其中的一个环节。在担任编导时期,沈力已经有了很强的"受众意识"。1976年,在做《文化生活》栏目的编导期间,确定选题时她主要考虑三点因素:总的方针

---

① 沈力.四十年探寻[M]//白谦诚,胡妙德.中国荧屏第一人——沈力.北京:中国广播电视出版社,1999:35.
② 赵忠祥.主持人节目研究委员会致辞[M]//白谦诚,胡妙德.中国荧屏第一人——沈力.北京:中国广播电视出版社,1999:13.

政策、栏目宗旨和观众需要。在观众需要方面,她进行了细致深入的思考:当时的群众文化生活刚刚解冻,被禁锢了多年的优秀作品得以重见天日。节目应介绍这些优秀作品,力求弘扬民族文化、普及文化知识、提高观众的欣赏水平,给人以健康向上的精神力量。① 从其个人思考中可以看出,沈力的"受众意识"不仅仅包含迎合大众口味,还十分注意引领大众文化,提升大众审美水平。1981 年 5 月,中央电视台在昆明召开了第一次全国电视《文化生活》专题座谈会,29 个省市电视台代表交流了经验,明确了"思想性、知识性、欣赏性三者的有机结合,是《文化生活》栏目的基本特性"②。可见,沈力最初的想法和座谈会的经验交流结果可以说不谋而合。

  当时,并非专业编导出身的沈力,却成了编导中的"高产作者"。在《文化生活》工作的短短 5 年里,她共录了 85 个节目,可见其个人努力程度。其中既有介绍民族传统音乐的,如"千年唐乐,重振丝弦(敦煌曲谱破译)""介绍 20 世纪 30 年代音乐""介绍五四时期的著名音乐家及其作品"等;也有介绍现代歌曲和音乐的,如《蒙山沂水颂英雄》《高歌一曲赞红梅》《洪湖儿女赞》等;还有介绍外来音乐和文化名人的,如《飞翔的荷兰人》(访伊文思、罗丽丹)、《团结战斗的歌——列宁喜爱的歌》等。其中,沈力编导的《相声大师哪里去了》和《管弦乐的一家》是当时较有影响力的节目,被写进了中央电视台台史。同时受到肯定的,大都是一些资深老编导,如张复华等。沈力编导的《相声大师哪里去了》还获得了全国电视专栏节目一等奖,《心灵的歌声》获得了二等奖。非专业出身的沈力在编导方面能够取得如此多的成绩,并且丝毫不逊色于专业出身的编导们,足见其个人学习能力之强、悟性之高。

  (二)独立采访实践探索

  从最初完全依赖编辑的稿件,到自己作为记者独立采访,沈力历时大

---

① 沈力.四十年探寻[M]//白谦诚,胡妙德.中国荧屏第一人——沈力.北京:中国广播电视出版社,1999:37.
② 赵化勇.中央电视台发展史(1958~1997)[M].北京:中国广播电视出版社,2008:166.

约两年之久。事实上,早在播音员时期,沈力就有过一些采访经历。但那时的采访主要依据编辑给出的文字进行转述,并没有自己的构思和发挥。沈力认为,真正的采访是在担任编导后开始的。其间,她采访过的人物有美籍华人杨振宁、赵浩生,外国客人伊文思、韩丁、美驻华大使伍德柯克,国内人士黄镇、陶思亮、丁玲、王光美和许多英雄模范人物。

独立做记者后,沈力经常遇到各种突发的采访情况。这些采访通常需要临时进行策划和准备,并且只能依靠个人能力把控现场,这对于专业记者来说都是一个不小的挑战,何况是"半路出家"的沈力。然而,沈力没有让人失望。在独立做记者后,她非常注意自身经验的积累和总结,形成了很多有见地的采访认知。在采访技巧的把握方面,沈力也有了不少心得,如创造谈话氛围、跑题的应对、插话的技巧、倾听的意识、"突击式"采访等。1978年,墨西哥舞蹈家访华演出,文艺部导演要求沈力在幕间插空对其进行采访,而且当时能提供的资料只有一张节目单。沈力根据自己积累的经验进行了很好的应对,她记下了当时的思考:

1.观众想了解什么?通过采访,我们要告诉观众什么?
(1)其人(背景,在本国的地位、声誉)。
(2)其物(响板是什么,起什么作用)。
(3)二者的关系(舞与响板的结合是独创)
2.既然是外国舞蹈家,应请她简单说说来中国的感想。
3.重点介绍响板。
4.尾,礼貌语言。[1]

由此可见,当时的沈力在面对突发采访时,已经能够迅速形成清晰的思路,而这绝非一日之功。沈力是这样评价这段经历的:"这个阶段的工

---

[1] 沈力.四十年探寻[M]//白谦诚,胡妙德.中国荧屏第一人——沈力.北京:中国广播电视出版社,1999:41.

作实践,为我日后做节目主持人打下了基础。"

图 1-2　沈力采访著名演员王心刚

三、成熟期(1982—1998 年):节目主持人的蜕变

1982—1998 年的这段时间应被分割为两段:一段是 1982—1987 年,沈力主持《为您服务》栏目;另一段是 1993—1998 年,离休后的沈力重回岗位主持《夕阳红》栏目。这两个阶段看似是分隔的,实质上却有着一定的延续性。沈力在《为您服务》栏目中开创了自己的主持风格,给受众留下了深刻的印象。正是因为有之前在《为您服务》栏目中的突出表现,并且给观众留下了难以忘怀的印象,领导才会将与《为您服务》栏目风格有些相近的《夕阳红》栏目交给沈力主持。此时沈力 60 岁的年龄也让她与《夕阳红》的观众形成了一种天然联系,同时,当年《为您服务》的观众中有很多人也正好步入了老年阶段。正因如此,很多观众在《夕阳红》中再次看到沈力时,都感到无比亲切。

(一)《为您服务》确立个人主持风格

1982 年,中央电视台将原来设在播出部的《为您服务》栏目划归到专题部,变为固定栏目,任命沈力为组长兼栏目主持人。电视节目专栏化由此起步,沈力也成为中国第一位电视专题栏目主持人,此时的沈力已经年届五旬。沈力主持的《为您服务》创下了辉煌的历史:一个 25 分钟的小节目,开办仅 5 个月就收到了上万封观众来信,并且在当时的收视率仅次于《新闻联播》。沈力刚开始接触专栏节目主持人时,还并不了解"主持人"的真正含义。起初,她忙于节目的制作根本无暇深入思考,但工作一段时间后,她很快就开始进入角色,并取得了很好的社会反响。沈力坦言,播音员、编导和记者的经历对她做好主持人这一工作起到了很大的作用。她尤其强调编导经历的锻炼让她获得了飞跃式的成长。综观沈力在《为您服务》栏目中的表现可以看出,初识主持的沈力用很短的时间就抓住了主持的内核,并且很快确立了个人风格。此时的沈力,对主持风格已经形成了较为完整的认知。她抓住了主持风格形成的重要前提,就是主持人应该能做到真正地"驾驭"节目,做节目的主人。沈力认为,要实现这种"驾驭",需要做到"四会"——会编,会采,会写,会说。她强调并非"采编写"每个环节都需要主持人亲力亲为,但是主持人一定要做到"懂"和"会",这样在主持节目时才能真正发挥主导作用,掌控整个节目。沈力不但是这么说的,也是这么做的。在《为您服务》栏目中,她作为组长和主持人亲自参与写稿、改稿、策划、选题等多个环节,尽管有些子栏目的选题并非每一个都需她亲自参与拍摄,但她仍做到对内容心中有数。因为对节目内容了如指掌,所以她在节目的串联过程中能表现得从容自如,与栏目浑然一体。吴郁曾评价沈力的艺术成就"起点高",她认为沈力在《为您服务》栏目中实现了真正意义上的"采、编、播"合一。沈力对栏目掌握着相当大的话语权,因为她不仅仅是这个栏目的主持人,还是这个栏目的管理者,相当于今天的制片人。这样高规格的起步,在播音主持历史上都是不多见的。

　　由于有播音员、编导和记者等工作经历的铺垫,沈力做好《为您服务》这档栏目的主持人可以说顺理成章。经历了 8 年的积累和历练,出现在荧屏上的沈力可以说实现了播音主持艺术的一次质的飞跃。在节目中,她确立了质朴、平易、真切、知性的主持风格,让人们通过电视荧屏感受到了中国传统知识女性的真善美。此时的沈力,对于主持风格的认知已经更加深入:"主持人应根据栏目或节目内容的需要,拿出自己的见解,根据自己的感受和习惯,讲自己的话,这样,才有可能形成自己的风格。"[1]虽然这是沈力第一次接触"主持人"这个岗位,但因为有了长期在广播电视业务方面的经验积累,沈力很快就在节目中形成了自己的风格,并且得到了广大观众的认可。遗憾的是,由于当时中央电视台要设立大型杂志型栏目《九州方圆》,《为您服务》便被归并其中。子栏目播出时间的不固定导致了观众的大量流失和不满。最终,在观众的强烈要求下,1988年《为您服务》复播了,但沈力已经到了离休的年龄。

纵观20世纪80年代"主持人"一词的风靡,可以看出主持人职业角色在当时的强大魅力。不过,当时对于主持人和主持人节目的理论研究还比较少,实践远远走在了理论前面。1986年,北京广播学院新闻研究所《新闻广播电视研究》编辑部在北京举行了关于主持人节目的研讨会。会上有人提出,目前节目主持人太"滥"了,不少播音员、报幕员、司仪等都被冠以主持人称号,这不但没有必要,而且有损主持人的威望,容易造成混乱。会上还有人谈到节目主持人的个性问题,认为主持人必须保持个人魅力,没有个性的主持人,不容易形成权威性,不利于和观众建立密切的感情联系,不能增强节目的说服力。[2] 从这次研讨会探讨的内容可以看出,当时对于主持人的理论研究还处在刚起步的阶段,在"主持人"职业角色的界定上还没能形成统一的规范,在实践中还存在着大量的"滥用"现象。值得注意的是,尽管主持人节目出现时间并不长,但主持人的个性问题已经开始得到理论研究者的关注,其重要作用也得到了公认。在这个研讨会上,尽管与会者还没有形成对主持风格的进一步探讨,但并不是说主持风格不存在,而是恰恰体现了主持人理论研究还相对滞后,对于主

---

[1] 李瑞英,刘连喜.广播电视播音与节目主持人[M].沈阳:辽宁人民出版社,1991:191.
[2] 敬一丹.主持人节目研讨会综述[J].现代传播(北京广播学院学报),1986(4):15-17,50.

持风格的系统性认识还没有形成。但不可否认的是,主持个性与主持风格之间存在着紧密的联系。主持风格的形成除了有主观因素的参与外,还需要客观因素的支持。相对于主持个性而言,主持风格的研究需要更加广阔的视角以及对多种因素综合分析的能力。

(二)回归主持《夕阳红》栏目

沈力主持《夕阳红》栏目时已经60岁。《夕阳红》栏目是一档以老年观众为主要收视群的节目。沈力可以说是这些观众的同龄人,在这些老人当中有不少人还关注过沈力早年主持的《为您服务》。"您离休又复出使我们老年人感到无比振奋。每次看到您在电视里出现,我都感到是幸福,是享受(济南观众张女士)。"[①]这封来信可以说道出了很多观众的心声。还有一封署名阿春的来信,她说在她即将绝望的时刻,又从荧屏上见到了10年前主持《为您服务》节目的沈力,她从"那火一般热情的眼神里,得到了生存的力量,从那真诚的心灵中吸取了活着的希望"。沈力收到这封信的时间是1993年10月底,那时《夕阳红》栏目刚开播一个月。由此可见,沈力早年在《为您服务》中的主持风格给大家留下了深刻印象,这也为她在《夕阳红》中的主持奠定了良好的观众基础。与主持《为您服务》时不同的是,沈力在《夕阳红》栏目中只承担主持人的工作,不再担任整个栏目的负责人。尽管如此,她仍然保持了栏目的"主人翁"意识,在参与之初就曾经建言献策,不但设想了《夕阳红》这个节目名称,而且建议写几句歌词,这些想法都被领导采纳了。

重回荧屏的沈力在《夕阳红》栏目中专心承担主持工作,这也让她有了更多的时间对自己的主持"较真"。审视的角度变了,沈力又找到了新的乐趣,她充满了创作的冲动,也深感责任之所在。沈力对于自己在《夕阳红》中的主持艺术更加精益求精,主持人用哪种语言、把握什么分寸、用词是否经得起推敲、语法是否符合口语规律、语言是否简练、用语是否礼貌、话语是否流畅并符合自己的年龄与身份、是否言之有物……关于主持

---

① 李力.难能可贵是品格:感受沈力[J].现代传播(北京广播学院学报),1996(3):81.

的每一个细节,她都会去关注。沈力说,一辈子习惯了,"像着了魔似的",说什么词脑子都在想、在斟酌,这是一种磨炼,也是一种追求。①

此时的沈力对于主持风格的认知更为深刻全面了,在自述中,她是这样看待主持个性的:"主持人应该有个性化的语言。因为主持人是以真实的个人身份出现在观众面前,并与之进行直接的、面对面的交流的,而这种交流更多的是通过主持人的意向、认知、感受和语言来完成的。……另外,主持人的个性色彩应该和他所主持的栏目风格相一致,这样才能起到相辅相成的作用,才能融为一体。"②沈力对于主持风格的梳理,抓住了主持传播的人际传播特色,意识到主持过程是以"个人身份"面对观众的人际互动,个性化的语言是主持风格的重要内核。同时她还关注到了主持传播的节目语境,认为主持风格不能脱离栏目风格。

值得注意的是,从《为您服务》到《夕阳红》栏目,时间上存在一个断档,即1988—1993年沈力的离休生活。事实上,这一阶段的沈力处于"离休不离岗"状态。沈力自感由于没有栏目的限定,她有更多的机会接触其他类型的节目主持,创作空间更加广阔。这一阶段她所主持的节目类型包括专题节目、智力竞赛以及文艺专场演出等。此外,穿插其中的一些讲课和当评委的经历让她有机会能够更好地梳理和总结自己的实践经验,为后来的主持工作打下了良好的基础。因此,中间这5年的"离休不离岗"生活在《为您服务》和《夕阳红》栏目之间做了有效衔接,使沈力的主持艺术得到了一以贯之的发展,讲座与评委经历促进了她对主持艺术的沉淀与反思,这些都成为促使其个人主持风格走向成熟的重要因素。

小　结

本章主要在理论层面为本书的研究打下根基,并结合沈力主持风格

---

① 朱旭红.沈力和她的两个"第一"[J].电视研究,2011(8):59.
② 沈力.四十年探寻[M]//白谦诚,胡妙德.中国荧屏第一人——沈力.北京:中国广播电视出版社,1999:59-60.

发展的简要历程呈现其风格发展的清晰脉络。理论根基重在重新梳理主持风格的定义、描述层次,为后续对沈力电视节目主持风格的研究提供理论依据。在主持风格概念梳理时,本书既结合了前人的"主持风格"定义,又受到了语言风格、播音主持风格定义的启发。最终,本书对主持风格的定义在前人理论的基础上又强化了其美学特质。为了便于在实际研究中加以运用和表述,本书提出了主持风格定义的三个把握层次:第一层次为主持人的气质风度的整体印象和直观感受。第二层次揭示不同风格特征下的深层的特殊美学性质,让整体风貌的内涵得到进一步的发掘。这一层次的提炼可以让大众加深对个人主持风格深层美学特质的理解,这也成为具体的主持形式特征的核心体现。第三层次为主持人在主持实践过程中具体行为方式的细节体现,如着装、造型、言语表达、副语言使用以及体态语的展现等。这一层次的研究最为活跃、多样,是对深层美学性质的剖析、归纳和总结。在对沈力的电视节目主持风格脉络梳理方面,本书主要总结了沈力1958年进入北京电视台(中央电视台前身)之后的几次重大的工作调整,以及在此期间沈力主持风格意识从萌芽到最终走向成熟的过程。本章通过对沈力电视节目主持艺术的历时梳理,让人们对沈力电视节目播音主持经历形成初步印象,为接下来沈力电视节目主持风格共时层面的研究打下基础。本书力求在历时与共时的研究中,让读者对沈力的主持风格具有更加全面的了解。

第二章 沈力电视节目主持风格体现

有着"中国荧屏第一人"之称的沈力,从1958年走进北京电视台(中央电视台前身)开始,在电视行业一干就是40年。单纯从时间上来看,沈力的荧屏主持生涯并不是连续的,这期间她转做过幕后编导工作,也有过短暂的离休岁月。但是,她每一次的幕前工作都给人们留下了深刻的印象,即使是在电视还并不普及的年代。当年在北京广播学院新闻系就读的白谦诚曾这样回忆建台初期荧屏上的沈力:系里唯一的一台黑白电视机在教研室里,星期六的晚上向学生开放。学生时代的这段经历,使我有幸目睹沈力大姐年轻时的播音风采。给我留下深刻印象的是,有一次主持节目(那时还不叫主持),她身穿旗袍,与观众告别时,她亲切地祝各位观众"家庭幸福"。在当时(20世纪60年代),人们根本见不到沈力大姐这样具有女性特色的装束,也根本听不到"祝您家庭幸福"这样温馨的话语。沈力大姐的形象,沈力大姐的语言,像寒夜里的一股暖流,滋润着观众的心田。[①]

虽然囿于时代语境和节目形式,初登荧屏的沈力仍然展现出了她特有的魅力,以及她带给观众的那种温暖的感觉。在她此后所主持的《为您服务》和《夕阳红》栏目中,她的个人魅力得到了更全面的展示,荧屏形象也更加丰富完整,但"温暖"的感觉却不曾改变。从职业身份而言,在建台初期工作的8年里,沈力一直被称作"播音员",工作内容以播报和配音为

[①] 白谦诚.我所认识的沈力[M]//白谦诚,胡妙德.中国荧屏第一人——沈力.北京:中国广播电视出版社,1999:233-234.

主。事实上,当时的沈力已经承担了很多具有主持性质的工作,但在那时还没有"主持人"这样的说法。此外,早期的电视还属"小众",电视传播的影响力还非常有限,再加上当时的电视内容全部为直播,很难在影像资料中了解沈力当时的工作情形。但从沈力当年的同事吕大渝写的回忆录中,我们可以窥见一些端倪:"沈力个性内向,屏幕形象端庄稳重,播音风格亲切大方,深受观众喜爱。……由三位播音员①完成全台的播音任务毕竟有些紧张。所以,在1962年前后,又有一位中国儿童艺术剧院的女演员调到了播音组。……儿艺来的新同事年纪和沈力相仿,但观众反映却与沈力不大相同。"②由此可知,建台初期沈力的荧幕形象已经得到了观众的认可和喜爱。新进播音组的儿艺演员的经历和年纪都与沈力相仿,却没有获得和沈力同样高的观众评价,历史证明,这位演员在播音组工作的时间并不长,也没有在播音史上留下印记。可见,尽管播音员数量较少,但观众并不是盲目地喜爱和欣赏每一位播音员的。

正式成为我国第一位电视专栏节目主持人之后,沈力的主持风格更是收获了无数观众的喜爱,沈力成了家喻户晓的电视节目主持人。即使后来离开了荧屏,可每当提起她的名字,她当年的栏目形象和主持风格仍然让很多观众记忆犹新。沈力的主持风格仿佛有一种魔力,她从不张扬,观众却对她印象深刻;她言语不多,却走进了观众内心,成为他们的贴心人;她从未刻意表达自己,却赢得了观众的信任。如今虽已时过境迁,在当年的观众心中却总有一个位置留给沈力,她从未被遗忘。沈力的主持风格可以说主线清晰,"质朴,平易,真切,知性"的主持风格贯穿始终,虽然随着年龄和阅历的增加,以及栏目对象的变化,沈力的主持风格有一定的调整,但从整体上看,这些变化更多体现在程度的差异,而并不存在质的变化。

---

① 当时的北京电视台(中央电视台前身)建台初期,只有三位播音员,按到岗的先后顺序是:沈力,赵忠祥,吕大渝。
② 吕大渝.走近往事:一位共和国第一代女电视播音员的自述[M].北京:中国文联出版社,1999:155.

第一节　质朴

"质朴"一词在《现代汉语词典》中的解释为"朴实,不矫饰"。姚喜双在《播音风格探》中也曾用"质朴"来概括林如的播音风格,并指出质朴的内涵为"本色的魅力"。电视节目主持风格与传统的播音风格相比增加了视觉感受,这也让质朴的内容更加丰富。但从本质上来说,沈力的质朴同样带有一种追寻本真的意味,这是沈力在节目主持艺术创作中带给人们的整体印象。风格的主体不同,其质朴风格下体现的本色魅力也存在差异。沈力的"朴"不"土"、不"俗",带有一种返璞归真的意味。她的质朴是自身独特精神追求的外在体现,实现了自我与本我的统一。认识沈力的人不难发现,她在台上与台下具有难得的形象一致性。这种质朴在沈力的主持艺术中集中表现为外在形象的自然之美,以及语言表达的平实之美。

一、自然之美

《人物志》中有云:"人物情性,志气不同,征神见貌,形验有九。"也就是说,人的性情、气度、品格总会在外在形象特征中有所体现。于外在形象而言,沈力的质朴更多表现为举手投足间流露出的自然之美。这种"自然"没有浮夸的装饰,也没有做作的举止,因为镜头前这外化的一切都源自沈力的真实生活。

(一)符合大众审美的主持服饰

主持人的服饰,是主持人主持形象的重要包装元素,体现着主持人的审美趣味。郭沫若曾说:"衣裳是文化的表征,衣裳是思想的形象,社会主义带来了永恒的春天,我们要有适应季节的衣裳。"[①]回看沈力的荧屏形

[①] 郭沫若.1956年为北京服装展览会题诗[M]//欧阳周,陶琪.服饰美学.长沙:中南工业大学出版社,1999:2.

图 2-1　沈力主持《为您服务》栏目工作照

图 2-2　观众在屏幕上拍下的沈力主持《夕阳红》栏目照片

象,她朴素、大方、得体的着装给人们留下了深刻的印象,这种着装展现了一种和谐美,这与沈力个人在着装方面的追求是分不开的。谈到着装,沈力表示,她很长时间都以为自己在穿着上不讲究,喜欢朴素一些、随意一些、淡雅一些。"后来我发现,其实我并不是真的很随意,可以说很挑剔,希望在朴素的基础上穿出品位,穿出个性,要求得体。"[1]事实上,沈力原来认为的"不讲究",更多体现在她从不会刻意追求名牌和追逐时尚潮流,更没有靠服装来过度包装自己。而她的"挑剔",则主要指要在符合大众审美的视角下穿出自身的个性和品位。沈力的主持生涯正处在我国社会主义事业的大发展时期,大众的审美随着时代的发展发生着日新月异的变化,沈力在节目中的着装特点也相应地出现了一些变化。沈力刚刚主持《为您服务》之时,正值改革开放初期,当时大众对于美的追求还相对单一,个性还没有得到完全释放。因此,当时大众的服饰款式较为单一,色调也以灰暗为主,这一特点在沈力当年的节目中也有明显的表现。同时,沈力在服装选择上也有着自己的喜好:"我是部队里出来的,不愿意穿那花花绿绿的,所以我最初的衣服有一件是蓝色的,一件是咖啡色的,一件是银灰色的,就是这(些)个颜色。"[2]在这一阶段,沈力个人的服饰追求与大众审美取向趋同。相比之下,20世纪90年代《夕阳红》中的沈力,着装颜色已经会有一些亮色甚至是花色,衣服的款式和材质也有了很多不同的呈现,不再那么单调。起初,沈力对于这种"老来俏"的穿法并不是太接受,这和她一直以来较为传统和保守的审美观有关。在编导的劝说下,沈力在节目中尝试穿上了红色系的服装,没想到观众的反响非常好,她也逐渐意识到老年观众的审美在日趋多元化。尽管会有这种"妥协",但沈力表示:"在整个的着装上我这个人还是属于比较保守的,而且比较不会去随波逐流。"[3]沈力在镜头前的服装风格的改变更多的是由社会变迁带来的大众审美的改变引发的,但无论如何改变,沈力的穿着始终是大方得体

---

[1] 白谦诚,胡妙德.中国荧屏第一人——沈力[M].北京:中国广播电视出版社,1999:63.
[2] 笔者对沈力的采访。
[3] 笔者对沈力的采访。

的,从没有让人觉得突兀。沈力本人对于穿着的得体性也一直非常看重。她认为,所谓得体,就是要做到三个符合,即符合栏目风格、符合场合、符合自己的身份与年龄。① 尽管沈力在荧屏前的服装随着时代的改变做出了相应调整,但是她却一直保持着不戴饰品的习惯。沈力表示,不只是在节目中,生活中的她也不喜欢佩戴首饰。这也是沈力的穿着给人朴素印象的一个原因。在沈力所处的时代,这样的外在特点,更符合观众对主持人的审美要求。一位沈阳的观众在来信中写道:"就打扮上多说几句,无论是发式、衣着、装饰等,(其他主持人)都是无法与您比拟的……"

(二)毫不做作的主持仪态

主持仪态主要是指主持人在节目中的肢体语言,包括表情、姿势、手势等。这些看似不重要的非语言符号却在传达着丰富的信息。语言学家爱德华·萨丕尔把非语言符号称为"一种不见诸文字,无人知晓但大家全都理解的微妙代码"②。沈力主持的节目以服务类居多,以串联节目为主,并没有像新闻评论类节目主持人那样多的语言呈现。沈力对此有过误解,她觉得串联节目常常只有寥寥数语,又都是浅显的生活语言,很难体现出主持水平。但在随后的工作中,她逐渐认识到主持人个性的体现并非仅仅局限在语言篇幅上。主持人的个性色彩总体有两大方面:一是观其人,二是听其言。这两方面都是主持人的思想观点、知识水平、文化修养、审美情趣等各方面综合素质的反映,也是主持人个性的直接体现。③ 沈力所说的"观其人",正是说出了非语言符号这个"微妙代码"的重要作用。节目中的沈力举手投足间都传递着修养。在互动交流中,她总是会特意把镜头让出来,自己站在从属地位,以观众和嘉宾为主。沈力说,这样的情景在她的节目中有很多,并没有人跟她强调过这一点,只是

---

① 沈力.四十年探寻[M]//白谦诚,胡妙德.中国荧屏第一人——沈力.北京:中国广播电视出版社,1999:63.
② 黄幼民.主持人形象塑造[M].武汉:华中科技大学出版社,2006:61.
③ 沈力.四十年探寻[M]//白谦诚,胡妙德.中国荧屏第一人——沈力[M].北京:中国广播电视出版社,1999:63.

自己本能地觉得应该这样做。就是她的这种对人尊重的"本能",让她的主持仪态毫无做作之感,因为这一切并非刻意,而是出自本心。

图 2-3　沈力主持《夕阳红》栏目视频资料截图

沈力在节目中的手势语并不多,手势动作幅度也不大,给人一种端庄、大气、沉着之感。相比之下,目光语是沈力更为习惯使用的交流方式。她在镜头前的目光总是充满着对话感,没有丝毫游移。因为每当坐在镜头前,她总能够强烈地感受到观众们的殷殷期待,虽然很多观众素未谋面,但沈力却被观众给予她和节目的情感深深感动着,她常常感到自己和观众之间仿佛有一条情感纽带。沈力表示,"观众"二字在她的心中已经不再是空泛的词语,而是像越烧越旺的一团火。无论是在《为您服务》,还是在《夕阳红》,镜头前的沈力都是身姿挺拔端正,双手自然放在桌前,在与镜头的交流过程中很少使用手势。从沈力主持《夕阳红》的部分视频中可以看出,沈力的目光透着十足的真诚,随播讲内容有着明显的变化。例如,她在介绍供电局退休的田友亮(谐音)用 40 年创作脸谱的经历时,眼神里透出了发自内心的肯定和赞美;谈到在西藏拉萨的一所小学校里教书 35 年的叶老师为了教育事业牺牲了很多与家人相处的时间时,她表情凝重,当说到"在此期间,她的母亲多次病重,她唯一的儿子和她在一起的时间少得可怜,叶老师对此不无遗憾"时,她更是双眉微蹙,眼神里流露出关心与体恤。沈力的眼神里是有内容的,在她的目光中,观众能够感受到交流的力量。为了能够和观众毫无障碍地进行眼神交流,沈力坚持在主持节目时不使用提词器,全凭自己在录制节目前把稿件内容吃透,然后用自己的语言在镜头前讲出。

笑容是沈力在主持节目时常见的表情。她的笑既不谄媚,也不牵强,有一种难以言说的恰到好处,那种亲切自然的笑容似乎与生俱来。虽然只是浅浅的笑容,却透露出了内心的纯净。一位记者曾在给沈力的信中写道:"对于您的笑,我更想弄懂,为什么您只有隐隐的微笑,却使人感到这种笑发自内心,充满魅力,贴近人心?"沈力认为,这一切主要源于镜头前的正确感觉,她觉得自己就是观众中的一员,观众就是自己的朋友。她只是按照自己对待朋友的方式与电视机前的观众进行交流。"这种谦虚、热情、真诚、彬彬有礼、置身于观众之中的自我感觉,才是镜头前正确的自我感觉。在这种状态下开口讲话,愿望是积极的,内心是充实的,感情是由衷的,神态是自然的。"①沈力把这种笑容的魅力更多归因于镜头前的情感调动,即在与镜头的虚拟交流中去寻找生活中人际交流的感觉。事实上,生活中沈力的表情也给不少人留下过深刻的印象,多年的同事赵忠祥说:"在任何情况与任何时候,我从没看到沈力有洋洋自得的表情。"②孟启予在沈力主持艺术研讨会上致辞时也谈道:"沈力早已成为我国优秀的大有名气的主持人之一。而我见到的沈力还和过去的沈力一样,除了更加成熟之外,没有什么改变。她还是那样朴实,亲切,真诚和谦虚,她的脸上总是带有一丝腼腆的笑容,这使我增加了对她的一份敬重和好

---

① 白谦诚,胡妙德.中国荧屏第一人——沈力[M].北京:中国广播电视出版社,1999:59.
② 白谦诚,胡妙德.中国荧屏第一人——沈力[M].北京:中国广播电视出版社,1999:12.

感。"[①]可见,大家对于沈力生活中的笑也有着同样的好感。因此,笔者认为,沈力独有的笑容魅力更多源于生活中的表情"移植",这种笑容只是被电视镜头放大了,而并非镜头前的表情再造。这与一些主持人在镜头前的"表演性"笑容有着本质的区别。沈力在镜头前的情感调动,激发的是她在生活中的真实表现,这也是她的笑容如此自然真实的根本原因。

二、平实之美

语言是思想的直接体现,沈力的质朴在语言上体现出的是一种平实之美。在口语中,这种平实既包括言语用词等语言表达习惯,也表现为不夸张的表达技巧运用。沈力在节目中的语言朴实无华,主要使用生活用语,然而,就是这样看似熟悉简单的话语和不动声色的表达却俘获了无数观众的心。沈力就是用常见的生活语言向观众们展现了一种平实之美。

(一)淡而有味的重音强调

在节目主持艺术中,重音作为语言表达重要的外部技巧之一,用来突出强调主持人认为最重要的内容。重音的强调主要是通过声音形式的对比来实现的,如强弱、快慢、高低、虚实等。这种声音形式的对比差异越大,重音的表现就越明显。之所以说沈力的重音是"淡而有味"的,一方面是因为她的重音表达听起来自然不突兀。在声音形式的对比上,沈力表现得控纵自如,并且很少使用听上去夸张的强调方式,如强实声、冒高调、放慢语速、虚实结合是沈力常用的对比方式。另一方面,从表达效果来说,沈力的重音听起来清楚明白,能够准确地表情达意。例如,她在《夕阳红》中向观众们介绍一对"金搭档"夫妻:"一般来说,在工作中配合默契、协作愉快的合作伙伴儿被人们称为'搭档',王炳瑞(谐音)、赵碧璇(谐音)就是一对'黄金'的搭档,而且生活中他们还是一对美满的好夫妻。"在这段开场白中,沈力饶有兴致地向观众介绍了这一对老年夫妻,在表达中重点强调了"搭档""黄金""美满"和"好"。从数量上来看,沈力的重音少而精,

---

① 白谦诚,胡妙德.中国荧屏第一人——沈力[M].北京:中国广播电视出版社,1999:20.

这四个重音的选择都暗合了"金搭档"这期节目的主题。从强调方式上看，沈力主要运用了语速放缓和虚实变化来强调这几个词，在强调"黄金"和"好"字时，她的音调虽有提高，但幅度不大，意思的表达听起来仍然清楚明白。此外，沈力在重音强调时，常常会结合点头和目光的变化，这些体姿语微小的变化与沈力的口语表达相得益彰。这样的重音处理既符合她端庄大方的主持形象，又丝毫无碍于信息的表达，这种表达方式也乐于被老年观众接受。一位观众在来信中写道："我几乎每天都收看《夕阳红》，绝不轻易漏掉！内容好不说，难能可贵的是主持人的平实态度、言语的恳切、解说的清晰等，都使人赞佩。大陆的节目有很多不比台湾的差，但台湾的节目却没有一个比得上'夕阳红'（指内涵）。"

(二)朴实的语言

对于主持语言，沈力一直都有着自己的思考和追求。她个人十分喜欢朴实的语言，因此，在沈力主持的节目中，我们能够听到大量日常使用的普通词语，十分易懂。服务类节目是做给老百姓看的，使用老百姓的生活语言更能够让观众获得身份认同感。沈力在自述中写道："我常常用老舍的话来提醒自己：'文字不怕朴实，朴实也会生动，也会有色彩。'特别是服务性栏目，要朴朴实实地跟观众说心里话。在节目中，我从不轻易说些许诺的话，我想这和我做人的准则分不开，说到了就要做到，做不到的绝不说。"[①]可见，沈力的朴实语言中蕴含着"实话实说"和"言为心声"的诚恳与真实。

这种朴实的语言还表现为简练的话语。在节目中，沈力喜欢直接表情达意，不喜欢绕弯子，说一些无关痛痒的话。在她看来，朴实的话语无须太多的"虚言"。例如，节目中的原稿写道："如今崇尚体育运动的人越来越多，喜欢拳术的人也不少。八卦掌作为我们中华武林拳术中的一种，源远流长。相信你一定会有所了解，也一定在晨练的队伍中见过。今年

---

① 沈力.四十年探寻[M]//白谦诚,胡妙德.中国荧屏第一人——沈力[M].北京:中国广播电视出版社,1999:71.

86岁的刘兴汉老人,是八卦掌的第四代传人,也是我们今天要播出的《老人与社会》节目的主人公。老人出生于武术世家,毕生都在研习八卦掌技艺,相信热爱运动尤其是喜欢拳术的老年观众,一定会对下面的节目感兴趣。"沈力认为这种语言不够简练,于是进行了如下修改:"大家都知道八卦掌是中华武林拳术中的一个门类,它的历史源远流长。今年86岁的刘兴汉老人,出生于武术世家,是八卦掌的第四代传人。老人毕生都在研习八卦掌技艺。下面就请看《老人与社会》节目:《八卦掌传人刘兴汉》。"[①]修改后的内容比原稿少了70多个字,沈力删掉的主要是一些语言表达中的赘述和重复,相比原稿,修改后的语言更加简洁,开门见山,直奔主题。在介绍节目的主人公时,沈力用简练的语言对主人公的背景经历进行了集中介绍,最后引出节目的主题。如此一改,语言更加流畅,思路也更加清晰。剔除了那些赘述之后,内容听起来更"实"了。

沈力的朴实语言还体现在从不使用长串叠加的修饰、形容成分,更偏爱简洁不做作的表达方式。在讲述一位老人学钢琴后,编辑安排了这样一段表述:"从这天起,叮咚声便响彻他小小的房间。10多年过去,当一曲理查德·克莱德曼的《乡愁》引得无数路人驻足聆听时,有谁会想到,这深情浪漫而又优美的音乐,是出自一双饱经风霜的65岁老人之手呢?"沈力将其改为:"从这一天起,他的小屋里便不时地传出叮咚的琴声。10多年过去了,当一首首深情优美的乐曲从小屋里传出时,谁能想到,这是出自一双饱经风霜的65岁老人之手呢?"[②]原稿的表达不可谓不美,但那不符合沈力的语言习惯。沈力修改了那些过于文学化的语言,如"叮咚声便响彻他小小的房间""引得无数路人驻足聆听"等,将它们变成生活中常用的语言来表达。沈力刻意删掉了那些虚化的场景,以及复杂的修饰语,让语言更加真实且简洁有力。修改后的文稿更符合人们日常的理解习惯,听起来流畅自然。尽管仍使用了修饰成分,但与原稿相比,数量上大大缩

---

① 沈力主持手稿。
② 沈力主持手稿。

减了,且使用的修饰词语均颇为常见。

第二节　平易

平易主要指性情或态度的谦逊和蔼。沈力的谦逊与和蔼展现在举手投足之间,无论是在节目中与嘉宾或采访对象的交谈,还是和观众通过荧屏的交流,这种平易都能让人直观地感受到。很多人也会用亲切、亲和等词语来形容沈力的平易。在播音主持理论中,亲切感是播音主持语言的重要特点之一,"是一种营造沟通氛围、疏通交流渠道的融合,是一种互相理解尊重、彼此敞开心扉的契合,其中没有隔阂,没有疏远"[①]。由此可见,亲切感可以说是播音员和主持人应有的共同特征。沈力的平易除了具有亲切感的应有之意,还包含几分平等的色彩和平和的心态,这也成为沈力风格的独特标签。荧屏上的沈力既没有过分热情,也绝不会卑微地放低自我,她总是能准确拿捏交流的分寸感。荧屏内外,平易已经进入她的血液,融进她的气质。

一、平等之美

沈力是在改革开放之初开始从事主持工作的,那时的"主持"岗位在我国电视领域还是一个新鲜事物。在此之前,我国的电视一直承担着重要的宣传职能,广播电视播音工作者一直以党和政府的代言人身份出现在荧屏上,所谓的"交流"大多是单向的,处于"我传你受"的状态。"文革"时期广播电视宣传工作的政治色彩更加浓厚,这种影响一直到改革开放之初也未完全消除。此时的沈力大胆突破,首次尝试在荧屏上以"我"的身份与受众亲切交流,开辟了播音主持工作的新境界。她的交流状态带来了"平等"的身份感,一下子缩短了电视与观众之间的距离,让观众感觉得到了前所未有的尊重。这种平等之美是突破藩篱之美,是探索之美,是

---

① 张颂.播音创作基础[M].3版.北京:中国传媒大学出版社,2011:28.

沈力在工作中求真务实的成果。

(一)平等的角色认知

"主持人参与节目的过程,就是主持人自我渗透的过程,渗透得越多,主持作用发挥得越多。"① 跟早期的电视播音工作相比,走上主持岗位的沈力更加注重"自我"角色的融入,这是沈力对主持人工作的职业认知。沈力认为,在电视上出镜播音绝不是个人行为,播音员的一言一行都是党和国家形象的展现。而主持人要做节目的主人,要驾驭节目,离不开"自我意识"的参与。平等的关系认知是沈力主持角色背后的重要支撑。

做观众的朋友,绝不居高自傲。每次节目开场时的问候"观众朋友,您好!"都道出了沈力的心声。在她看来,自己只是普通大众中的一员,既然是观众的朋友,理应与大家平等相待。事实上,这对于头戴无数光环的沈力来说,实属不易。20 世纪 80 年代,电视的影响力已经开始显现。沈力是伴随着新中国电视发展成长起来的第一批电视节目主持人,作为这"第一批"中的第一个专栏节目主持人,沈力在全国的影响力可想而知。1984 年 8 月,在湖北十堰市召开的全国第二届优秀电视专栏节目评奖授奖大会上,沈力荣获"优秀节目主持人"奖,报刊记载了当时的情景:当评委宣布《为您服务》节目主持人沈力获奖时,1700 人的会场掌声雷动,欢呼雀跃……记者报道说,沈力很快成了新闻人物,散会的时候,几百名群众围着她,亲切地问长问短,请她签名留念。② 沈力主持的《为您服务》开播仅仅一年多就已经收获了如此多的赞誉和认可,足见沈力的个人魅力和栏目的影响力。尽管如此,沈力在节目内外始终保持低调。在节目中,她从不好为人师,十分注意与观众的平等相处。在她的节目里,我们不会听到任何居高临下或指令性的语言。即使是主持一场知识竞赛,沈力也不会以评委、判官的身份自居。当现场评委表示选手必须服从沈力的裁决时,她做了如下回应:"刚才评委同志讲到,要求大家服从主持人的裁

---

① 白谦诚,胡妙德.中国荧屏第一人——沈力[M].北京:中国广播电视出版社,1999:51.
② 钱明.成功主持典范[M].北京:中国广播电视出版社,2003:7.

决。我想说明一下,今天我是来和大家一起学习的,可不是审判官。如果我在判题方面有什么不对的地方,请评委们指出来,我不愿意由于我的失误让参赛队员们带着遗憾回去。如果是那样的话,我心里就太不安了。"①沈力的回应既展现出了她谦虚谨慎的做人态度,也弱化了主持人身份在知识竞赛节目中的严肃感和压迫感,拉近了和观众的距离。在其他类型的节目中,沈力同样非常注意话语身份的把握。像"我可以让你打消顾虑"这种语言,在她看来都不够平等、亲切,于是改成了"这一点您可以不必顾虑"。像"应该""请您记住"这样的说法,沈力认为多少有些"命令"的语气在里面,不符合自己平常的表达方式,也不符合自己作为观众的朋友身份,因此她几乎从不使用。在节目中介绍知识性内容时,沈力也从不以"救世主"的身份自居,而更愿意代观众发问,虚心求教。在《选字帖》这个节目中,沈力就做了这样的开场:"我常有这样一种心情,每当看到别人写字写得很漂亮的时候,就很羡慕。我觉得字写得好,不仅自己看着舒服,别人看着也是一种享受。在我收到的青年朋友们的来信中,很多人也表达了这种心情。他们说:很想练字,却不知道怎么选帖。为了能使您练出一笔漂亮的字,我们特地来到了著名画家和书法家董寿平先生的家里,请董老先生来给我们指导。"②这样的表达既说明主持人与观众对于优美字体的感受是一样的,又呈现出了主持人愿意与观众共同学习、虚心求教的心态。这种时刻把自己"摆进去"的言语,非常容易获得观众的身份认同感。相比之下,原稿当中用了"我来帮助你"这样的说法,就把主持人与观众的身份区隔开来,带有一种"救世主"的味道,拉开了与观众的距离。此外,面对选字帖的知识,沈力没有"拿来主义",而是请专家进行介绍,这体现了对知识的尊重以及对主持人角色的理性认识。

面对名人,以礼相待,绝不卑微。作为节目主持人,沈力有很多接触名人的机会,其中既包括文艺界的明星大腕儿,也不乏一些学养深厚的专

---

① 钱明.成功主持典范[M].北京:中国广播电视出版社,2003:15.
② 钱明.成功主持典范[M].北京:中国广播电视出版社,2003:54.

家学者。节目中面对这样的采访对象,沈力仍然表现得从容自信,大方得体。在沈力看来,讲礼貌、讲谦虚并不等于比谁矮了一截。即使在与名人交流时,也要注意角色分寸的把握。一位电影明星曾经为社会上对她的一些误传感到苦恼,希望通过沈力的节目介绍一下自己拍片的近况,以正视听。此前,沈力了解到很多观众也很关心这位明星的近况,于是便决定在节目中采访一下这位明星。起初,沈力准备了这样的开场白:"有一次,我在街上被几位观众朋友认出来了,他们问我,听说某某去深圳开公司当经理了,是不是真的?当时我只好说无可奉告,因为我也不知道。最近一次偶然的机会,我见到了她,并告诉她,许多观众朋友很关心她,希望她能和观众朋友见见面,她答应了。今天就请××同志来和大家谈谈近况。"①备稿时,沈力发现有两处说法不妥,一个是"观众朋友认出了我","认出"似乎暗示了自己是名人的意思,这个说法无形中就把自己的位置抬高了,没有体现与观众朋友的平等身份。因此,她把这句话改成了"观众朋友遇到我"。而在谈到明星时说"她答应了",沈力感到这样说仿佛自己有求于明星,显得比明星矮了一截,这也不符合她对待名人"不卑不亢"的相处方式,后来她把这句话改成了"于是我们相约今天在摄影棚里,请××同志和大家谈谈她的近况"。语言细节的调整,体现出了沈力内心强烈的平等观念。

(二)平等的语态

孙玉胜认为:"很长时间以来,人们从不同的传播工具中听到看到读到的东西,会有惊人的相似语态。"②他所说的语态强调的是媒体语言的叙述方式,对于播音主持工作而言,这种常见的语态则表现为官方的话语态度和口吻。沈力主持风格的重大突破之一就在于敢于打破官样语态,实现以"我"的个人口吻与观众进行交流。平等的语态来源于"平视"的视角,这种平等的语态是生活中人际交流状态的代入,是沈力将人际传播引

---

① 钱明.成功主持典范[M].北京:中国广播电视出版社,2003:55.
② 孙玉胜.十年:从改变电视的语态开始(修订版)[M].北京:人民文学出版社,2012:40.

入主持工作的尝试,具体表现如下。

成功实现"降调"。这里的"降调"既强调语言表达中用声的"调门"回归自如的声区,也包括主持交流中的语气变得柔和。沈力在节目主持过程中,恰到好处地发挥了自己的声音特点,如同生活中与人交流般自然放松,那柔美的嗓音充分展现了声音的魅力。"文革"时期,沈力曾因为自己的嗓音难以完成"革命"的播音任务而改行做了编导。"文革"中的"不喊不革命"的用声方式在老一辈的播音工作者中产生了深远的影响,直到改革开放初期,类似"文革"期间的"高调儿门"仍然存在。播音泰斗张颂指出,降调不是目的,而是手段,它只是为了更好地为宣传目的服务,只是为了"使人愿意接受"而被我们赋予了存在的价值。[①] 承担主持工作的沈力认为,主持人不能仅仅做党和政府的传声筒,还应该有自己的个性和思想。于是节目中的沈力以"大众之友"的身份与观众进行交流,实现了人际传播与大众传播的融合。角色认识的调整带来了声音形式上的改变,节目中的沈力没有高声说教,而是倾心交谈。在语气上,沈力更加注意避免居高临下的压迫感。语气作为"思想感情的运动状态支配下语句的声音形式",其改变的核心在于表达者的思想感情运动。镜头前的沈力,思想感情始终处于积极的运动状态,她在镜头前保持着活跃的自我感觉——"谦虚、热情、真诚、彬彬有礼、置身于观众之中"。沈力表示:"在这种状态下开口讲话,愿望是积极的,内心是充实的,感情是由衷的,神态是自然的。"[②] 从声音形式上看,她的气徐声柔饱含着对观众"爱"的情谊。观众在来信中写出了对沈力荧屏形象的感受:"和蔼可亲,讲解时娓娓动听,像和我们谈家常一样亲切自如……"[③]

主动调整传受关系。新中国电视台在诞生之初主要承担宣传的职能,电视传播长期处于"我传你受"的单向传播状态。作为最早涉及主持工作的人员之一,沈力凭借自己的悟性和探索,在节目中实现了双向交

---

① 张颂.播音主持艺术论[M].北京:中国传媒大学出版社,2009:306.
② 白谦诚,胡妙德.中国荧屏第一人——沈力[M].北京:中国广播电视出版社,1999:59.
③ 白谦诚,胡妙德.中国荧屏第一人——沈力[M].北京:中国广播电视出版社,1999:212.

流。当时,沈力把"我传你受"变成了"你需要我播"的交流模式,让观众耳目一新,这也为她的主持风格注入了新的活力。一方面,观众的来信成为节目选题的重要来源。以《为您服务》为例,该节目每个月收到三四千封观众来信,有时甚至更多。沈力一直坚持每封信必看,对于观众的诉求给予高度的重视。对于观众渴望了解的生活常识,沈力会在节目中给予介绍。如应练字爱好者的要求讲授字帖的选择技巧、应有冰箱的家庭要求介绍冰棍的做法等。对于一些典型的具有知识趣味性的问题,沈力还把它们做成了小专题集中解答,如"一问三不知到底是哪三不知""五音不全是哪五音"等。此外,观众来信中反映的问题也得到了沈力的高度重视。例如,有观众反映家里附近的高音喇叭严重影响日常生活,沈力专门做了一期关于噪声污染的节目,重点介绍了噪声对人体的危害,并呼吁大家不要再人为地制造噪声。另一方面,沈力在早期节目中就开启了互动交流模式。20世纪80年代初,热线电话的互动方式还没有被引入节目,但沈力已经开始用自己的方式与观众互动了。她在节目中对观众的来信进行有针对性的反馈,并且以"点名道姓"的方式与来信的观众在荧屏上进行交流。例如,她在节目中提道:"前些天,我收到北京黄村五小王子苏小朋友的一封来信……这位小朋友的确代表了很多观众朋友的要求。今天我们就满足大家的这个要求,请王子苏小朋友的爸爸、妈妈和其他观众朋友收看我们特意为您录制的节目。"[①]这样的互动方式不仅让写信人感到自己得到了重视,也让其他观众觉得自然亲切、有人情味儿。尽管这样的互动反馈不能像热线电话那样实时完成,但在当时已经算是难得的突破与创新了。

二、平和之美

内心的变化常常会通过行为表现出来。荧屏上的沈力轻声慢语、泰然自若,让观众在她的举手投足之间感受到她内心的平和。在沈力的身

[①] 沈力主持手稿。

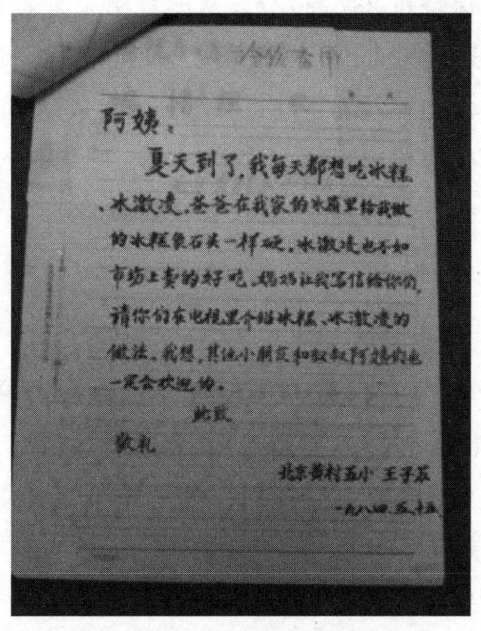

图 2-4 《为您服务》热心观众来信

上,观众从不会看到夸张的表情和张扬的举止。相反,她的那份淡定与从容倒是令人印象深刻。沈力的平和之美既渗透着"与世无争"的思想,又兼有"宠辱皆忘"的豁达。

(一)不急不缓的言语

沈力在节目中的语言呈现出一种"稳"的态势。一是在语势上,她的声音形式几乎没有明显的大起大落。由于节目内容主要以生活服务类为主,她大多采用叙述语言与观众交流,少有强烈感情色彩的表达。因此,她的表达听来语势平稳,不浓不淡。二是在语速上,沈力的语言带给观众的印象常常是"轻声慢语"。这一方面基于传播对象理解的考虑,如《夕阳红》的收视对象以老年人为主;另一方面也与沈力个人的说话习惯密不可分。生活中的沈力语速也是相对舒缓的,即使说起当年的辉煌经历,她也不会流露出任何自豪的情绪,仍然以很平稳的语速去表达。从 20 世纪 80 年代的《为您服务》,到 90 年代的《夕阳红》,沈力在节目中的语速几乎没有表现出明显的变化。笔者对沈力过去的视频节目进行了初步的统计,她的语速基本保持在 237 字/分。从测算结果来看,沈力的语速仍然在主持人的 200—300 字/分的区间之内,属于中等偏慢的语速。在气息运用的深浅上,沈力能够做到将气息"放下来"去表达,抢气、就气较少,偷气、换气完成的比较隐蔽,整体表现为稳劲儿、持久的气息运用。在稳劲儿、持久的气息支撑下,沈力的声音没有任何飘浮感,反倒多了几分沉稳,给人以更强的信服感。

(二)不争不抢的姿态

在日常的服务类节目主持中,沈力对于自己的出镜率以及出镜时长从不计较。刚开始主持节目时,她也纠结过。她觉得主持人要体现水平就应该有一定的出镜时长,只有那种有观点见解、善于理性分析的人才是真正意义上的主持人。而自己在节目中常常都只有零散的言语,并且大白话、拉家常式的语言居多,根本表现不出主持功力。后来,沈力逐渐意识到,不同栏目的主持人有不同的任务和使命,主持人的发挥要依托于节目,而不能游离于节目之外,刻意表现自己。作为服务类节目的串联者,沈力认为主持人的作用大小并不体现在话语量的多少上。因此,她不会为自己设计过多的串联词。相反,她认为主持人的话语应该言简意赅,同时不失语言美感。比如这样的开场白:"在平日采访中,我们经常遇到这样一些人,他们喜欢种花养草,对于花卉的种植很有研究。当然啦,花是美的结晶,花是大自然的精华,爱花也正反映出人们的审美追求,反映出这些人对于生活的热爱。下面就让我们一起来认识一位爱画牵牛花的人。"[①]沈力认为这样的开场白铺垫过多,并且缺少信息含量,于是直接把"花是美的结晶"之前的话删掉了。此外,两个"反映出"说起来稍显重复,不够简练,且没有把"爱花"与"画花"之间的联系点透,于是她把原稿的这句改成了"爱花、画花反映出人对于生活的热爱"。

在台上与搭档的合作中,沈力也从不会去争抢说话机会,相反有时还会充当救场的角色。在一次金鹰艺术节的颁奖典礼上,她被邀请与一位

---

① 白谦诚,胡妙德.中国荧屏第一人——沈力[M].北京:中国广播电视出版社,1999:71.

电视名人合作完成颁奖主持环节。上台前沈力表示,插科打诨的事自己不擅长,对方则表示自己可以充当主力。没想到,颁奖过程中出现了观众就获奖者的个人隐私问题起哄的情况,最后还是沈力临危救场的,这位名人当场表示"姜还是老的辣"。沈力的主持看似不显山露水,却总能在关键时刻发挥作用。由此可见,"不争"是她的性格,并非能力局限。

在节目中与观众对话时,沈力更加注意"弱化"自己。但凡请观众上台或与观众交流,她一定把最正的机位留给观众,自己主动站在侧位,让镜头更加突出观众。在提问或让观众讲话时,沈力总会做出礼貌的"有请"手势,并且不会随意打断别人。

(三)不计得失的付出

主持不用"提词器",串联词全部烂熟于心。镜头前的沈力表情轻松自然,语言流畅简练,这一切完全不靠外力,是她自身下了苦功的结果。如果说 20 世纪 80 年代初的主持工作受客观条件所限,无法使用提词设备,那么 90 年代的"脱稿"主持,则是当时年届 60 的沈力自己的决定。她觉得每期节目的串联词不是太多,又都是一些生活话语,说自己的话,自己能够记下来。此外,从传播效果来说,不使用提词器,通过镜头与观众的眼神交流会更加直接和自然。

将"改稿"进行到底。沈力表示,自己不习惯于"照本宣科",打磨语言是主持人的重要任务。最初"改稿"的原因是编辑写的稿子有时不符合沈力自己的表达习惯,沈力要对这些语言润色打磨,才能延续自己一以贯之的屏幕形象。后来,编辑会模仿沈力的话语习惯来写串联词,但难免会有理解不到位的时候,沈力仍然要自己把关。比如,编辑认为沈力非常注意语言的生活化,于是在采访一位负责人时,编辑直接把对方称为"管菜的头儿"。沈力认为这样的称呼方式不够礼貌,是对"生活化"的误解。事实上,沈力不仅只改编辑的稿子,对于自己写的串联词她也时常进行修订。总之,沈力对于主持语言非常重视,从未有过一丝懈怠。

深度参与节目,从策划到主持。出于对她个人能力的信任,沈力常常会接到命题主持任务。所谓命题主持,就是只给出了主持活动的主题,没

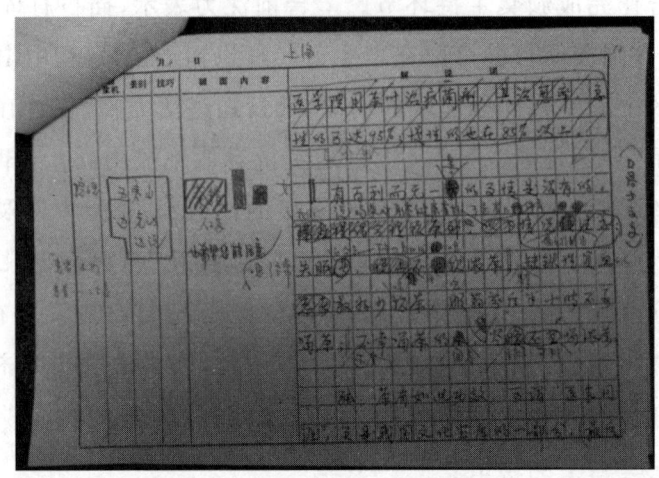

图 2-5　沈力主持节目的手改稿

有具体的细节，或者只有一个模糊的任务安排。比如领导曾安排她进行"千位老人游三峡"的活动报道，至于报道什么、以什么形式进行报道，都没有具体的要求。最终，沈力凭借多年的编导经验，进行了一场带着策划意识的主持活动。要完成对这些老人活动的采访报道，面对这样一个庞大的采访群体，沈力事前却对老人们的情况一无所知，于是她果断决定通过简单的问卷形式对老人们的基本情况摸个底。在对老人们的情况有了一定的了解之后，沈力从中挑选了一些有代表性的老人作为采访对象。同时，她也会随机观察，及时发现值得报道的点。在这次"千位老人游三峡"的活动中，沈力颇为感动的就是主办方对老人们的出行服务做得非常到位，就连老人上厕所的问题都考虑得极为周到。这就成了沈力选定的一个重要的采访报道主题——"为老年人开绿灯"。采访报道内容主要包括：

1.这一活动从构想到成形历时多长时间（体现组织者的严肃认真态度）；

2.其间有没有遇到意想不到的事（介绍老人非一等舱不去，

及有些老人踊跃报名的情况）；

  3.组织这样的大型活动还需哪方面支持（介绍社会各方的支持）；

  4.怎样面对风险、采取了哪些措施等。

  采访后紧接了一组画面：大幅标语、孩子摇花、汽球飘舞、锣鼓齐鸣、亲人叮嘱、领导送行、儿女相扶、握手、拥抱、道别、车队一行驶离。沈力在现场配了这样一段画外音："千位老人游三峡活动已经拉开序幕。第一批登上游轮的共有657位老人，在鲜花的簇拥下，在锣鼓齐鸣声中，老人们就要启程了。在送行的人群中有老伴、有子女、有朋友，还有有关的各级领导和老年机构的工作人员。亲情、友情和爱情，共同奏响了一曲尊老敬老的乐章。"[①]

  从定选题，到采访提纲的准备，再到画面的衔接设计等等，这一系列工作并非一般主持人能够胜任的，单就工作量来说，也远远超出了主持人的承受范围，但是沈力都默默地承担下来了。

  沈力在节目中完成的这些任务可以说都是自己给自己出的"附加题"。出于对主持工作的负责，出于对传播效果的考虑，她总是自觉地给自己加码。她在幕后所付出的这一切，观众并不了解。然而，"群众的眼睛是雪亮的"，观众仿佛透过屏幕读懂了沈力的这份付出，一位72岁的老先生在信中写出了自己的心声："沈力大姐，您为咱老年朋友所做的奉献，以及高度的责任感和敬业精神，都是我们学习的榜样。"[②]

第三节 真切

  真切，是沈力主持风格中最突出的特点。大家谈及沈力的主持风格

---

① 白谦诚,胡妙德.中国荧屏第一人——沈力[M].北京:中国广播电视出版社,1999:77.
② 白谦诚,胡妙德.中国荧屏第一人——沈力[M].北京:中国广播电视出版社,1999:216.

都会用到一个"真"字,如真挚、真诚、真实等。这里选择用"真切"来概括沈力的主持风格,主要强调她在主持时真挚的情感和恰切的体会,正所谓情真意切。在节目内外,她用实际行动把"真"进行到底,创造了一种求实之美。与此同时,沈力的"真"并非盲目的主观想象,而是基于生活中恰切的知觉体验,于主持细节中展现出的细腻之美。真切风格的形成,是沈力在工作中知行合一的结果。

一、求实之美

主持人通过大众传播媒介创造了人际交流的拟态环境,沈力凭借着自己的求实精神,在虚拟的交流中传达了真实的情感。在观众看来,镜头前的沈力毫不做作,"看您(沈力)主持节目,不仅是一种美好的艺术享受,而且是一种真诚的感情交流,是一次美好心灵的撞击"[1]。在主持过程中,沈力将这种"实"落实到每一个具体的环节中,这成就了她的"真"。

(一)充分准备要"踏实"

最初,沈力从字典中了解了"主持"二字的含义,即掌握或处理。她从文字释义出发,认为无论是掌握还是处理都体现了一种主动性。在多年的主持实践工作中,她逐渐认识到这种主动性就是主持人对节目的驾驭,驾驭的基础则是主持人的深度参与。沈力在总结多年的主持经验时谈道:"主持人参与节目的过程,就是主持人自我渗透的过程,渗透得越多,主持作用发挥得越多,个性表现得就越充分。"[2]她对于节目的参与并不局限于节目之中,相反,很多功课都是她在节目之外完成的。沈力尤其重视准备环节,充分的准备可以让她在节目主持过程中游刃有余。以《为您服务》为例,沈力的主持主要是发挥串联功能,把几个不同的栏目版块通过串联词衔接起来。在很多人看来,这是个可以偷懒的工作,只要按编好的稿子背一背就可以轻松完成任务。但在每一次录节目前,沈力都会尽

---

[1] 白谦诚,胡妙德.中国荧屏第一人——沈力[M].北京:中国广播电视出版社,1999:218.
[2] 沈力.我怎样当节目主持人[J].当代电视,1987(3):15.

可能把当期节目的短片浏览一遍,做到心中有数。在她看来,这个环节不能省略,知道与不知道具体的节目内容,主持人在镜头前的播讲状态和感觉是有区别的。

面对临时外出的主持任务,沈力也绝不会掉以轻心。即使能够准备的时间非常有限,她也会充分利用起来。她宁可缩短自己的睡眠时间,也要精心修改好主办方给出的稿子。为了能安心做好主持准备工作,她会推掉此前的一切招待工作。有一次去外地录制节目,工作地点正好离儿子家不远,但由于时间紧、任务重,沈力为了减少分心,并没有去儿子家做客。这也许在一些人看来有些难以理解,但正如沈力说过的,在她的心中有一杆天平,一头是观众,一头是家人,这个天平常常要向观众多倾斜一些。在沈力看来,对工作的认真执着,也是对观众的爱的一种回馈。

(二)镜头感觉要"真实"

尽管镜头前的交流是虚拟的,但沈力内心的感受却是真实的。她为自己的主持找到了充分的依据,真正做到了镜头前的"真看、真听、真感觉"。"真看"说的是沈力在镜头前的视像意识。为了能够在镜头前把自己的情绪调动起来,她会努力记住生活中与每个人的交谈情景,其中既有她熟悉的身边人,如家人、朋友,也有路上偶遇的热心观众,甚至还有在理发店与她谈笑风生的理发师。在沈力看来,这是个"笨办法",但它却非常有效地为视像意识找到了依据。每次站在镜头前,沈力仿佛都能看到观众一家围坐在电视机前的情景。在1985年的一期《为您服务》中,沈力在节目开场说道:"前些时候,我收到了贵州王玮等几位青年朋友的来信,信里说每当《为您服务》栏目播出的时候,他们总是争先坐到我看不到的标准席位上,静心地等待着看我们的节目。我想今天大概也不例外。我们虽然相隔遥远,但此刻却近在咫尺,对吗?"[①]这一次,沈力把镜头前的视像聚焦在贵州的几位青年观众身上,这样的交流状态更富有针对性,形成了点对点的人际互动交流感。这不仅让沈力找到了更充分的表达依据,

---

① 钱明.成功主持典范[M].北京:中国广播电视出版社,2003:11.

也让这几位热心观众感觉受到了尊重和关注。在这种具象而活跃的情境激发下,沈力与观众实现了毫无障碍的情感互动。正如她在节目中所说,"虽然相隔遥远,此刻却近在咫尺"。

"真听"是沈力真正地走进观众的内心,倾听他们的心声。阅读观众来信是沈力保持的习惯,即使再忙再累,她都坚持看信。对于观众的来信中提出的内容建议,她会专门在信封上做好记录。比如,有些观众在来信表达对沈力主持风格的喜爱和节目认可的同时,在信件结尾处会提出对节目的一些期待,沈力会把这个诉求标在信封处提醒自己;对观众来信中提出的有代表性的问题,沈力会在节目中及时回复;甚至面对观众反映的一些社会问题,沈力也会想办法给予帮助。在电视上还没有监督报道类节目时,《为您服务》曾帮不少观众解决了一些生活困扰,如买到次货假货、遇到噪声污染等问题的处理,无形之中发挥了节目监督报道的职能。此外,还有很多观众来信对沈力说出自己的心里话,甚至有失去母亲的孩子向她发出妈妈的呼唤。沈力表示,"尽管这种交流是无形的,但却使我在镜头前获得了更加充实的感情,获得了积极讲话的愿望和真切的交流依据"[①]。在主持《夕阳红》栏目时,沈力通过大量接触老年人这个群体,对于老年生活有了更多的了解,也有了更丰富的内心体会:"我觉得我们这一代老年人非常值得让人尊敬,也非常可爱,他们有坚定的生活信仰,有那种对待生活的乐观和态度,还有那种锲而不舍活到老学到老执着的精神,有一种豁达的心态,我从他们身上学到很多。"[②]正因如此,内心充满对老年群体敬重的她不会接受空洞的表达,如:"看了这些老年人自编自演自娱自乐的舞蹈节目,您觉得开心吗?"在沈力看来,老年人的自娱自乐本身的意义要远远超过娱乐大众的意义。此时此刻,她更愿意成为老年群体的代言人,说出他们的心声:"观众朋友,我们看到了刚才跳舞的这些老同志,论身材吧,并不那么苗条;论动作呢,也不那么规范。可当他们

---

① 沈力.我怎样当节目主持人[J].当代电视,1987(3):17.
② 金鹰访谈特别节目《明星面对面》,见 http://www.mgtv.com/c/20120908/1252351095.html.

操劳了一生,重新迸发出一种热情的时候,身材、动作又算得了什么呢?他们不是在追寻青春的脚步,而是在讴歌幸福的晚年。"沈力将原稿中的一般疑问句改成了反问句,加强了表达的语气,升华了这段老年人演出节目的意义。不得不说,这段话语是沈力在倾听老年观众心声之后的情感反馈。

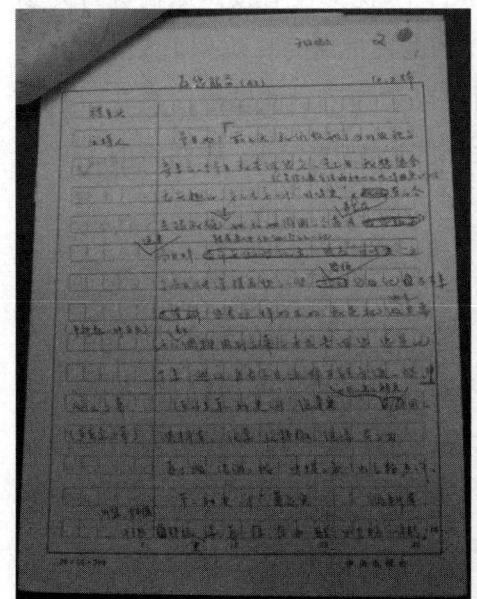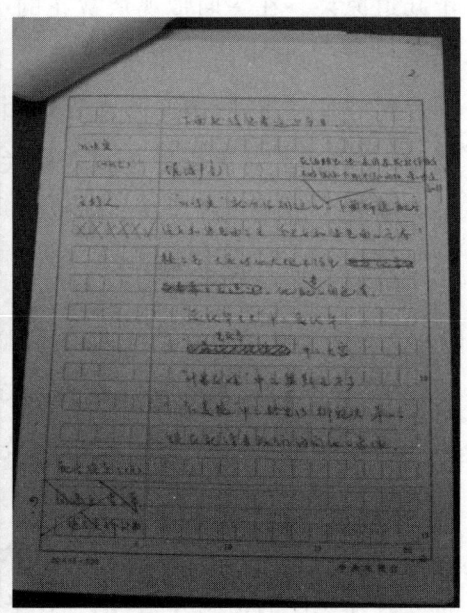

图 2-6 《为您服务》栏目沈力手改稿

"真感觉"是沈力在节目中对观众反应及时、准确的想象,这种"真感觉"增加了节目的互动性。沈力从来都不是个自说自话的人,她非常看重对方的感受和想法。在镜头前的单向交流中,沈力有很多的互动性言语,这完全是基于她在生活中的交际直觉设想对方的感受,由此激发出的对话意识。在节目中介绍完一道香甜可口的饭菜后,原本可以只说几句客套的收尾话,但沈力感觉到了时空局限观众不能真正尝到美味的遗憾,于是说出了下面的一番话:"观众朋友,4 种凉食做好了,按说应该先请您尝尝,可惜隔着荧光屏您没法儿尝,只好请您自己动手,自己品尝了。祝您做得成功,吃得高兴!"①这番言语一方面表达了对观众心情的理解,另一方面又鼓励了观众动手尝试。如此一来,节目既教会了观众做菜的手艺,又照顾到了观众的感受,充满了人文关怀。对于相同的节目内容,不同的观众可能会产生不同的感受,沈力每次都尽可能设想周全,照顾不同观众的感受,如在教有冰箱的家庭做冷饮的同时,还不忘教没有冰箱的家庭做上几道凉菜。在一期带观众赏花的节目中,沈力没有按照原稿进行开场寒暄,号召大家出门赏花,因为她感受到电视机前的观众并非人人都有时间和精力外出赏花,因此她在开场白中既表达了对能够出门赏花观众的邀约,又表达了对无暇赏花观众的关怀。这种"真感觉"让沈力的主持处处充满着人情味和对观众的理解。

(三)言为心声要"诚实"

"观众希望看到的主持人,首先应是一个真诚、实在的人,而不是着意美化的'神'。"②这是沈力从众多观众反馈中领悟出的道理,也是她一直恪守的做人原则。她很少在节目中轻易许诺,即使在很多人看来,那不过是一种客套的表达方式。在沈力看来,对观众说的话,说到就要做到,如果总是光说不做,最终便会失去观众的信任。沈力主持的服务类栏目经常会有知识性的信息介绍,她一直坚持言为心声,从不会借介绍知识来标榜自己,对观众进行说教。她常常在节目中虚心向专家求教,诚恳向观众学习。

及时回复观众来信,能够增强节目的生命力,获得观众的信任,这是沈力在实践中总结的经验。在主持《为您服务》时期,沈力曾收到一名中学生的来信,信中表达了冬天戴眼镜的诸多不便,希望节目能够帮他解决这个问题。这封来信得到了沈力的重视,遗憾的是,当栏目组找到解决办法时冬天已经过去,可沈力却一直惦记着这件事。最终,到来年冬天,她在节目中又专门做了反馈:"去年冬天我曾收到一位同学来信。信里提

---

① 沈力主持手稿。
② 白谦诚,胡妙德.中国荧屏第一人——沈力[M].北京:中国广播电视出版社,1999:56.

到……我们的编辑收到信后,一直在寻求解决的办法,可是等我们找到办法的时候,天已经暖和了,所以事隔一年,我们才来回答这位同学提出的问题。此刻,这位同学如果还能坐在电视机前,那我就太高兴了。"①沈力用相当长的篇幅交代了选题的背景,并且诚恳地解释了没能及时反馈的原因。这样的表达一方面强调了选题的来源,让观众感到了自己写信的价值;另一方面也让观众感受到了沈力的真诚守信。如果写信人有幸看到这期节目,相信他在感到自己得到重视的同时,更会增加对沈力的信任感。

面对观众的批评建议,沈力也能够诚实面对,及时改正。在一期《为您服务》中,一位商店的师傅给大家介绍了家用电器的安装方法,但不久之后,栏目组就收到了一位工程师的来信,指出介绍的方法存在问题。沈力了解情况后,及时在节目中做出了更正,并且以自我批评的口吻向观众道歉。

二、细腻之美

沈力对待节目始终保持着一份认真与执着,即使在别人看来是非常小的事,她也会亲自把关,仔细揣摩。因此,观众看她的节目总是能感到一种细腻之美,就如同一件手工活儿,通过细节之处见真功。从本质上来说,这种细腻之美是沈力的真情流露,是在她与观众的交流中生成的恰切的知觉体验,在节目中表现为细致的情感关怀和周到的做事考虑。

(一)细致的情感关怀

沈力的节目不仅仅有知识的传递,更重要的是还具有人情味儿。央视著名主持人白岩松谈起沈力的主持时,用了"温暖"二字来形容。这种"温暖"与沈力在节目中展现的细致情感关怀密不可分。首先,她的细致体现为从不怠慢他人。当年的《夕阳红》经常会把一些行家里手请到节目中来进行"教学展示",对这些客人的到来,沈力总是尽可能地照顾周到,

---

① 沈力主持手稿。

给他们创造宽松的发挥空间。然而,在一期教做中国结的节目中,请来的民间艺人在录制现场怎样也讲解不到位,最后编导只好请沈力来替代讲解。沈力能够体会这位艺人的尴尬,为了缓解尴尬,沈力首先向观众解释:"由于曹大姐讲话有些口音,怕您听不懂,所以我昨天特意先学了一遍。下面,我来做,请曹大姐指导(转头对曹大姐),您看可以吗?"[①]如此一来,既缓解了对方的尴尬,又给了对方一个更体面的身份——"指导老师"。在演示之后,沈力仍不忘真诚地问一问"指导老师"的评价,显示出对她的尊重。节目中来者皆是客,在沈力看来,这些客人对电视传播大多比较陌生,很容易产生紧张情绪。而主持人应该努力创造轻松的交流环境,帮客人消除这种紧张感。"把客人放在第一位"是沈力把握的与节目嘉宾相处的原则。其次,她的细致体现在对观众的体贴入微。在一次老年人的歌咏比赛中,一位在大家看来非常有实力的老者没能得到第一名,让人感到有点儿遗憾。沈力担心老人会为此不高兴,于是特意走到这位老者跟前进行询问和安慰。老人丝毫没有表现出不快,并且欣然接受了结果。相信此时即使老人心中有一些不快,也会被沈力这及时体贴的关怀冲散。在他人看来"多此一举"的行为,恰恰体现了沈力对观众情绪的细微察觉。最后,她的细致表现为对语言分寸的准确拿捏。曾有一位编辑为沈力准备了这样的开场白:"老年人的性格各种各样,有的老年人到老了,性格也变化了,有的孤独了,有的爱发脾气。看来,老年人要注意性格锻炼。"沈力觉得这样的话语批评教育的口吻过浓,缺少对老年人的内心关怀。于是,她对原稿进行了重写:"各位好!有句俗话:'江山易改,本性难移。'不过这种说法也不一定全面,虽然说老年人的个性具有稳定性,但也不是一成不变的,它会随着个人的身心健康、经济情况、社会交往以及人际关系等方面的变化而改变。那么,人到了老年会有哪些不利于身心健康的性格的改变?该怎样去克服?这就是我们今天要谈的话题。"[②]

---

① 白谦诚,胡妙德.中国荧屏第一人——沈力[M].北京:中国广播电视出版社,1999:87.
② 沈力主持手稿.

修改后的稿件不再生硬，反而变得有理有情，既点明了影响老年人性格的因素，又多了关怀的视角——为了身心健康去面对性格的改变。这样的表述避免了原稿可能造成的老年观众的逆反心理。

(二)周到的做事考虑

从职业角色来说，沈力主要是以"主持人"的身份出现在荧屏上的。在实际的工作中，沈力却并不局限于主持人的工作范畴。特别是在主持《为您服务》期间，她还同时担任着"组长"的职务。在工作中，沈力表现出了统揽全局、考虑周到的能力。本着"想群众所想，急群众所急"的服务理念，当年的《为您服务》可以说做了很多大胆的探索。其中，监督报道的形式可以说是《为您服务》首开先河。当时观众来信中有不少反映了产品质量问题给他们带来的苦恼，出于对观众的关心，沈力和栏目组对这类信件给予了高度重视。其中有一封江苏的来信，信中观众反映他们夫妻用了一生积蓄买了台彩电，没用多久，彩电就出了问题，并且迟迟得不到解决，他们感到苦恼与气愤。沈力感到，这是一个棘手的问题。从群众利益出发，既然是"急群众所急"，栏目组应该努力为群众排忧解难，但是观众的困难并不是《为您服务》能够直接解决的。于是，沈力决定，先对观众反映的信息进行核实。确认无误后，她在《为您服务》里曝光了观众反映的情况。最终，此举引起了厂家的重视，观众的问题很快得到了解决。这期节目播出后，反响强烈，栏目组开始收到大量反映产品质量问题的来信，沈力与《为您服务》栏目组一起，把这些观众反馈的典型问题以《为您服务》栏目组的名义发给厂家，无形中实现了电视的舆论监督功能。沈力的做法不仅帮助群众解决了问题，还变相形成了对整个服务行业的监督。

此外，对于积极整改的企业，她同样会在节目中给予肯定与支持。河南某卷烟厂曾经是被《为您服务》点名曝光过的企业，在整改过程中，他们下功夫提高了产品质量，最后不仅解决了观众反映的质量问题，而且获得了省优质产品的称号。沈力认为，这样电视舆论监督的目的就达到了。出于对厂家的爱护，《为您服务》还把该厂领导请到了演播室，进行了一次现身说法。可见，沈力的周到不仅在于服务群众，同时，她也会关注社会行业质量的整体提升。因为行业质量的整体提升会让更多的群众受益，这是与服务栏目的宗旨相吻合的。

第四节　知性

"知性"一词本是德国古典哲学的常用术语。知性被认为是介于理性与感性之间的一种认知能力。在我国，知性一词常常被用来形容有内涵、有智慧、有魅力的女性。知性并不意味着才高八斗，也并非要美若天仙，它在不同人的身上有着不同的表现。沈力的知性美主要表现为一种文化之美和文雅之美，这种美在观众的脑海中投射为"标准中国知识妇女的美好形象"。

一、文化之美

没有机会走进"象牙塔"一直是沈力心中的遗憾，但是在沈力主持的节目中，人们总能够感受到她身上的文化气息。沈力在采访中表示："所谓的这种文化，就是你担当了这个工作，你钻进去，你热爱它，你能从中总结出东西，学习一些东西，这就是真的知识。"相对于那些接受过高等教育的主持人来说，沈力的文化感更多来源于自我钻研和探索。为了提升节目质量、体现栏目的知识性，她不仅会在业余时间读书看报，还非常注意在节目中进行文化思想的渗透。

在电视节目主持的过程中，她一方面非常注意提升节目品位，另一方面对于自己的言语表达也力求规范、高效。

(一) 提升节目品位

在很多人看来，服务类节目大多是说些家长里短的琐事。但沈力却不甘于此，她用自己的方式努力提升服务节目的品位。一是加大知识性内容的比例，如专门开设《小辞典》栏目回答观众的一些语言知识问题。为了增加观众的文学修养，沈力还曾设立《古语今用》版块，每期用一分钟来介绍一句古语，如"桃李不言，下自成蹊"。有观众来信说，节目中对某

图 2-7　沈力主持《为您服务》视频资料截图

些古语的解释，帮助自己打开了思路，使自己豁然开朗。二是注意提升大众的审美意识。随着生活水平的提高，越来越多的人开始注重自己的穿着。然而，审美意识跟不上，穿出来的效果自然不能让人满意。针对这一现象，沈力专门做了一期有关着装的节目，来帮助大众提升审美水平。除了展示着装之美外，沈力还非常注意根据季节为老百姓提供服装制作的手艺，在那个物资相对匮乏的年代，这样的节目专题像"及时雨"般满足了群众的需要。观众曾这样反馈："夏天，我到服装店做裙子，要一两个月才能做出来。后来，我就按照《为您服务》节目里介绍的样子，自己动手做了一件连衣裙，姑娘穿起来挺好，解决了做衣难的问题。现在兴起西服热，电视上又有针对性地向观众介绍了这方面的知识。"[①]三是寓教于乐。沈力在介绍一些生活技能时，也会有知识性的内容贯穿其中。比如在教做菜的同时还介绍一些与饮食文化和营养科学相关的知识，让观众能够知其然也知其所以然。此外，沈力还十分注意寓教育于引导。例如，当年在

---

① 《为您服务》观众调查访问摘录。

青少年中兴起了一股集邮热,一些观众来信反映,有些年轻人为了得到一枚邮票,不惜私自撕毁别人的信件。在沈力看来,集邮爱好本无错,那些因为自己集邮而伤害了他人利益的年轻人,需要的是正确的引导。因此,沈力并没有在节目中对这种私拆信件的行为大加指责,而是通过介绍集邮的知识以及邮票的欣赏文化,让人们感到集邮重在积累知识,丰富精神文化生活,是一项有品位的文化活动。

(二)提炼口语表达

沈力十分注意自己在节目中语言表达的生活化,但她要求这种生活化的语言必须建立在规范、高效的基础之上。在语言规范方面,沈力对于语言的推敲不仅局限在语法层面,在字词和字音上她也会仔细斟酌。虽然是口头语言,但她同样要求自己连小错也不能犯。如"一个美好生活""经历酸甜苦辣"这种搭配,沈力都会一一修正:"一个"不能修饰"生活","酸甜苦辣"说"体味"比说"经历"更合适。主持词常常在沈力的脑海中打转,她总是力求选择最准确、最妥帖的表达,方才放心。在字音方面,沈力十分注意单音词、双音词和同音词的读法。她努力从听觉角度出发,让观众听清、听懂。如"凡与人民日常生活相关的各种发明、设计、方法,均可参加本次评奖",沈力发现,"凡"在此处以单音词的方式出现,直接同"与"连接使用,单纯从文字上看,这一表述符合语法规范,但是念出来的时候却很容易造成听觉上的模糊。因此,她将"凡"改成了"凡是"。她又觉得"与"的发音不够清晰响亮,于是换成了"和"。在标点符号的语言转换上,沈力也有自己的心得。例如,文字中的破折号是念不出的,如果见字出声,很容易影响观众理解。因此,面对"破折号",她会主动调整语序,消除理解障碍。碰到双引号时,沈力则会直接用语言交代出处,如"人们常说……"。

所谓高效,是沈力对语言信息量的追求,她追求言之有物,即在有限的时间里多给观众信息。请看下面这组前后稿件的对比:

(原稿)在前不久的《养生杂谈》节目里,我们向大家介绍了老年人也缺钙。今天我们再请北京市卫生局×××大夫和老年朋友谈谈碘与健康。

（改后）碘缺乏病引起了世界各国的高度重视。我国政府在1991年3月曾经向国际社会做出承诺——2000年在中国消除碘缺乏病。碘是人体必需的生命元素。今天的《养生杂谈》节目，我们就来说说碘和老年人的健康有些什么关系。①

原稿只是完成了开场白最基本的任务——引出节目内容，沈力修改后的稿子里增加了和本期节目内容相关的知识介绍，三言两语就让人们对"碘"有了初步的印象，增加知识性信息也符合她对于节目文化品位的追求。

二、文雅之美

节目中的沈力恭谨谦和，时时处处以"礼"待人，举手投足间展现了一种文雅之美。在观众眼中，沈力具有东方女性的传统气质，笔者认为，"文雅"就是这种气质的浓缩。"文雅"一词的含义为温和而有礼貌。中国有着"礼仪之邦"的美誉，礼仪是一种人际关系的艺术，是人与人之间的沟通桥梁。子曰："人无礼，无以立。"荧屏内外，沈力都非常注重自身的礼貌与德行。在沈力的主持风格中，这种文雅之美突出表现在节目中的待人礼貌与处事有节。

(一)待人礼貌

礼貌是个人修养的体现，它本应是全体社会成员共同遵守的行为规范，然而，因每个人的成长经历、受教育程度等存在差异，能够达到的礼貌程度也有较大差别。沈力在镜头前展现的礼貌举止完全是自然的交际状态，礼貌的言行是她在互动中的本能反应。观众们曾用"温文尔雅"来形容沈力的荧屏形象，这与沈力在节目中一贯的礼貌言行是分不开的。沈

---

① 白谦诚,胡妙德.中国荧屏第一人——沈力[M].北京:中国广播电视出版社,1999:86.

力的礼貌是一视同仁的,无论对方是普通群众还是领导干部,她都会给予足够的尊重。比如在主持知识竞赛的过程中,每一次向参赛选手发问,她都会用上"请"字,并配上礼貌的"有请"的手势。即使是对自己熟悉的搭档,她也会自觉使用礼貌用语。在一次节目设计好的桥段中,沈力被安排在搭档讲话时插话与他互动。原本台本上直接写出了插话内容,但沈力在表达时还是自觉加入了"对不起,打断一下"这样的礼貌用语,因为礼貌于她而言,已是一种习惯。沈力主持的节目经常会教大家一些生活小技能,有观众曾在来信中反映,有时节目中教做菜方法时速度太快,记不下来。事实上,由于节目时间有限,很多类似的节目都存在这个问题。但沈力没有在节目中强调这些客观理由,而是修改了教做菜的程序,并且专门为观众留出了记笔记的时间。她还用歉意和商量的口吻说:"这个节目讲得稍微快了一些,恐怕您记不下来。您看这样好不好,我先把做川味鱼需要的主要调料用打字幕的方法告诉您,您先记下来,然后再看节目,这样可能方便一些。"面对观众提出的意见和要求,沈力总是尽可能地想办法去解决,从不回避问题。这样谦和且有礼貌的表达方式不仅让观众感受到了她的个人修养,更让大家体会到了她的诚心。

(二)处事有节

除了礼貌待人,在为人处事方面,沈力也有自己心中的标尺,谨言慎行是她的一贯作风。在节目中,她从不做违背自己做事原则的事。在一次节目中,栏目组为了增加节目趣味,安排了一个沈力忘记发奖品的桥段。沈力看到台本后,觉得这个设计不妥。她觉得自己一向是个细心的人,生活中做事也井井有条,怎么会把为观众颁奖这个如此重要的环节忘记呢?这又如何体现她把观众放在心里呢?于是,在她的坚持之下,这个设计被删除。也许从编导的角度来说,这个设计只不过是一场戏而已。但在沈力看来,她一向以真情面对观众,何出戏言?在节目内外,她都会坚持自己的处事原则,这样才能有稳定的荧幕形象。在与人相处时,沈力更是十分注意礼数,从不会过分抬高自己。作为资深的电视节目主持人,沈力受到了无数观众的爱戴。但是无论被多少光环笼罩,沈力一直坚持把自己当作普通人看待,从不居高自傲。哪怕是观众的由衷夸赞,她也会刻意回避,及时引导。在一期《教做布贴画》的节目中,作者送给栏目一幅作品,上面贴有《夕阳红》的栏目标志,旁边还有两只飞鹤。作者解释说,画里面的飞鹤说明全国的老年人都心向《夕阳红》。沈力认为这个说法过于抬高了节目,《夕阳红》栏目应该是为老年人服务的。于是,她紧接着说了下面的话:"我想这幅作品不仅仅是送给《夕阳红》的,也是送给全国的老年人的,因为是全国的老年朋友用自己的心和双手托起了《夕阳红》。"沈力这番得体的话语,不仅升华了这幅作品的意义,还借此表达了她心中对观众的爱与感激。这样的处理方式,既体现了沈力待人接物讲礼数,也让观众感到了尊重与关爱。

第五节 沈力经典主持作品赏析

一、将"服务"进行到底的《为您服务》

1982年,沈力刚刚接到主持《为您服务》的任务时,对"服务"二字的认识还存在一定的局限性。在大多数人的眼中,"服务"是一个颇具商业气息的词,生活中提到"服务"似乎就意味着"家长里短""婆婆妈妈"的琐事。但是,随着沈力对节目内容进行探索和挖掘,她对这个栏目有了更丰富的理解。曾经有一位《为您服务》的热心观众在信中送给沈力一则巴尔扎克的名言:"什么是生活呢?无非是一堆细小情况,而最伟大的热情,就受这些情况管制。"[①]在沈力看来,这句话既道出了节目的真谛,也让她感受到了自身责任所在。她凭借对责任的担当和对观众由衷的关怀和感激,用自己的实际行动将"服务"进行到底。

---

① 沈力.四十年探寻[M]//白谦诚,胡妙德.中国荧屏第一人——沈力.北京:中国广播电视出版社,1999:94.

(一)观众贡献的"服务"选题

"服务"是一个非常庞杂的主题,可以说涉及生活中的方方面面,但沈力在进行节目选题时,绝不是想当然。根据沈力回忆,节目中大约有70%的主题是从观众来信中获得的灵感。在"夏日话凉"系列节目的第三集中,沈力根据家住北京黄村的小朋友的来信,选定了"制作冰糕和冰激凌"的专题。在节目中,沈力开场就引出了这位小朋友的来信,并且邀请跟这位小朋友有同样需求的家庭一起来关注节目。沈力在看信时根据字体推断这封信是大人执笔的,因此特地在节目中表达了对孩子和大人的共同邀请。

观众在生活中遇到的烦恼,也会引起沈力的重视,她希望通过节目的力量帮助他们解决问题。例如,在关于"噪声"这个主题的节目中,沈力在开场就对观众来信的内容表示关切:"观众朋友们,你们好!最近我们陆续收到一些同志的来信,希望我们能够为他们呼吁一下,让他们从难忍的噪声中解放出来。"她将观众来信中与"噪声"相关的内容进行了归类汇总,并从中提炼,缕清层次,帮助组织节目框架。然而,沈力的劝服与呼吁绝不简单停留在口头上。她通过科普短片,帮助观众了解和噪声有关的知识,从而使人们能够从科学的角度去看待噪声的危害,进而发出对抵制噪声的呼吁:"从刚才的影片中可以看到,噪声会给人体带来危害。希望它能引起注意,不要再人为制造噪声了,让我们都来为创造一个安静的工作学习生活环境,为保障大家的健康作出一些贡献。"

此外,为了增加栏目的知识性,沈力还专门开辟了"答观众问"专栏。她广泛搜集观众来信中提出的较为普遍的知识性问题,再找到这一问题相关方面的专家为大家解读。例如,面对观众来信提问中关于"五音不全"的问题,沈力就找到了中央音乐学院的教师专门为观众做解读。原本这些答案沈力也可以通过和专家的沟通学习了解,在节目中直接进行转述回答,但在沈力看来,专家亲自解答更具说服力,同时也不会造成信息的衰减。

(二)精细打磨的"服务"串联词

尽管主持人的串联词并不多,但沈力却努力在每一个环节精细打磨,而其中最突出的,就是她常常能够从受众的角度出发,去考虑主持人语言的传播效果。

1.受众视角,融入编导思维

在"学做冰糕和冰激凌"这期节目中,马增蕙和她的爱人作为嘉宾被邀请在节目现场教大家制作。为了让节目看起来更流畅、观众理解起来不困难,沈力特地在串联词中加入了一些提示语:"下面节目就开始了。"沈力在主持手稿空白处写下了自己的思考:如果不说一句"开始了",三弦、马唱(马增蕙的演唱)观众不仅介入不了,还会产生疑问,是不是节目放错了?做冷饮和曲艺演员有什么关系?如果加上这句,并且让观众猜,还告(诉)他猜不到,观众一下就被吸引了……自然而然、不知不觉地参与了……这样一来,主持人就把观众与节目中的人物给讲通了,思想感情上有了呼应。于是就有了如下的串联词[①]:

> 您好,今天是"夏日话凉"节目的第三集,教您做冰糕和冰激凌……好,下面节目就开始了。您猜,我们今天请谁来教您做?您一定猜不到,是中央广播说唱团的马增蕙和他的爱人谢凌霄同志。(镜头:三弦起,拉出,马排练,唱两句,然后谢进来……)

沈力在主持《为您服务》时,不仅担任节目的主持人,还是节目的负责人,相当于今天的制片人,所以对于节目的各个环节都会把关考量。从主持手稿上可以看出,沈力在20世纪70年代的编导经历,让她在后期的主持过程中已经不自觉地有了编导思维的融入。主持人的语言如何与画面配合、关联,从而让节目过渡得更自然,是沈力在撰写串联词时经常考虑

---

① 沈力主持手稿。

的问题。

2. 注重逻辑,吸引受众

主持人串联词从来不是在数量上取胜,沈力非常注意串联词中的逻辑顺序。沈力写的串联词看似短小,却有着严谨的内在逻辑。在《为您服务》的一期介绍鸡蛋做法的节目中,沈力写了下面这段开场白[①]:

> 有这么一句俗话——"世事洞明皆学问",就是说世界上的事物仔细观察都有学问。是啊,我们饮食中也有学问,比如说,在众多的食品中吃什么?吃多少?怎么吃?怎么搭配?怎么烹调?这里面都有一定的科学道理。您可别小看这个题,因为饮食是为了从食物中摄取营养,它和您的健康、长寿很有关系。过去我们是以吃饱为原则,现在,随着生活水平的不断提高,不仅要吃饱,还要吃好,讲究食品营养也已经被人们重视了。我们准备以后陆续向您介绍一些有关食品营养方面的主题。今天先来说说吃鸡蛋方面的事。

在这一段串联词中,沈力在手稿空白处写下了设计意图:从宏观到微观,从原则到具体,吸引观众来听,抓住观众的心。沈力这段创作意图的阐释暗合了播音泰斗张颂所说的"无一字无依据"。不仅有稿播读需要找到内心创作的依据,主持语言的创作亦不是凭空想象、词语堆砌。沈力对串联词的精心打磨就是力图实现逻辑上的贯通,随着语言的层层深入,逐渐引起观众的兴趣。

(三)新鲜的"服务"专题尝试

《为您服务》是伴随着改革开放成长起来的节目。当时,人们的文化生活正在复苏。沈力作为我国第一位固定电视专栏节目主持人,在节目

---

① 沈力主持手稿。

中力求做时代的引领者,从未故步自封,相反敢于大胆实践一些新鲜的想法,比如策划"春秋时装设计"的特色评选活动。这类内容的评选当时在电视上是不多见的,因此,这样新鲜的尝试也让沈力遇到了不少突发情况。从一期节目的稿件①中可以窥见一斑:

> 朋友们,有两件事想跟您说一下,一件事是关于"春秋时装设计奖",原来是定在 11 月中初评,12 月底揭晓和颁奖。现在根据来稿情况看,需要做一些调整,这次到截稿日期为止,收到的稿件已经突破了一万件,这的确是我们没有预料到的。由于工作量大大增加,还有很多准备工作要做,所以我们准备把初评和颁奖时间都往后推一下,准备 12 月底进行初评,春节期间发奖,请大家原谅。

这次大胆的尝试,得到了全国观众热情的支持。在那个收发信息还不是特别便捷的年代,这一万多份参赛作品反映的是人民对于美好生活的向往与追求。这个节目为人们打开了一个追求美与时尚的突破口,观众的热情参与显然极大地增加了栏目组的工作量。一向对工作一丝不苟的沈力在节目中向观众真诚解释了活动评选推迟的原因,并在节目中向大家表达了歉意。也许在很多人看来,这样没有严格监管流程的比赛,可以有很多缩减流程的办法,甚至无须向观众进行过多的解释。但在沈力看来,观众是节目的上帝,无论何时都要以真诚的态度面对。因此,在她主持的节目中,从来不会缺少礼貌环节。

这样及时又新鲜的尝试也得到了观众的认可和肯定。1984 年 11 月的《为您服务》观众调查显示,观众普遍认为这个节目针对性很强,根据季节变化和市场潮流满足人们的需求。夏天及时教人们自己动手做裙子,少了去服装店等待的烦恼;时兴西服时,又能及时介绍相关知识。从观众

---

① 沈力主持手稿。

反馈中可以看到,这些新鲜又及时的选题让观众受益匪浅。

沈力在主持《为您服务》短短5年多的时间里,就用自己的真诚打动了观众,1988年沈力即将离休之际,很多观众在来信中道出了自己心中的不舍。一位热心观众写道:"今年中秋前后您在电视节目中的一声'再见',我们才知道您已经离休。当天我们的电视节目都没看好。日月穿梭,时间流逝真快,不知怎么回事,一种凄凉感油然而生……"①一位警卫战士在信中写道:"从电视中看您离休的镜头,我非常留恋。这些年每当在电视上看到您就非常激动,不管怎么疲劳,总喜欢将您主持的电视节目看完……"②这些真诚的观众反馈,是沈力用自己的真诚换来的。

二、《夕阳红》栏目中的主持之"术"

央视《夕阳红》的创办让沈力再次回归主持的舞台,此时的她虽已离休,却未真正停止对主持的探索。在离休的日子里,她所接触到的工作内容更加丰富了。其间沈力曾担任当时的北京广播学院硕士研究生"节目主持人"课程的导师,沈力曾多次表示,这样的授课机会有力地推动她细致总结了多年播音主持工作积累的经验。在节目主持方面,沈力在此期间应邀到各地主持节目,这也让她接触到了很多和《为您服务》不同的节目样式,主持能力得到了多方面的拓展。1993年,经过积累和沉淀的沈力重新上岗,再次成为主持人,有了更多施展自我的空间。作为《夕阳红》的主持人,这一次,她终于可以专心研究主持之"术"了。

(一)做节目真正的"主人"

从最初接受主持《夕阳红》的任务,沈力对这个栏目就保持了高度的主人翁责任感,她努力让自己融入栏目,成为栏目真正的"主人",而不是定期应邀来客串主持的"客人"。这也是她在多年主持过程中形成的对主持人职业内涵的深刻认识。

---

① 热心观众来信。
② 热心观众来信。

以主人的心态,全身心投入。对于重新回到公众视线,沈力是犹豫的。毕竟,20世纪90年代我国的主持人事业正处在飞速上升期,年轻靓丽的面孔层出不穷,此时的她已经年届60,她不确定观众是否还能够接受她。所以,沈力给领导的答复是:"试试吧!"听起来这是一个不太有自信的回答,但这恰恰体现了沈力的责任意识。年逾60的沈力在各式各样的新形式中不遗余力地进行主持尝试,更因为节目的关系常常要到全国各地拍摄节目。她的忙碌,观众都看在眼里,这样的忙碌也让沈力有更多机会和她心中一直尊重、惦念、感激的观众有了更多的接触。一位热心观众曾经把沈力的这种付出和收获写进词中:

> 晨练甫离场,电视屏煌,朝阳暖照《夕阳》窗,室外室中红一处,都是春光。日日献琼浆,沈姐繁忙,友朋一亿寿而康……①

永远把观众的利益放在第一位,观众的感受是她最看重的。沈力曾在各种场合多次表示:"我不留恋荧屏,可是留恋观众;我重返荧屏,也是为了回报观众给予我的太多太多的关心、爱护和支持。"在沈力看来,观众对她的需要和认可才是她留在荧屏上的理由。事实证明,观众不但认可她,甚至在她离岗的岁月里,他们也一直在心里默默地期待着她重返荧屏。《夕阳红》热心观众在来信中说:"当初听到您退休的消息,我心中感到一股深深的遗憾,我看到中国荧屏上太缺少学识渊博、经验丰富、富有魅力的主持人了。我是中年人,但自从您又复出主持《夕阳红》之后,我便经常观看,我感到一个被观众喜爱的主持人,不应过早地从荧屏上消失,可是想想那辛苦大量的工作又多少为您的身体担心。每当我看过您的节目,总是在心底想着:这是一位退休老人对社会、对人民的无私奉献,她理应得到社会和广大观众的崇敬和爱戴。"

西安音乐学院的一位观众来信写道:"沈力同志过去主持《为您服务》

---

① 《夕阳红》观众来信摘录。

节目就一直受群众欢迎,现在主持《夕阳红》节目同样受到广大群众的欢迎,特别是中老年人最喜欢看她主持的节目,因为她主持的节目既生动、又实际、又新颖,叫人喜闻乐见,她主持的节目对中老年和青少年都具有深刻的教育意义,总是发人深省,而且听得清、记得牢,观众想要提问的问题,沈力同志都在节目中提问和回答了。她的节目很吸引人,好像一次不看都觉得遗憾。"

以主人的意识,完成节目主持。主持人是节目的主人,这一角色不仅要对观众负责,对栏目负责,还要对自己负责。尽管有着多年主持经验的积累,沈力对主持工作却从未有丝毫懈怠,并且一直保持着非常认真的态度。她从不止步于念别人的稿子,而是要在稿件里体现自己的意志。她认为真正的主持人要对节目深度参与,这种深度参与常常是随着主持工作的深入开展自然而然形成的。在大量的《夕阳红》手稿中,我们可以看到沈力对很多节目设计进行了大刀阔斧的调整,甚至有不少稿子她都进行了"重写"。特别是在一些新鲜节目形式的尝试中,包括一些大型的外出活动,沈力常常会作为"主笔"亲自"操刀上阵"。从修改前后的主持稿对比中我们能明显感到,沈力已将个性自然融入主持工作,而不会选择去讲人人可用的"通稿"。

在重阳节的专题晚会上,最初主持稿的内容"通用"性很强,不能体现主持人的个性。沈力在改稿时结合自己已经"离休"的身份,找到了和老年群体的天然联系,拉近了同老年人的距离。同时,在节目的开场白中,她也表达了能为观众"再服务一次"的诚恳心意。观众就是在点滴话语中感受着真诚又善良的沈力。对于介绍搭档出场环节,沈力也有自己的设计。跟"程式化"的邀请相比,沈力更能够抓住每个嘉宾的特色,为主持搭档的出场做足铺垫。这既显示了沈力对搭档主持的尊重,也显示了她对于主持技艺的驾驭能力。

(二)建立在采编能力基础上的主持艺术

沈力的主持之"术"不仅仅是纯粹的播音主持技巧,而是有着深厚的采编功底基础的。8年的编导经历让沈力的采编能力得到了极大的提

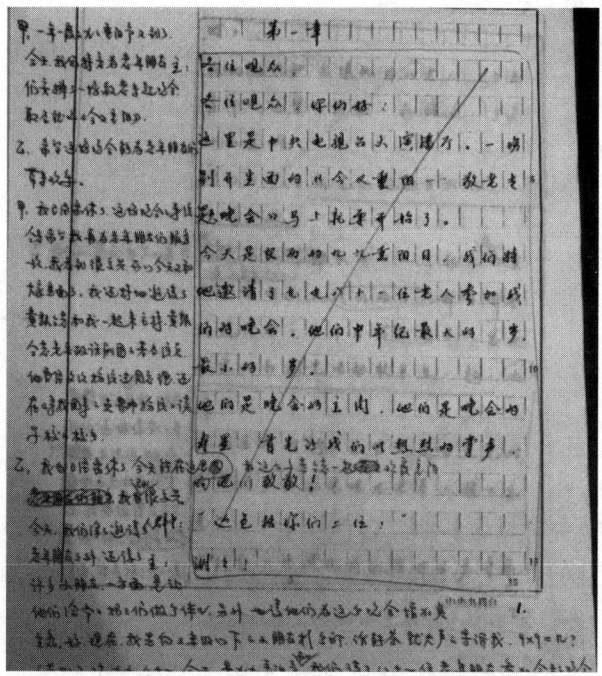

图 2-8 重阳节专题晚会主持人手稿

升。当年的《为您服务》让沈力成了真正意义上集"采编播"于一身的主持人。尽管在《夕阳红》中沈力的职业角色只是主持人,但其中体现的主持功力,却常常与她的采编经历密不可分。

1. 串场有"设计"

《夕阳红》使沈力经常有机会接触各种形式的主持,有传统的杂志型节目的串联工作,有大型竞赛活动的主持,还有外出的采访报道等等,多样的主持形式让沈力的主持功力得到了充分的展现。沈力的主持常常需要在没有太多稿件依据的情况下完成,有时只有非常简练的提纲,有时甚至连提纲也没有。例如,有一次沈力在节目中组织一次踢毽子的比赛活动,当时她只拿到了一个简单的节目提纲:

第一组,单踢;

第二组,对踢;

第三组,花样踢。

如果简单按照提纲上的内容做个主持串场,相信这期节目大概率只能按部就班、平淡如水。于是,沈力在节目提纲的基础上加上了自己的"设计"。主持的开场白是这样的:

> 各位观众,这次《娱乐宫》的内容是踢毽子比赛。踢毽子可以说是我国独有的一种具有悠久历史的民族体育运动,虽然只用脚踢,但全身都可以得到锻炼。(指大屏幕)看,这几位老人踢得多带劲。(大屏幕,老人踢毽子)

这段开场白上来就点明了节目的内容——踢毽子比赛,属于开门见山式的开场。随后,沈力简单介绍了踢毽子的历史及它的健身功能。但是到此为止,还不足以引起人们的关注。紧接着,沈力加入了自己的"设计",她用了一个"看"字成功引导了观众的注意力,让观众一下子沉浸到老人们踢毽子的热闹场面之中。此时,再加上主持人语言的渲染,观众一下子就能感受到老年人那种老有所乐、积极向上的生活状态。接下来,选手们按照"单踢,对踢,花样踢"进行比赛。比赛本身虽也有不少看点,但由于参与者有限,现场的气氛还难以达到高潮。由此,沈力特别设置了"观众参与环节"[①]:

> 感谢几位老同志和小朋友的精彩表演!看他们踢得很轻盈,好像很容易。下面我们想请在座的各位上来试试,哪位同志能踢过10次,毽子不掉,将会得到一个小毽子(可请5人分别踢)。……现在,我们再进行一次对踢,两位同志踢过10次,也可以得到一份奖励(请两对上来)。

---

① 沈力主持手稿。

这一段现场互动的设计一下子活跃了现场气氛。一方面，为了激发观众的参与热情，沈力在语言上采用了一些技巧：给观众暗示踢毽子看着不太难，大家都可以来试试；另一方面，她也为观众制定了一个可以"够得到的"得奖标准——连续踢 10 次，这既帮助现场参与者制定了具体目标，也让电视机前的观众可以一起当裁判。从单人连踢 10 次到双人对踢 10 次，这个"设计"把踢毽子比赛节目推向了高潮。这里面不能不说沈力充分发挥了主持人的掌控能力，让这期节目张弛有度地进行。

　　沈力的个性安静，不喜张扬，但在大型比赛的串场环节，她却能够有效调动观众的积极性，活跃现场气氛。20 世纪 80 年代，知识竞赛类节目在我国风靡一时，当时的这类节目通常都包含以下环节：共答题、必答题、抢答题，再加上中间的观众答题这四个部分。沈力希望自己的主持既不落俗套，又能使比赛现场的气氛不至于太沉闷，于是就有了主持环节当中的"小设计"。沈力考虑到前三个部分主要是按照组织者的规定流程完成主持任务，可以发挥的空间有限，因此就把重点放在了观众答题环节。在一次知识竞赛的主持活动中，沈力把中场为观众出的题做了如下处理：第一题，她灵机一动，提议让在场属龙的观众来回答，因为当年正好是龙年；第二题，考虑到蛇年马上就要来了，她又把回答第二题的机会给了属蛇的人，这时观众们就跟随沈力的指引积极寻找属蛇的人，现场气氛逐渐升温；当大家都觉得摸准了主持人思路的时候，沈力又突然转变了参与要求，第三题答错的人不罚，答对的人可以领双份奖品，但必须表演一个小节目。通过这样的方式，实现了现场的双向互动，观众不仅有机会参与现场的竞赛，还有机会通过表演节目与现场观众再次互动。面对这类大型活动的主持，沈力的场面调动并没有靠插科打诨、哗众取宠，而是依然延续了端庄、大气、知性的主持风格，有效活跃了现场气氛，赢得了观众的肯定和爱戴，这不能不说得益于她在串场当中的设计意识。沈力的设计很细致，并且经常有调动观众的"好点子"。仔细思量，你会发现很多"好点子"的产生是她站在编导的角度思考的。可以说，沈力的控场艺术是在编导思维的渗透下完成主持活动。正如沈力所言："凡是需要我参与主持的节目,我从不会给什么念什么,也绝没有主持、编导、策划之分。对于每一期节目,我都会尽自己所能,默默地尽一份力量。"

2. 采访报道有发挥

作为《夕阳红》的主持人,沈力经常被安排外出的采访任务。但是跟一般主持人不同的是,编导通常只给沈力一个大概的采访方向或者简单的采访稿,这也给予了她很大的发挥空间。沈力的这种发挥和改稿已经跟《夕阳红》团队达成了十分默契的合作。"有的时候,整个的(节目)我都给推翻了,我重新设计。编辑没有意见,我们就是这样合作的。他们尊重我,我也尊重他们。一个目的就是节目能收视率更好一点儿,让观众更好地接受,我觉得这样的话,好像观众更能够理解这个内容。"① 在以下的采访改稿中,可以感受到沈力在采访中环环相扣的提问,以及对采访信息的把握和语言表达的准确性等。

原稿:

沈:观众朋友,您大概已经认出来了,这位书法家是著名的歌唱家胡××。今天,我们来到了他的家中采访。(口念)老夫聊发少年狂,这是苏东坡的词——《江城子》里的一句。胡××为什么写这句,老夫指的是谁,为什么发狂,为什么偏偏要发少年狂,这只能请胡××自己跟大家说了。

改稿:

沈:观众朋友,您大概已经认出来了,这位挥笔者是我国著名歌唱家胡××,我们来看看他写的是什么。

胡(放笔念):观众朋友您好,我写的是"老夫聊发少年狂"。

沈:这是苏轼的一首词《江城子》中的一句,请问您写这句是自喻还是喻人?

---

① 笔者对沈力的采访。

胡：就算是自喻吧，我今年××岁，夫人××岁，都算得上是老夫了。

沈：那这少年狂是不是指你们合拍的音乐会《长久万里情》这件事？

胡：是的。

沈：您已功成名就，按说可以放弃事业、颐养天年了，可为什么年已过花甲，还要发少年狂？能不能谈谈拍这个音乐会的初衷？

原稿中开场的提问显得有些生硬，且多个问题连在一起，有一种堆砌感，让采访缺少了层次。沈力对采访提纲进行了重新设计，改变了提问的策略，增加了提问的互动性。原稿直接从诗词中引出问题"老夫指的是谁"，改稿后，沈力把提问换成了"自喻还是喻人"，让提问显得更加自然，并且设计了歌唱家书写放笔后跟观众互动的开场白，体现了编导的设计思维。值得注意的一个细节是，原稿中直接称呼写毛笔字的歌唱家为"书法家"，但沈力主持时，用"挥笔者"替代了"书法家"的提法，则更显表达中用词的分寸感和准确性。"准确"是沈力个性化主持语言的第一追求。这个准确不仅指表意的准确，还代表着沈力对主持语言的态度。因此，在主持中用的每个词沈力都会反复推敲。

面对编辑设计的采访问题，沈力从未实行过"拿来主义"，并且常常有自己独到的思考。在沈力自己批注过的手稿中，我们可以更加直观地了解她在实地采访过程中的思考。

原稿：

观众朋友们，现在我们是在北京市老年体协组织的一次活动的现场，您能猜出他们是在进行什么活动吗？您也许会说这是不是玩游戏呀？错了，这样吧，我们还是请他们自己说说吧。

（采访，一位正在做检测的老人）

好，观众朋友们您听清楚了吧，原来他们正在进行的是老年人体质测定评分，至于怎么测定，对老年同志的身体健康有什么好处，咱们还是听听老年体协的同志如何说吧！

（采访现场的一位工作人员，谈一下怎么测和有何好处）

观众朋友对于这项活动，您是不是觉得有点儿意思，那么，对于这项活动的组织者，也就是北京市老年体协为什么要开展这项活动，更深层次的意义何在，采用的评分标准是否科学，对于这些问题，我们请老年体协的几位同志谈一下吧。

（唐主席等几位同志分别谈）

好，观众朋友们看了今天的节目，您一定对北京市老年体协办的老年人体质测定评分这个活动有了大概的了解，下次的节目里，我们将给您介绍体质测定的具体操作方法，欢迎您收看。

【批注】第一集连线采访的人：

1.呆板趣味性不强，本身极富趣味性。

2.开头就缺乏对老年人心理的交流与共鸣，缺乏吸引力。

3.主持人要传递信息，要吸引观众看你的节目，要了解观众的心态。

改稿：

开头的话：每一位老年人都很关心自己的身体状况，也很希望了解自己的体质情况。我们了解到北京市老年体协制定了一个老年人自我体质测定的标准，我们觉得这种自我测定的方法既简单又实用，准备分几次节目向大家做介绍。今天先请体协的几位同志介绍一下自我体质测定的内容和方法。

【批注】老年人最关心的是健康，要开门见山，把观众吸引过来。将某个节目吃透，介绍什么、采访什么人、讲些什么内容，要胸有成竹，运筹帷幄。

采访：1.怎么进行自我测定？通过什么方法来测定？（十项

内容,评分)

【批注】首先要告诉观众的,不能放第二集。

2.为什么选定这十项内容?(科研项目)

3.唐主席,您是这项活动的发起和组织者,谈谈组织这项活动的初衷?(意义)

【批注】插入(原稿)第一项内容,以引起兴趣。

结尾:关于老年人自我体质测定的有关情况今天先介绍到这儿,从下次的"益寿之道"节目开始将向您做具体介绍。欢迎您踊跃地参加这项活动,祝您能有一个健康的体魄。今天的节目就播到这儿,明天再见!

(唐主席等几位同志分别谈)

【批注】(以上几个问题)第一集要谈的内容。

好,观众朋友们看了今天的节目,您一定对北京市老年体协办的老年人体质测定评分这个活动有了大概的了解,在下次的节目里,我们将给您介绍体质测定的具体操作方法,欢迎您收看。

在前后稿件的对比中,改稿显然增加了更多的受众意识,可以从沈力自己的批注中看出,沈力非常重视观众的感受,如采访的趣味性、开场信息要吸引观众。问题的设计则要了解观众的心态,提供观众关心的信息,从而吸引观众持续关注节目。因此,沈力在采访报道中的发挥,是在多年的主持经验形成的强烈的观众意识基础上实现的。沈力在《夕阳红》时的娱乐版块制片人应红谈道:"在跟沈老师的接触中,其实我学了很多,我觉得我学到的很多是怎么去做好一个节目,然后再怎么把你核心想体现的主题,用润物无声的方式展示在节目中,这就是我刚才一直说她是那种默默无声的创新,特别好,对我特别有启发。"[①]这种"默默无声的创新"和

---

① 笔者对应红的采访。

"润物无声的方式"就是沈力心中装着观众的最好诠释,她对于观众的爱赋予了她强烈的职业责任感和使命感,她多年从事主持采访工作的经验和温和的性格,又让她的创新总是那么自然从容,她从不会咄咄逼人。

对于栏目提供的采访文稿,沈力同样保持着强烈的把关意识。例如,在《养生杂谈——中风的电脑监测防治》这期节目中,编辑把节目分成了上、下两个部分。上集的原版文稿如下:

大家都知道,中风直接危害老年人的生命健康。医学上说,中风就是脑血管病,就是脑子里的血管发生了异常情况,有人把中风叫半身不遂,也有人叫脑血栓。那么,中风究竟是怎么回事呢?今天我们请××谈谈有关中风的知识。

××教授,什么叫中风?中风和脑血栓是不是一回事?

中风有哪几种情况?有些什么表现?……

刚才××给我们讲了什么是中风,中风的表现和中风的危险因素。下次的《养生杂谈》节目,继续请××介绍如何检查这些危险因素,也就是怎样对中风进行监测。

沈力修改后的稿件为:

中风是危害健康的三大敌人之一。在全国对580万人的调查中,中风病人在144万人以上。

1988年来,××教授根据国内外研究成果和多年临床经验,编制了用电脑监控中风危险因素的程序,为2万人进行了检测,使老年人预先知道自己有无中风的危险因素和如何控制危险因素,从而明显地降低了中风病的发生概率。

××教授,用先进的科学技术——电脑来监控脑中风,这还是一件新事物。用电脑怎么能监测出脑中风的危险因素呢?

脑中风的主要危险因素有多少?

监测的准确度如何?

有没有不可控的因素?

人的个体差异是比较大的,客观环境也会发生变化,那么编出的程序是否要随之调整?

电脑还可以开处方?

通过以上介绍可以了解到,用电脑可以预测发生脑中风的危险因素。下次,再向大家介绍如何用电脑开处方。①

从采访稿件内容的前后对比来看,沈力对原稿件可以说做了颠覆性的修改。沈力认为,原稿件将主题划分为"中风"和"对中风的监测"两部分,这与"中风的电脑监测防治"这个主题不够匹配,尤其是节目上集只谈中风,对电脑监测防治的内容没有涉及实属不妥。从修改后的稿件来看,沈力把节目的上下两部分的内容设定为"电脑对脑中风危险因素的预测"和"如何用电脑开处方"这两个部分,如此一来,节目上下两集内容都与主题紧密相关。在节目开场时,沈力就向观众交代了电脑在脑中风危险因素监测方面的背景资料,面对一个陌生的领域,观众心里一定有很多疑问,沈力接下来就按照人们的惯常思维习惯,代观众向专家提问,一层层地解答观众心中的疑问。在提问的过程中,沈力恰当地加入了一些有关中风的知识性内容,如"脑中风的主要危险因素有多少",这样就做到了既不偏题,又加强了人们对中风的了解。而最后一个"电脑开处方"问题的抛出与节目的下集内容形成了很好的衔接,让观众形成了一种心理期待。原本有了采访稿的提供可以让沈力少费工夫,但她并没有完全"放权",对每一次自己的主持采访工作都会严格把关,保证质量。在她看来,真正的主持不能盲目地照本宣科,而一定要有自己的思考参与其中。

———

① 沈力主持手稿。

小　结

　　本章主要依据沈力电视节目主持的相关资料,对她的电视节目主持风格进行了全面梳理。根据本书对主持风格的定义及具体把握的三个层次,本章将沈力的电视节目主持风格在第一层次的整体印象和直观感受上概括为质朴、平易、真切和知性,并分别对它们进行了内涵的界定,其中质朴主要表现在外在形象和语言的"生活化"方面,平易更多表现在观念和心态方面,真切侧重在交流中的情感方面,知性主要表现为个人修养和文化底蕴在个人气质上的投射。在第二个层次也即深入的美学特质挖掘上,质朴升华为一种自然之美与平实之美,平易是平等之美与平和之美的结合,真切具有求实之美与细腻之美,知性则是文化之美与文雅之美的展现。在第三个层次上,质朴、平易、真切与知性都找到了可以支撑该特点的较为丰富的论据。沈力电视节目主持风格的这四个特质既相互联系,又相互区别,其中既有大家对沈力主持风格印象的借鉴,也融入了笔者客观深入的思考。本章对于沈力电视节目主持风格的研究注意点面结合,将审美意境与具体感知相结合,使风格的提炼和经典案例分析互为补充,让主持风格的展现更加立体丰满。

第三章 沈力电视节目主持风格成因

沈力主持风格的形成是多种因素合力的结果。其中,她个人的主观因素居于主导地位,如个人修养、生活经历、性格特质、艺术追求等,同时又离不开客观环境的制约,包括时代的特点、国家的政策、栏目的特点、受众的期待等。然而,这些因素之间并非割裂关系,它们之间的相互组合形成了推动沈力主持风格形成的动力因素。本章把这种组合概括为三个方面:个人追求、语境制导和人生积淀。

第一节 个人追求

追求,是一个人向上的动力,指引着人们前进的方向。在沈力看来,自己从未刻意去想过要有怎样的风格。但是,在工作内外,她却一直坚持着自己的人生追求。有艺术家认为,人类正是因为有了追求,才有了美的艺术。艺术的生产是一种特殊的精神生产,马克思曾指出,人与动物生产的最大不同就是人类能够把"内在的尺度运用到对象上去",因此,艺术作品在创造的过程中就被打上了人的烙印。对于沈力而言,这种内在的尺度就是她的个人追求,在她的每一期节目中都能够找到这些追求的"痕迹"。在主持艺术创作上,她有着自己独特的创作观念,即"用自己的眼睛去观察,用自己的头脑去思考,用自己的心灵去感受,用自己的语言去表达"[①]。在处世态度上,她始终坚持自己的原则,"言必信,行必果""知足

---

① 白谦诚,胡妙德.中国荧屏第一人——沈力[M].北京:中国广播电视出版社,1999:86.

常乐,能忍自安""己所不欲,勿施于人"是她常常说起的处世格言。

一、沈力的主持艺术创作观

(一)用自己的眼睛去观察

在主持人的语言功力之中,观察力居于首位,足见其重要性。观察是交流的起点,如果没有敏锐的观察力,交流就会变成无源之水。正如托尔斯泰所说,"在艺术里,一切都取决于具有重大意义的艺术家的观察力"[①]。沈力的观察力是在长期从事广播电视工作过程中磨砺而成的,她以独特的新闻敏感洞察周边事物的变化。从业40年,她见证了中国社会的变迁,看到电视从"小众"变成了"大众",她注意到了人们生活水平的变化,找到了服务节目的方向。改革开放为中国社会注入了新的活力,人民的生活质量日益提高,群众的需求更加多元化。在这种变化影响下,沈力把当时的《为您服务》办成了服务大众的百科全书,不但为观众提供生活常识,还十分注意对大众审美的引领。比如节目中会加入当时颇具前沿性的对服饰美、礼仪美等内容的介绍。在主持实践中,她一直努力用自己的眼睛去观察学习。20世纪80年代初,"主持人"三个字在社会上还是陌生的字眼儿。此时,境外的很多主持人节目已经办得风生水起,但由于当时的通信受到局限,人们很难看到境外的电视节目。当沈力获得一次去福建观看台湾地区的主持人节目的机会时,她十分珍视。尽管节目中主持人说着沈力无法听懂的闽南语,但那些主持人轻松自然的话语方式与毫无架子的交流状态却让她印象深刻。沈力的观察也得到了栏目组其他同事的认可。沈力学以致用,开创了《为您服务》平等、亲切的交流方式。有时,沈力也会选择用自己的眼睛去代替观众观察学习。比如,节目中要教给观众的生活技能,她常常要自己先学一遍,观察其中的重点、难点,再来指导观众操作。就这样,很少做饭的她,为了观众学会了不少菜肴的做法;对手工毫无兴趣的她,通过自己的观察学习,甚至能够作为老

---

① 张颂.播音创作基础[M].3版.北京:中国传媒大学出版社,2011:154.

师教学了。此外,沈力的观察还在于能够细致入微地注意到他人的表情和情绪变化。无论是自己的工作搭档,还是节目中的观众,抑或生活中遇到的人,她都会留心观察他们的表情、动作,并且努力记住与他们的交流场景。这样,每当面对镜头时,这些她遇到过的面孔就会出现,使她的情感被积极地调动起来。在对观众的采访中,她更是随时关注对方的反应,及时调整话题的方向和内容。由此可见,沈力的观察不仅透露出她的敏感与智慧,更是一种责任与关怀。

(二)用自己的头脑去思考

主持人是传播环节中的一种活跃形式的存在,它让传播带有了人格化特色。沈力作为新中国的第一代主持人,通过自己的思考与探索充分发掘了主持传播的人格化特色,这在当时是相当具有前瞻性和突破性的创举。沈力的思考让她敢于突破常规,坚持真理。我国的主持人职业是在播音员时代里应运而生的,在此之前,播音员作为党和政府的形象代言人,其工作一直以"我传你受"的播报宣传模式为主。作为党和政府的喉舌,播音员的自我发挥空间有限,他们展现出的更多是一种使命意识。"电视播音员的工作小到代表一个台,大到代表一个国家,绝不是个人行为,要有一种使命感。"这是沈力在担任播音员时期对当时工作的认识。然而,走上主持人岗位的沈力,通过自己的思考认识到了主持人与播音员的身份差异,主持人在节目中是以真实的个人身份出现的,自己的思想感情、意志品质都会展现在节目中,"个性"是不能回避的问题。尽管在当时的社会语境下,媒体更多强调的是党性,不强调个人作用,但沈力还是在节目中坚持了自己的"个性"融入。她的亲切交流语态缩短了电视与观众的距离,她个性化的表达方式让观众觉得耳目一新。一位来自一汽的观众来信反馈:"《为您服务》节目主持人态度和蔼、语言亲切,每当我们全家欣赏这个节目时都感到特别爽快……主持节目的女同志亲切自然,没有丝毫做作,使我们感到这是一位早已熟识的、知识渊博的老相识。像坐在家里聊天一样,听了看了非常舒服,使观众产生一种信任感。"沈力的思考不仅给节目带来了个性,还为节目带来了形式上的突破。面对观众反映的产品质量问题,她经过分析判断,最终让节目恰到好处地发挥了舆论监督作用。为了增强节目的互动效果,她设想了各种互动形式。在早年的《为您服务》中,她就做过国庆家宴特别节目,把观众请到节目中来,用煤气灶现场做饭,这在当时是史无前例的。对于观众的需求,沈力会尝试用各种形式来满足,她的节目也因此创下过很多"第一",比如第一个在电视节目中介绍时装模特、第一个采用方阵比赛的节目形式、第一个让健美走进电视、第一个把涉及法律的事件告诉观众,曾创下央视最高收视率的骄人纪录。[①]

(三)用自己的心灵去感受

艺术的创作离不开创作者的独特感受,这种"独特"也为艺术作品打上了创作者的烙印。沈力在自己主持的电视节目中融入了自身独特的情感体验,她始终坚持用自己的心灵去感受,最终实现了与观众的共情。"共情"是一个舶来词,也被译为同感、同理心、同情等,英文写作"empathy"。它最早由人本主义创始人罗杰斯提出,指的是一种能设身处地体验他人处境,从而达到感受和理解他人情感的能力。共情最初主要是心理咨询中的一个重要技巧,如今,它正被视为社交中的重要能力之一。谈到自己的节目为何能被观众接受时,沈力认为有一个重要的原因:"我这个人比较体谅人,有的时候说话,我会从别人的角度去说这些话。所以,大家接受我。"她所提到的"从别人的角度去说这些话",正是共情的体现。沈力对观众内心的体察一方面通过观众来信,另一方面来自群众生活。观众来信不仅为沈力的节目提供了素材,更为她了解观众的内心世界打开了一扇窗。她对观众在信中诉说的苦恼感同身受,虽然由于工作繁忙不能一一回复,但她心中对观众的情意却与日俱增。还有观众通过节目与沈力相识,最后在沈力的帮助下走出了心灵的困境。有些观众通过荧屏感受到了沈力的辛苦,就随信寄来一些小礼物表示关心。其中,有两件观众为她连夜手工缝制的马甲,让沈力印象深刻。在她看来,观众的一针

---

① 石长顺.电视栏目解析[M].北京:华中科技大学出版社,2003:191.

一线都是浓浓的情意表达。观众的这份真情让她内心充满了感动,她觉得唯有认真做好节目才是对观众之爱的最好回馈。在生活中,沈力一直把自己当作普通大众,用真心与大家交流。主持《夕阳红》时,沈力做过两次大手术,其中一次,她才歇了十几天就接到了领导电话,说台里举行了金秋游园会,很多观众希望能与她合影。沈力不想让观众失望,于是就提前出院了。后来,因为有几个观众当天没合上影,希望能够补上,沈力又亲自去了一趟。在沈力的心里,观众具有举足轻重的地位。提及自己的成就,她曾经表示:"没有观众就没有我。"

沈力的用心感受还表现在与观众的互动之中。主持人与观众在荧屏前的交流是在虚拟语境下进行的,他们对于观众反应的想象完全基于自身的感知体验。沈力在节目中给大家介绍一个菜肴后,很自然地想到观众尝不到菜肴的遗憾,由此有了及时的言语关怀。专家在教生活小窍门时,她感到观众只是单纯地看,恐怕印象不深,于是提醒观众可以做一下笔记。在担任《夕阳红》的主持人时,她与老年人有了更多的接触,对于老年生活有了更深刻的认识,再加上自己的生活阅历,获得了独特的心灵共鸣。在她看来,很多年轻编辑写出的稿子,说不到老年人的心坎儿上,正是缺少了这种心灵共鸣。在与现场观众或采访对象的互动中,沈力无时无刻不展现着她的悉心关怀。当她得知采访对象近期身体不好时,采访开始她便歉意当先,表示担心自己的采访打扰了对方的生活。这样的采访开场在20世纪80年代还是很少见的,但这是沈力的做人准则,即时刻把对方的感受放在心上,采访的表现不过是真情流露而已。在主持竞赛类节目时,沈力更是常常从选手角度出发,尽量安抚他们的紧张情绪,并且尽可能让竞赛题目的语言更加通俗易懂,符合选手们的听觉接受习惯。正是由于沈力能够用心去感受,才让观众感受到了她那体贴入微的关怀,由此激发了观众的沟通欲望。

(四)用自己的语言去表达

1980年以前,我国的广播电视节目一直是以"有稿播音"为主,播音员基本没有表达的自由发挥空间。作为我国最早的播音员之一,沈力谈及电视台创办初期的播音工作时表示,那时的节目以新闻类居多,自己"不敢"也"不能"改稿子。20世纪80年代主持人节目在我国兴起之后,全国一度掀起了主持人热,不论什么节目,言必称"主持人"。此时,沈力对主持人工作已经有了自己的初步认识,她认为,真正的主持人决不是在节目中说一句"我是主持人××"就证明了主持人的身份,而是应该能够有感而发,说自己的话。事实上,在主持人节目刚刚兴起时,能做到的人真是少之又少。中央电视台主持人张悦回忆当年自己在中央人民广播电台的工作经历时说,那时虽然每一期节目的开场都会说"我是主持人张悦",但由于同时主持几个栏目,工作量大,任务繁重,所以基本上每周只有一期的稿子是自己写的,这还是争取的结果。很多节目都是完全由编辑撰稿、主持人来念的,主持人能改变的只是表达方式,极少有内容的调整。然而,沈力从走上主持岗位的第一天就坚持自己改稿,甚至有时完全由自己写稿。她坦言,自己改过的稿子太多了,每期节目里都有自己思想的渗透。沈力非常重视主持人的语言,她认为,主持人要想获得完全一致的荧屏形象,就应该有符合自己个性的语言。如果完全依赖编辑写稿,则很可能自己今天变成了"马大哈",明天又变成了"捧哏者"。这一是因为编辑的语言习惯未必与主持人的语言习惯一致,如有的编辑是年纪轻轻的乐天派,他写出的稿子就带有他自身的个性,与沈力的一贯主持风格就有了差异。二是由于写稿的编辑有可能会有轮换,不同编辑的语言风格也会存在差异,如果完全依赖编辑提供的稿件,主持人的话语风格恐怕也很难统一。

对于语言表达,沈力保持着自己的喜好。沈力改过的稿件都展现了她的语言习惯。比如她习惯把大家改成"您",喜欢在"道再见"时加上"朋友们",习惯真诚地说"这是我们特意为您录制的节目"。沈力的话语中没有口号,更没有壮志豪情的宣讲,这些语言都是她发自肺腑的表达。此外,她还十分注意带有互动色彩的语言运用。有些节目的开场过于理性,如"随着人民生活水平的提高,洗衣机进入了越来越多的家庭。市场上的洗衣机有……",沈力觉得这一段开场离观众的内心世界很远,缺少交流感,于是改成了"很多观众朋友来信说,现在洗衣机种类较多,不知道买哪一种好,让我们给参谋参谋。由于我们不了解您家的具体情况,这个参谋怕当不好,所以就录了个节目叫《洗衣机纵横》……"。改后的语言体现了沈力时刻把观众需求放在心上,以及服务周到细致的节目理念。沈力认为:"表面上看,这些都是琐碎的,甚至是些只言片语,但久而久之,积少成多,我相信观众朋友会从中触到我们这颗体贴他们、关心他们、为他们着想、为他们服务的赤诚的心的,会感到主持人和《为您服务》栏目离他们很近,从而产生一种亲切感、信任感。"①

二、沈力的人生信条

(一)言必信,行必果

"言必信,行必果"最早见于《论语·子路》第十三回。关于此句的解释众说纷纭,但大多用来表示做人诚实守信的意思。沈力的母亲是一位知书达理的女性,十分认同儒家思想,沈力受母亲的影响很深。她曾在多种场合提到此语,来表达自己对诚信的看重和坚持。

沈力的诚信是主持形象的内外一致。在镜头前,沈力的一举一动全部是现实生活中的真实自我。正如她所说,在虚拟语境下的每一次想象,都来自生活中"有鼻子有眼儿"的真实个体,这使她的内心充满了真实的情感。在真实情感的激发下,沈力在主持舞台上的言行只不过是对生活场景的移植,丝毫没有粉饰的成分。在她看来,粉饰就含有了欺骗,沈力认为自己不能欺骗观众,只有用真心才能换来真正的感情相通。生活中的沈力更是扎根在群众中,从没有身份上的优越感,她一直认为自己就是普通群众中的一员。遇上希望合影留念的观众,沈力几乎从不拒绝,在她看来,那是值得珍视的观众的爱。一位热心观众在生活中与沈力偶遇,留下了难得的合影,他随后在来信中说:"虽然我们的认识只是在荧屏上,但我总觉得咱们是老朋友了。这次能面对面地见上一面,更觉您的可敬、可

---

① 白谦诚,胡妙德.中国荧屏第一人——沈力[M].北京:中国广播电视出版社,1999:62.

亲。您是那样朴素,那样亲切、随和。"[①]可见,荧屏内外的沈力都是这么平易近人,亲切随和。荧屏上质朴的形象和生活中的朴素一脉相承,让人看来毫无突兀之感。

　　沈力的诚信还体现在栏目品格的内外一致上。在主持《为您服务》时,沈力担任着组长和主持人的双重角色,可以说对节目有着相当大的话语权。沈力认为,主持人的意志品格、审美倾向都会影响栏目风格。作为组长兼主持人的沈力,对每一个与栏目有关的细节都十分注意,大到选题策划,小到栏目预告。就拿当年电视周报上的栏目预告来说,其他节目大多只是按常规预告一下播出时间,但《为您服务》的预告不仅有播出时间,还有每期栏目的子内容提示。这样的预告通常提前半个月登出,这就意味着沈力必须提前半个月就把节目准备好。她很少会临时对节目内容进行修改,她认为预告的登出已经让观众形成了期待,如果播出的节目经常与预告内容不一致,会影响观众对于栏目的信任和忠诚度。在沈力眼里,工作的每一个细节都非常重要,观众对于节目的信赖就是在点点滴滴中建立起来的。沈力认真踏实、诚实守信的工作风格,最终使《为您服务》成为央视"免检"节目。

　　沈力的诚信还表现为对待工作的忠诚。只要是自己答应承担的任务,沈力就一定会努力把它做好。在"文革"后期,沈力主动提出转行,开始了长达8年的编导生涯。从一个播音员转行当编导,专业跨度很大,很多专业知识要重新学起,但沈力毫不退缩。她认为,既然选择了,就应该努力把工作做好。在工作初期,她跟着老编导外出采访,用心学习,总结经验。最终,功夫不负有心人,她成了栏目内的高产编导,并且独立编导的作品还获得了全国电视专栏节目的一等奖。从幕后再次转回幕前,是因为领导要沈力主持一档生活服务类栏目《为您服务》。一方面,在很多人看来,这是难得的机会。但沈力却觉得自己很少做家务,也不太喜欢谈论家长里短的琐事,恐怕难以胜任这项工作。另一方面,她感到《为您服

---

① 白谦诚,胡妙德.中国荧屏第一人——沈力[M].北京:中国广播电视出版社,1999:216.

务》这样的栏目不如自己当编导时所在的栏目有品位。尽管沈力向领导表达了自己的想法,但是领导仍然看好她做好这档栏目的能力,硬是把这个任务压给了她。沈力回忆当时的想法时表示,既然是领导的最终决定,就应该接受任务并尽力把它做好。后来她再没计较过自己喜不喜欢这回事,相反,却总结和反省了自己起初对服务类栏目的偏见。最终,沈力不仅忠诚地服务于栏目,还与栏目组的同事共同努力,让《为您服务》成为家喻户晓的栏目,收视率最高时仅次于《新闻联播》。

(二)知足常乐,能忍自安

"知足常乐,能忍自安"是沈力心境的真实写照。"知足"是她面对生活的心态,对于自己收获的一切,她心存感恩。沈力始终对名利看得很淡。每当人们提起她头上那两个"第一"的光环时,即中国第一位电视播音员、中国第一位固定的电视专栏节目主持人,她总会把这些归功于时代的机遇、领导的栽培和观众的喜爱。对主持人职业的认识,沈力则只把它看成一个工种,只是因为工作性质的原因才被大众所知。工作期间,她总是通过各种方式了解群众的想法,想群众所想,急群众所急,与观众的交流完全处于平视状态。退休之后,她则像大多数退休职工一样,去外面的摊点吃早饭,很多人看了觉得不可思议。在沈力看来,这只是平常之举,自己本就是大众中的一员。说到主持人的功绩,曾经有一些书籍把主持人事业的起步定位在 20 世纪 90 年代的新闻节目,而没有提及在此之前就已经实现了主持人中心制的《为您服务》。沈力从不去为此辩解,在她看来,那已是历史,不必纠结。对于自己的经历没有得到高度重视的原因,她也有理性分析:毕竟新闻节目才是电视的主流,影响力也更大些;再加上 80 年代初主持人群体还没有形成气候,没有引起大家的关注也在情理之中。沈力对"知足常乐"的总结是:"我觉得一个人要是知足的话,他就能够没有烦恼,他永远是知足,永远是快乐的。"①

"能忍自安"在沈力身上则表现出多元的特质,其中既有她在工作中

---

① 笔者对沈力的采访。

表现出的韧劲儿,又有一种选择逃避的"软弱"。面对繁重的工作,沈力从没有叫过一个"苦"字。在沈力刚刚转进电视台工作时,她是单位的唯一一名播音员,电视节目的出镜、配音工作都由她一人完成。那时的电视还不具备录播能力,所有的节目都是直播,每天高强度的工作和直面镜头的压力不言而喻。但就是在这种情况下,为了播出效果更好,沈力仍然自我加压——为自己增加了复述的任务。为此,她每天常常要早起两三个小时,遇上节目重播,她还要坚持重复背上几次。沈力对于每一项新任务的探索也表现出了足够的韧劲儿。从电台播音到电视播音,从幕前工作到幕后转型再到主持人事业的开创,每一份工作对她而言都是一种新尝试。从零开始,沈力毫不畏缩,凭着脚踏实地的探索总结,积累了宝贵的工作经验,并取得了丰富的职业成果。这种工作的韧劲儿在她早年的经历中已有所体现。沈力16岁开始军旅生活,在此之前,她一直生活在衣食无忧的大家庭里。新中国成立初期,部队的生活还十分艰苦,这与沈力曾经的生活形成了巨大的反差,但她没有当逃兵,不但克服了部队生活的重重困难,还成为所在文工团的文艺骨干。

尽管工作中的沈力充满了韧劲儿,可面对自己的利益,沈力却很少争取,甚至会选择逃避。她把自己的表现归结于"软弱"。从她的经历来看,软弱并不是她与生俱来的气质性格,而是她在生活的磨砺中选择的处世原则。20世纪80年代中期正是《为您服务》办得如火如荼之际,但台里重新规划了电视节目布局,主张大力发展杂志型栏目,于是有了1987年的《九州方圆》,《为您服务》被并入其中。虽然《为您服务》仍作为子栏目存在,但观众感到子栏目的播出时间很难把握,导致节目收视率不佳,节目的影响力与此前的《为您服务》也不可同日而语。面对这样突如其来的节目改革,沈力感到颇为遗憾。但面对领导的安排,她选择了服从,没有尝试努力去争取。问其原因,沈力表示,从来没有考虑过为自己争取什么,那不是自己的做事风格。最终,实践证明,《九州方圆》没有得到观众的认可,在大家的呼唤下,《为您服务》终于复播了。当时,沈力已经到了退休的年龄。在播音主持岗位作出诸多贡献的沈力,最终却是按主任编辑的职称退休的。在编辑队伍里评职称,沈力自知没有优势,但这也是她的一种避世选择。她不善"争",面对争夺,一向信奉"能忍自安"的她常常选择退避三舍。这样的回避与忍耐让她错失了不少机遇。

(三)己所不欲,勿施于人

"己所不欲,勿施于人"是《论语》中的经典话语,此句渗透着孔子"仁者爱人"的思想。沈力把这种思想实实在在地贯彻在行动中,时刻为他人着想,又不失自己处世的原则。面对他人的诚恳求教,她几乎有求必应,并且尽心竭力。在工作最忙碌的阶段,她甚至会牺牲自己的休息时间来接待对方,即使身心疲惫,她的脸上也总是洋溢着腼腆的笑容。沈力认为,对方虔诚来请教说明了对她的看重,她不忍拒绝那颗真诚求知的心。沈力曾经多次担任"金话筒"奖的评委,1995 年评奖在新疆奎屯进行,地方台的评委觉得这是个实在难得的学习机会,希望沈力能够在现场做一些点评分析。然而,在此之前,沈力刚刚收到台里的紧急召回电话。为了不让地方台的同行失望,她还是满足了大家的要求,在现场细致地做了讲评,随后自己连夜坐几个小时的汽车赶往乌鲁木齐。宁肯委屈自己,也要成全他人,这就是沈力的仁者之心。可是,当她自己遇上困难时,她却很少求助别人。当有人得知 83 岁高龄的她重病就医时,希望前去探望,她却常常拒绝。她担心大家因为来探望自己耽误了工作和生活,"别给人添麻烦"成了她的口头禅。

自幼成长在较为富足的大家庭中的沈力,深受儒学和佛教的思想影响,在良好的家风中养成了恭谨谦和的性情。无论自己的事业取得何种成就,她都始终保持着自己的处世原则。在名人面前她表现出足够的大气与自信,在普通百姓面前她又能做到谦逊待人。20 世纪 90 年代,主持人这一职业的社会影响进一步增强。某些年轻的主持人把自己当成了艺人,身边配备了专门的助理,负责自己的起居生活。他们每次出门,甚至有专门的拎包助手,认为这样才配得起自己的身份,看起来有面子。但年过六旬的沈力却几十年如一日亲力亲为,每次出差都是自己把生活安排得井井有条,尽力少给别人增加工作量,"摆架子""使唤人"更不是她的做事风格,她始终坚持内心那份平等的信念——己所不欲,勿施于人。在待人接物方面,沈力也始终保持着自己的独特作风。中央电视台主持人张悦曾回忆道:"那年我们去苏州参加一个活动,回京时,主办方送给我们每个人一套特别精美的礼物,我们所有人都非常喜欢,爱不释手。可是沈老师却跟他们说,礼物真好,但是我不搞收藏,还是给其他人吧,最终老师没收。"① 从不以价格判定价值,自己不喜欢的东西,沈力宁可不收,也不会把它转作礼物送给他人,把"己所不欲,勿施于人"践行到底。在这种观念影响下,沈力逐渐养成了换位思考的思维习惯,这令她的主持语言充满体谅与关怀。沈力生活中的与人为善在荧屏上自然流露,并且通过大众传播得到放大,她的荧屏形象深入人心,向观众传递了真善美。

第二节 语境制导

  主持风格的形成离不开它所存在的环境,这个外部环境即主持的语境,它为主持风格的形成提供了必要的成长空间。对个人主持风格进行分析,应当让它在形成阶段所经历的语境中得到还原,这是主持风格分析的客观理性视角。诚然,如果把沈力的主持风格放在今天群星璀璨的主持群体中去作比较也许并不突出,但综观她当年所在的主持语境,沈力的风格真可谓"东风第一枝"。本节将主持语境划分为两个方面:一是社会语境,即当时的社会环境,涉及政治、经济、方针政策、思潮等方面的内容;二是栏目语境,即栏目为主持人的创作实践提供的空间环境,如栏目类型、栏目管理、栏目对象变迁等内容。

---

① 张悦:《永远的沈力老师——我的怀念 | 著名主持人张悦追诵》,微信公众号——中国播音主持史研究基地发布,2020 年 7 月 29 日。

一、社会语境

(一) 净化的政治生态为广播电视事业发展带来新契机

我国的广播电视事业作为党和政府的喉舌,政治生态的变化直接影响着广播电视行业的发展。从新中国成立初期到"文革"结束,各种政治运动频繁出现,"左倾"思想和"两个凡是"的方针影响了广播电视的发展。广播电视的发展可以说是在跌跌撞撞中前进,广播电视工作者们的精神也在时时经受着各种运动的折磨,无法全身心投入传媒事业建设。中央电视台早期播音员之一吕大渝回忆当年的播音事业时说:"由三位播音员完成全台的播音任务毕竟有些紧张,再加上各种政治任务,诸如去农村支援'三夏''三秋'以及一九六四年开始的农村'四清'运动等等,都要求各工种的人员轮流参加。"[①] "文革"时期的北京电视台(中央电视台前身)一度取消了出镜播音,这一时期的沈力深刻感受到了精神空虚、无事可做的尴尬。在此期间,电视台还取消了电视片中记者的署名,认为署名是资产阶级法权思想的表现,是将集体成果占为己有的做法。这种现象随着"四人帮"的粉碎和 1978 年十一届三中全会的召开得到了彻底改变,广播电视宣传重点从为各种政治运动书写注脚转向了社会主义经济建设的报道。此时,在《文化生活》做编导的沈力,就从文化解冻中找到了很多值得报道的选题,从侧面反映了改革开放给人民生活带来的改变。同时,她令很多经典的音乐作品重新回到人们的视线,实现了一种文化的回归。这一时期,政治对广播电视的松绑使思想观念得到进一步解放,一方面让广播电视工作者的主观能动性有机会充分发挥;另一方面也让他们将更多的精力投入广播电视事业中。

随着政治生态逐渐走向风清气正,广播电视播音长期以来居高临下的宣传口吻也呈现出一定程度的改观。"文革"期间"冷、僵、远"的播音方

---

① 吕大渝.走近往事:一位共和国第一代女电视播音员的自述[M].北京:中国文联出版社,1999:155.

式引起了播音工作者的反思,大家认识到这种"喊叫式"的播音风格没有思想、情感冷漠、千篇一律,播音员已经完全沦为政治的传声筒,毫无创造性可言。随后,播音降调问题被明确提了出来。遗憾的是,由于长期播音习惯的养成,以及对降调的内涵理解不够深入,广播电视播音的降调并没能在短期内普遍实现。1981年8月,中央广播事业局召开了全国播音经验交流会,重点讨论了新闻播音存在的问题,要求播音员在稿件内容上下功夫,打破播音腔,使语言口语化、生活化,克服以教育者自居的思想,满腔热情为听众服务。[①] 尽管会议主要对广播的新闻播音提出了具体要求,但有着"政治风向标"之说的新闻播音语态的改变,向整个播音界释放出重要的信号。20世纪80年代初,广播电视史上迎来了主持人职业的开端,一些主持人亲切、平易的交流方式让大众感到清风扑面,沈力主持的《为您服务》、中央电台徐曼主持的《空中之友》、广东电台李一萍主持的《大众信箱》成为其中的杰出代表。她们不仅在节目主持过程中融入了真挚的感情,而且在一定程度上展示了自己的个性。这样的业务突破在播音主持历史上是具有里程碑意义的。

(二)方针政策的指引促进主持人节目的发展

党的十一届三中全会坚决批判和否定了"两个凡是"的错误方针,明确指出"实践是检验真理的唯一标准"。这令广播电视工作者长期经受的思想束缚彻底得以挣脱,重新找到了分析判断事物的依据。事实上,在粉碎"四人帮"之后的两年里,"四人帮"的影响依然存在,"两个凡是"的方针依然在强烈干扰着广播电视新闻人的价值判断。对于某些专栏节目能否复播、节目内容如何选择等问题,行业内外均存在强烈的争议,广播电视事业仍然受到"左"的思想影响。这种现象直到党的十一届三中全会之后才有了彻底的改观,也为后来主持人节目的诞生奠定了坚实的思想基础。

1979年8月,在党的十一届三中全会精神指引下,第一次全国电视节目会议在北京召开,开启了电视发展的新纪元。会议提出"丰富和改进

---

① 陈晓鸥.广播电视语言传播风格多样化研究[M].北京:中国广播电视出版社,2007:200.

电视节目内容,大力发展自办节目",这也为沈力后期主持的栏目开设提供了政策支持。1980年,全国广播事业规划会议和第十次全国广播工作会议先后召开,前者做出了优先发展电视事业的方针部署,后者提出了广播电视宣传要坚持"自己走路"的方针。由此,我国的电视事业逐渐进入高速发展时期,电视节目类型增多,节目质量较以往也有了质的提高。以央视《新闻联播》为例,它每条新闻的时长缩短至3分钟左右,新闻的及时性也大大增强。考虑到观众的需要,从1980年7月7日开始,《新闻联播》中开始播放中央气象台发布的天气预报。正是由于有力的政策方针指引,这样大胆的节目形式探索才得以出现。1983年1月1日,由沈力主持的《为您服务》开播,开启了电视栏目主持人的新时代。《为您服务》是在原有节目基础上进行充实和调整形成的,之所以选择沈力作为主持人,领导们也是有所考量的。本着坚持"自己走路"的方针,领导们下定决心要把《为您服务》办好,沈力的工作经历、业务能力正是他们所看重的。因此,他们不仅要让沈力亲自主持这档栏目,还要她做这个栏目的负责人。可以说,沈力的主持生涯一起步,就有了很高的起点,在同一时期的主持人栏目中是不多见的。这是在大政方针政策支持下,沈力获得的人生机遇和挑战。1992年邓小平南方谈话之后,改革开放进入新阶段,我国的电视事业也驶入了高速发展的快车道。仅1992—1995年,中央电视台就增加了5个频道:1992年10月1日,第四套国际频道开播;1995年1月1日,第五套体育频道正式播出;1995年11月30日,第三套文艺频道、第六套电影频道和第七套少儿·军事·科技·农业综合频道试播。[①] 随着改革开放进一步走向深入,人民生活水平不断提高,公众对于电视内容有了更丰富的需求,一批对象化的电视栏目兴起,沈力主持的《夕阳红》就是其中之一。不得不说,是历史机遇赋予了沈力再创主持辉煌的机会。作为这一代老年人的同龄人和资深节目主持人,沈力在主持这档栏目时展示出得天独厚的优势。

---

① 赵玉明.中国广播电视通史[M].北京:中国传媒大学出版社,2006:412.

(三)传媒技术创新为电视栏目保驾护航

彩色电视的出现客观上提升了电视栏目的视觉审美效果。1973 年 5 月 1 日,北京电视台(中央电视台前身)正式宣布彩电试播,随后,上海、天津、成都也开始了彩电试播。诞生于"文革"期间的彩色电视,与当时中央领导人对传媒技术创新的长期关注密不可分。尽管在 1974 年 10 月,北京电视台(中央电视台前身)的彩色电视开始正式播出,但它的效果其实是非常有限的。一方面,"文革"期间电视栏目内容本身非常单调;另一方面,人们的购买力有限,全国拥有彩色电视机的家庭数量很少。据统计,直到 1979 年年底,全国电视播出的覆盖率仅为 40%多的人口,电视机只有 800 万台。据 1988 年 1 月公布的数字,全国有电视机 11,200 万台,其中彩色电视机约占 25%。[1] 由此可见,直到 1988 年,彩色电视机在全国也没达到普及的程度。但值得注意的是,20 世纪 80 年代初,中央已经把中央电视台彩色电视中心列为"六五"期间的重点工程。同期,北京电视机厂与日本松下合作,引进了彩色电视生产线,推出了价格较为低廉的国产"牡丹牌"彩色电视,这也是邓小平 1978 年访问日本的一个成果。[2] 中央对于彩色电视技术的重视客观上为后来的电视栏目播出创造了良好的播出条件。20 世纪 80 年代沈力主持的《为您服务》,以及 90 年代主持的《夕阳红》,已经全部以彩色电视信号播出。

卫星电视和有线电视技术提高了电视画面质量,扩大了电视栏目的影响力。我国的电视事业起点低,起步晚,再加上"文革"的干扰,20 世纪 80 年代之前,电视技术水准长期处于徘徊不前的状态,陈旧的技术设备更是不能满足人民日益增长的电视需求。很多地方观众反馈接收不到信号或者是缺少流畅的收视体验。1985 年 10 月,中央电视台开始租用国际通信卫星向全国传送第一套节目,解决了之前电视传输信号不畅等问

---

[1] 《中国中央电视台 30 年》编辑部.中国中央电视台 30 年(1958—1988)[M].北京:中国广播电视出版社,1988:40.

[2] 常江.中国电视史:1958—2008[M].北京:北京大学出版社,2018:139.

题,提升了用户的收视体验。此后,通信卫星传送的电视节目数量逐渐增加。相比之下,有线电视在我国发展的速度之快更是令人惊讶。截至1995年年底,全国经广播电视行政管理部门同意建立的有线电视台已有1200座,有线用户达3000多万。① 有线电视技术的发展,进一步扩大了中央电视台电视节目的覆盖面,全国各地观众不仅可以看到更多的电视频道,同时也感受到了电视画质的改善。电视传播技术的改进,极大地拓展了央视传播平台的栏目影响力。尽管地方频道的加入增加了观众的观看选择,但央视在员工规模、业务素质、设备水平、信息资源、行业理念等方面得天独厚的优势,使它的电视节目表现出了强大的竞争力。因此,沈力主持的栏目在与全国同类栏目的竞争中,仍然获得了更高的社会认可度。与之形成反差的是,在沈力1958年开始担任电视播音员出镜的8年时间里,由于经济和传播技术的局限,那时的节目影响力其实是相当有限的。一位中年观众在来信中写道:"1969年后,仗着一口普通话当了7年的厂广播站的兼职广播员,我是男性,但对您的播音素养十分钦佩。那时电视播音员的姓名是很少出现在荧屏上的,直到1977年我回到了北京才知道了您的姓名。您是中央电视台第一位电视播音员,我印象中亦是第一位节目主持人,您是开拓者。"从观众来信可以看出,受各种条件限制,沈力早年的播音在当时的影响力还是有限的,甚至连姓名都不为大众所知。但是,沈力作为第一位电视播音员的地位和形象却给观众留下了深刻的印象。主持风格的形成离不开传播语境,它需要接受大众的反馈。受众越广,反馈越多,越有助于大家客观地认识风格。因此,相对于早期播音风格而言,沈力的主持风格更为大众所熟知。

(四)国内传媒相关理论研究助力沈力主持风格形成

20世纪80年代,当沈力第一次以主持人身份登上我国电视荧屏时,西方的电视节目主持人历程已走过30年,正值兴盛时期。此时,西方的明星节目主持人大量涌现,主持风格百花齐放。伴随着改革开放的步伐,

---

① 赵玉明.中国广播电视通史[M].北京:中国传媒大学出版社,2006:397.

"主持人"这一舶来词和西方的传播理论一起来到中国。有观点认为,西方的传播理论发展为西方节目主持人的诞生提供了理论依据。然而,当电视台领导提出让沈力来做主持人时,沈力对这个角色称谓还很陌生,更不用说对相关理论的了解。最初,她是通过字典来了解"主持"一词的含义的。可以说,沈力最初的主持实践并没有得到相关的理论帮助。1978年以来,受众调研的规模大大扩大,受众工作的指导思想、工作内容和工作方法有很大改进、提高、创新。1982年4月,北京广播学院参加北京新闻学会受众调查组(组长陈崇山),首次用电子计算机抽选样本,对报纸、广播、电视的传播效果作综合考察,并首次用电子计算机统计分析了受众调查数据。[①] 1983年9月20日,中央电视台专题部《为您服务》组在北京专门召开了一次专题研讨会,邀请了中央新影厂、北京市服装研究所、"旅游"杂志社、商业部、北京晚报社、北京市一轻局、北京市二轻局、北京市科协、《轻工与生活》杂志社、中华书局、社会科学院、北大中文系的代表参加。从参会人员构成来看,这次研讨会由学界和业界的人员组成。但从人员比例来看,学界只占参与者的一小部分。从专业身份来看,他们更多来自社会、文化界。这次研讨会并没有来自新闻、传播理论方面的支持,因此,主要是在社会文化层面探讨了栏目选题、形式、目的和社会影响等方面内容,并没有专门涉及节目主持人角色的理论探讨。

  随着主持人节目社会影响力不断增加,主持人的相关理论研究开始萌芽,由学界、业界共同参与的专门针对主持人业务的研讨开始增多。1984年,沈力私下里专门和北京广播学院的教师陆锡初探讨过主持个性的问题。由于广播电视事业发展长期受到"左"的思想影响,彻底解放思想还需要一个过程。因此,沈力对主持个性问题还存在困惑,迫切希望得到来自理论界的指导与支持。主持实践的发展倒逼主持人理论的研究进程。1986年,北京广播学院新闻研究所专门主办了主持人理论研讨会。与会成员由一线节目主持人、电台和电视台领导,以及相关研究单位的教

---

① 陈崇山,赵水福.改革开放以来的中国广播电视受众研究[J].中国广播电视学刊,2001(8):38.

师、理论研究者共20余人构成。本次会议探讨了不少主持人理论的核心问题,如节目主持人的定义、地位和作用,以及主持艺术实践中的相关问题,如主持与表演的关系,主持人的个性、素质问题等。尽管这次会议暴露出不少主持人理论研究的薄弱环节,但对于主持人理论体系的形成仍然具有重要意义。随后,主持人大赛的举办、主持人课程的设立、学术论文评奖等一系列活动都为主持人事业的健康发展提供了重要支持。为了能够更好地推动主持人相关理论的研究工作,1990年1月20日,包括沈力在内的12位从业者共同发出了《发起成立主持人节目研究会的倡议书》,同年6月,主持人节目研究会正式成立。研究会的成立,为沈力等一线主持人和学界研究者搭建了一个良好的沟通交流平台,这样的形式既促进了沈力对于业务的思考,也令她有更多机会分享自己的主持实践思考。沈力表示,从1988年离休到重回《夕阳红》主持的5年时间里,自己几乎从未间断过工作,既有各种类型的活动主持,也有不同形式的业务授课。她特别强调在北京广播学院的讲课经历,这促使她对主持艺术进行深入思考和总结。

图3-1　沈力在北京广播学院(现中国传媒大学)讲学的聘书和授课照片

二、栏目语境

(一)栏目类型对沈力主持风格形成具有内在规定性

《为您服务》和《夕阳红》是沈力主持生涯中最有影响力的作品,从栏目类型来看,它们都属于生活服务类栏目。《为您服务》侧重于服务大众,《夕阳红》的收视人群则以老年群体为主。主持风格的形成离不开栏目的土壤,栏目的类型对于主持风格的形成具有内在规定性。

生活内容成为沈力主持艺术扎根的土壤。沈力本人并不是一个喜欢聊家长里短、生活琐事的人,但是受栏目类型影响,她开始越来越多地关注到与日常生活息息相关的各种信息。从教会大家做菜、洗羽绒服,到关注家庭、情感,为了做好节目,沈力甚至亲自学习手工,在节目中进行教学。沈力坦言,因为节目,她当时学会了不少生活技能。主持《夕阳红》时期的沈力,此前由于一直忙于工作和社会活动,步入老年的她却从没有真正体会过老年人的生活,对于老年生活的常态并不了解。在栏目中,她获得了更多接触老年群体的机会,在深入了解了老年人的生活之后,作为他们的同龄人,她深深地被老年人热爱生活的情绪感染,并由此找到了自己晚年生活的目标。沈力在逐渐接触生活实用信息的过程中,也加深了自己对生活的理解,这让她的主持更加平民化、"接地气"。与此同时,在栏目的影响下,潜藏在沈力内心的那份懂生活、爱生活的情感得以迸发,这又为她的主持风格多注入了一份活力。

服务性是生活服务类栏目的本质特征,作为一种意识、一种理念贯穿主持人的整个创作实践。首先,在服务性的要求下,沈力在工作中逐渐转变意识,变"被动"应对为"主动"出击。她开始广泛搜集社会生活中的各种信息,通过各种渠道了解老百姓的生活需要和情感诉求。久而久之,沈力获得了敏锐的生活知觉,那些原本会被她忽视的生活细节,她已经能够及时捕捉,还会形成自己的生活预判。其次,服务性还表现为体贴和关怀。广播电视宣传中那种常见的居高临下的口吻,很难让人们感到体贴。沈力能够在主持中率先采用亲切、平等的谈话语态,与栏目的服务性本身有着内在的关联。最后,服务性本身还具有交流互动的特点。在这一目标的驱动下,沈力一方面运用主持技巧获得镜头前虚拟交流的互动真实感,另一方面充分调动自己在生活中与他人相处交流的情感体验,放大服务性。

此外,从节目类型来看,同新闻类栏目相比,生活服务类栏目无论是在受众关注度,还是台内的重视程度上都处于一定的弱势。正因如此,沈力主持的《为您服务》才有了更多自由发挥的空间。令人称道的是,沈力凭借自己的主持业务探索与总结,把《为您服务》做成了央视的名牌栏目,收视率最高时仅次于《新闻联播》。

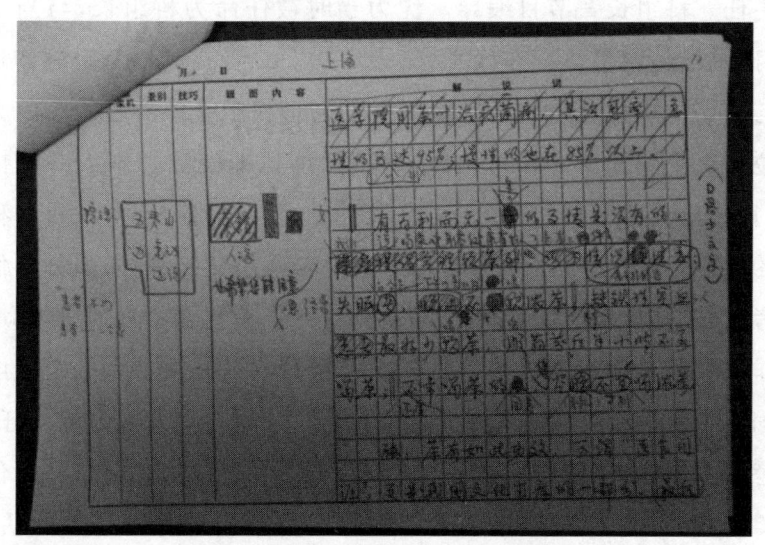

图 3-2 《为您服务》栏目手改稿

(二)灵活的栏目管理为主持风格的形成提供内在支持

1983 年 3 月,第十一次全国广播电视工作会议突破中央和省级广电机构两级办电视的局限,制定了中央、省、地、县"四级办广播电视,四级混合覆盖"的方针,其后 5 年是我国广播电视有史以来发展最快的时期。[①]

---

① 徐光春.中华人民共和国广播电视简史[M].北京:中国广播电视出版社,2003:220.

在新方针的支持下,中央和地方创办节目的热情受到了激发与鼓舞。在"四级办台"的头几年,中央和地方给广播电视部门的经费约 20 亿元,其中地方经费占四分之三。① 尽管相对于中央,地方电视台在财政上获得了更多的支持,但在当时的社会条件下,中央电视台还是得到了一定程度的鼓舞和经济支持。

  管理的核心在于合理使用资源,优秀的电视栏目管理不仅能够提高节目制作和运行的效率,还尽可能地让每个环节的工作者的能力得到最大限度的发挥。20 世纪 80 年代沈力主持《为您服务》时,当时的中央电视台还实行着传统的科组长管理制,即台长—中心主任—频道负责人—部门主任—科组长—节目编导。沈力当时被任命为科组长,与当下的制片人身份接近,但仍然存在区别(见表 3-1)。二者在具体节目制作过程中的参与和支配权接近,但在人员、财务的管理权限上差异较大。因为科组长岗位的产生和任命均来自上级的安排,所以即使沈力本人并不情愿承担,也只能接受并服从。此外,沈力当时对《为您服务》这个栏目名称也有不同的想法,她曾把自己欣赏的几个栏目名称递交给领导,但领导们经过综合考量,还是保留了"为您服务"这四个字。这些都从一定侧面反映了沈力作为科组长的权力局限之处。领导层对于任命沈力来做全国电视第一个固定栏目的主持人的坚持,说明了他们对沈力个人能力的信任,但从某种意义上来说,也限定了沈力的个人发展方向。尽管如此,从身份上来看,科组长兼主持人的身份让沈力在节目制作上具有相当大的话语权。科组长的职位使沈力在主持过程中的创作和想法能够最大限度得以实现,同时,这一职位也令她具有了宏观把握全局的视角。吴郁教授认为,兼科组长的沈力主持起点是高的,这样的主持起点在当时是不多见的。

---

① 朱虹.改革开放 30 年中国电视发展的基本经验[M]//崔保国.2009 年中国传媒产业发展报告.北京:社会科学文献出版社,2009:205.

表 3-1　制片人与科组长职权范围比较①

职权范围类别	制片人	科组长
目标	具体系统	具体但少系统
承担风险	大	一般
岗位产生途径	招聘权	行政分配
经费来源	自主权	财政拨款
人员调配权	有	无
经济支配权	有	无

20世纪80年代的主持人,大多只负责主持这一个环节,对于节目制作其他环节的参与是非常有限的,偶尔会有主持人参与编辑稿件,但也并非每期都坚持。沈力则是全程掌握节目进度,尽可能深入参与每一个制作环节,对每期播出的栏目内容了如指掌。从沈力主持手改稿可以看出,沈力在主持《为您服务》的过程中,不仅对自己的主持语言进行把关,对于自己的出场形式、行动设计也都有一定的考量,并会在栏目脚本中进行建议和修改标明。沈力表示,这样的经历让她在镜头前的播讲更加胸有成竹。此时的她,不是在念稿,而是发自真心地向观众做介绍。从节目审查环节来看,领导给予了沈力极大的信任,她的节目成为免检节目。沈力感到领导的信任与支持给了她探索的空间,《为您服务》比较完整地体现了她的个人意志和品格。

在《夕阳红》中,沈力虽然只承担主持人这一职业角色,但灵活的栏目管理模式,同样为她的主持风格展现提供了内在的动力支持。20世纪90年代,电视事业在社会主义精神文明建设和广大人民群众生活中的重要作用开始显现,为了进一步挖掘中央电视台的自我发展潜力,国家采取了一系列经济政策倾斜措施给予发展支持。1978年,在改革开放浪潮的推动下,中国传媒业迎来了一次重要的变革——"事业单位,企业化管理",这一模式率先在新闻出版业中推广开来,同时向相关行业领域渗透。市场化的管理模式赋予栏目制作更多的发展创新空间和重要的经济支持。

---

① 殷俊.电视栏目学导论[M].成都:四川大学出版社,2009:263.

1979年1月28日,上海电视台播出了第一条长达15分钟的国内商业广告,并且先后播出了8次,在国内外产生了重大的影响。电视台尝试播出广告一方面是为了解决自身的财政困境,另一方面是基于改革开放的战略实施为这样的模式提供了背景支持。1979年5月14日,中宣部发文给上海市委宣传部肯定了刊播广告的做法;同年11月,中宣部正式批准新闻单位承办广告;1982年2月2日,国务院通过《广告管理暂行条例》;2月6日《广告管理暂行条例》正式颁布,广告经营制度以国家法规的形式确立。[①] 从1991年起,中央电视台的财务管理进入"预算包干"期。1993年开播的《夕阳红》成为财务管理改革后的第一批经费包干栏目。《夕阳红》是中央电视台联合国务院发展研究中心《管理世界》杂志社创办的栏目,栏目广告费用于节目制作支出,实现了以栏目养栏目、依靠社会力量办电视的改革尝试。得到民间财政支持的《夕阳红》的"受众本位"理念更加突出,节目样态更加灵活。其中,周日版的特别栏目《夕阳红小戏台》以及《万里夕阳红》,都是考虑到老年观众的需要及增加节目的吸引力而专门设立的。沈力表示,《夕阳红》不拘一格的表现形式,使自己的主持能力得到了更加全面的展示。从当时的影像资料中也能看出,这一时期沈力的主持不仅有演播室内的,还有户外的,既有娱乐竞赛型节目,也有专门的采访谈话类节目,主持形式可谓丰富多彩。尽管当时全国已涌现出很多有影响力的主持人,但作为对象型栏目主持人,沈力的主持风格仍然深得老年观众的喜爱,《夕阳红》也成了老年人的知心朋友。

(三)栏目对象的调整影响主持风格走向

栏目对象即节目受众,是栏目语境中最直接的组成部分,关系到"对谁播"的问题。受众的变化直接影响到主持人的表达方式和内容。20世纪80至90年代,我国正处于电视受众转型期。沈力在这个阶段主持的两档名牌栏目之所以能够取得如此之大的社会影响力,与受众的变迁有

---

① 易旭明.中国传媒产业制度变迁的动因与机制:以电视产业为例[J].上海大学学报(社会科学版),2014,31(5):131.

着密切的联系。俞虹在《电视受众社会阶层研究》中提出了"三分法",按照占有资源的比例不同将电视受众划分为三类:一是强势集团,这一群体以充分拥有组织资源和文化资源的国家、社会高层管理者以及充分占有经济资源的企业主为代表;二是中间阶层,这一群体主要为在组织资源、文化资源或经济资源方面占有一定优势的国家、社会管理者及私营企业主;三是弱势群体,即几乎不占有三大资源的社会个体,如产业工人、农业劳动者、无业人员等。改革开放以前,我国的电视节目主要以"政治宣传"为主,形成了以传者为中心的宣传模式,电视几乎成为强势集团的宣传工具,中间阶层和弱势群体对电视传播的影响微乎其微。沈力主持的《为您服务》在1983年年初正式开播,当时中国的电视正在经历由"传者中心"向"受者中心"转型的阶段。这一栏目的出现本身就是"受者中心"的体现,媒体的决策者们关注到了社会变革下人们群众的生活需要和情感诉求的变化。从受众定位来看,《为您服务》回归平民视角,中间阶层和弱势群体成为栏目的主要服务对象。20世纪90年代中后期,伴随着新阶层的出现、分众传播时代的到来,对节目风格与主持人语言表达的个性化、多样化的追求越趋明显。① 沈力主持的《夕阳红》就是这一时期的典型代表,该栏目主要以中国社会中日趋庞大的老年群体为收视主体,重点关注老年群体老有所乐、老有所为、老有所学、老有所养的晚年生活。《夕阳红》的开播距离中国正式进入老龄化社会还有7年时间,这一栏目的设立在当时是具有前瞻性的。

栏目对象的改变伴随着审美需求的变迁,从20世纪80年代初到90年代末,沈力的主持风格经受着来自受众审美需求的考验。改革开放为广大群众带来了身心解放,使他们开始关注自我感受,催生了拥有不同价值取向和选择模式的审美文化。这种审美文化包含三方面的需求:第一,形象期待。20世纪80年代初,《为您服务》的受众主要为最广大的人民群众,他们刚刚经受过各种政治运动的考验,可谓身心疲惫。改革开放之

---

① 俞虹.电视受众社会阶层研究[M].北京:北京师范大学出版社,2010:37.

初,人民群众的精神正处于恢复期。他们内心正呼唤一种具有"治愈"作用的形象,以最大限度获得心灵慰藉与安抚。与此同时,十年"文革"极大地削弱了人与人之间的信任,此时的荧屏形象实现"治愈"的前提首先是取得人们的信任。在受众期待和召唤下,沈力以质朴、平易、真切、知性的主持风格满足了观众心中的形象期待。这一时期沈力的主持风格,主要表现出"自己人"的特点,即自己是人民群众中的普通一员。20世纪90年代的《夕阳红》是当时全国开设的为数不多的专门针对老年人群的节目,老年观众对此给予了极大的期待。这一时期的老年人离开了工作岗位,离开了熟悉的集体,重新回到社会和家庭中。他们内心渴望交流,需要来自社会的精神支持和帮助。除了对主持形象亲切、平和的期待,他们更期待一种身份认同。中央电视台的领导们深入了解了老年观众的内心诉求,并没有从现有的优秀年轻主持人中选择,而是邀请已经离休5年的沈力重新出山。事实证明,这是一个明智的决策。沈力作为跟老年群体一辈的同龄人,相比其他的年轻主持人能让观众获得更多的身份认同感。再加上《为您服务》时期打下的观众基础,沈力在荧屏上一出现,就赢得了观众的好感。这一时期,沈力的主持风格更多表现为老年人的"代言人"特点,她的荧屏形象为广大老年朋友称道。

  第二,情感需要。栏目受众在与主持人的情感互动中获得更加真切的风格感知,每一种风格背后都凝结着对受众情感诉求的满足。主持《为您服务》时,沈力在观众来信中看到噪声污染、伪劣产品等问题给他们带去的苦恼,总是感同身受,想方设法帮观众解决问题。随着事件的一个个解决,观众的焦灼情绪得到了排解,沈力也因此获得了观众的情感认同。在主持老年人节目时,沈力则更多表现为对老年人的情感关怀与体谅。当节目中谈及某些老年人的怪脾气时,沈力没有用批评和否定的口吻去评论,而是从关爱老年人身体健康的角度出发,帮助老年人从"情绪病"中发现身体问题。在主持老年人的文体竞技活动时,她时刻不忘关照参赛者的心情,很少去强调比赛结果。当老年人有出色表现时,她又能给予由衷的赞美和欣赏。在情感互动中,观众能够鲜明地感受到沈力那颗真诚、炽热的心。情感的纽带把沈力和观众紧紧联系在一起,风格印象就形成于直接的情感体验之中。

第三,价值认同。主持人在传播中以独特的个体形象出现,观众对于其形象的认可本身就包含着主观的价值认同。在观众的眼中,沈力的主持风格实现了真善美的统一。这一评价的背后是对沈力的审美观念和生活理念的价值认同。20世纪80年代,沈力率先尝试把时装模特、服装搭配等与美有关的知识介绍给观众,其中就有她审美观念的渗透。当观众被众多这样的节目内容所吸引时,主持人和观众之间就逐渐形成了一种审美价值认同。事实上,主持人在很多生活细节上都能展现出自己的审美观念,比如服饰、妆容等。沈力选择主持服装的标准就是在大众审美的基础上融入自己的审美观念。在生活理念上,沈力善于从大众中学习、借鉴和吸收,再通过节目来展示生活的真谛。沈力意识到自己对生活的认识不足,所以曾在多种场合表示"向观众学习,拜他们为师"的想法。客观地说,受众和沈力之间价值认同的达成,并非沈力一味迎合的产物,而是双方互相选择判断的结果。

第三节 人生积淀

探寻沈力主持风格形成的本质,需要还原和总结她的成长和生活经历。风格总是带有生活的印记,对于"印记"的分析和汇总可以帮助我们清晰地梳理出风格的形成脉络。从这一层面上来说,对沈力个人经历的分析研究,也是对她主持风格成因的一次追本溯源。

一、性格品质的养成

总体而言,沈力在人生不同阶段展现出的突出性格品质呈现出一定的变化,但是这些变化并不是割裂的、跳跃式的,它们之间存在内在联系,这些内在联系最终统一沉淀在沈力的主持风格之中。

(一)童年时期:开朗、要强、教养好

沈力是在一个温暖和谐的大家庭中成长起来的,因为自幼性格开朗、活泼,受到了父母的格外宠爱。在她的记忆里,童年的生活是非常美好的,家人对她的照顾很周到,自己很少进行家务劳动。开朗的性格其实有着丰富的内涵,童年的沈力过着无忧无虑的生活,那时的开朗在她身上主要表现为一种单纯的快乐。沈力表示,自己受姥姥的影响比较多,姥姥笃信佛教,教会了她很多做人的道理和准则,如"乐善好施""己所不欲,勿施于人"等。这些人生道理对她的价值观和人生观的形成都产生了重要的影响。沈力的祖上是清朝慈禧手下八位军机大臣之一的沈桂芬,尽管到她父辈时家境衰落,但严格的家风、家教却依然得到了延续。沈力家中的规矩很多,例如家人一起吃饭时,夹菜只能夹靠近自己一边的菜,外出吃饭的礼数则更加繁杂。良好的家风,再加上知书达理的母亲的言传身教,让沈力从小就有了好的教养。沈力的主持风格带有朴中见雅的特征,这与她儿时内化于心、外化于行的家教熏陶密不可分。

回顾沈力的一生,可以看到她经历过很多次挑战,年届 60 还有事业的新起点。如果说机会是偶然的,她那能够抓住机会、敢于迎接挑战的性格却又有几分必然。青年时期的沈力做过的最让家人惊讶的决定就是去参军,从未在家里干过重活儿的她,因为受到了解放军进城时那种气氛的感染,自己就英勇报了名。那是 1949 年年初,受到经济和政治环境的限制,军队的生活相当艰苦。沈力在此时选择参军,不得不说表现出了她的魄力和勇气,而她要强的性格则是重要的助力。这种要强的性格,沈力在后来的"五七"干校生活中也有所表现,那时瘦弱的她竟然亲自动手杀了三头猪。沈力对此表示:"我觉得性格里头有'要强'的一种东西。什么事情要做,我就尽量做好。我希望自己尽可能地把所有的事情做好,这也是我对自己的要求。"①然而,沈力的要强又绝不是一种盲目,而是基于对自身能力的判断,事实证明,她都做到了。可以说,这种要强本质上是一种

---

① 笔者对沈力的采访。

自信的表现。随着年龄和阅历的增加,她在自信的基础上又多了几分理性,于是,"文革"后期,为了让自己的能力得到更多的锻炼,她主动提出申请转做幕后工作。

(二)军旅生涯:坚韧、乐观、服从

16—24岁这个人生最重要的成长阶段,沈力在部队这个大熔炉里接受了全方位的锻炼。这一时期也成为沈力的价值观和人生观形成的关键期。沈力曾这样总结部队生涯的收获:"解放军这所大学校培养了我,教育了我,锻炼了我,使我在人生的起跑线上明确了前进的方向,懂得了该怎样做人,怎样做事,怎样在艰苦的环境中磨炼意志。8年的集体生活不断增强着我的组织纪律性;严格的要求,使我恪守着人生的信念。所有这些,在我几十年的人生道路上都起着重要作用。"①由此可见,艰苦的革命生活塑造了她坚韧的品格,让她从不会轻易向困难低头。部队生活的考验是多种多样的,例如,沈力曾经在烈日下身背行装,以每天45,000米的速度急速前进,尽管双脚磨出了水疱,但她始终坚持。这样的体力锻炼不仅磨炼了她的意志,同时也让她的自信心得到增强。在生活上,沈力更是有一种革命乐观主义精神。曾经过着衣食无忧生活的沈力,在部队里因为长期无法洗澡而生虱子时,竟然能笑着说"革命虫"了。部队生活让沈力褪掉了少年时期身上的稚气与娇气,获得了几分沉稳与大气。这种乐观的品质使少年时期的开朗得到另一种形式的延续。

中国人民解放军是纪律严明的部队,这种纪律不仅表现为对于日常生活的严格管理,更表现为部队严明的组织纪律——对于上级的命令要坚决服从。面对部队的临时调动安排、突击组织排练任务等紧急指令,沈力每一次都是坚决执行,毫不犹豫。沈力的服从不是逆来顺受,而是全身心投入去执行的果决。来到工作岗位上,虽然没有了严格的组织纪律约束,但是沈力仍然延续了这种"服从"的特点。面对领导的决定,沈力几乎都是坚决执行。即使在《为您服务》的鼎盛时期,领导决定把它合并在新

---

① 沈力.难忘的军旅生活[J].神州,2003(11):65-68.

设立的杂志型节目《九州方圆》中，沈力仍然选择了执行。沈力偶尔也会向领导提出不同意见，但只要领导坚持，沈力仍然会服从领导的决定，并且绝不会阳奉阴违，而是尽心尽力去完成。用沈力自己的话说就是，"服从就是心甘情愿的"。这种"服从"逐渐融入她的性格，最终又表现为性格中的"顺从"。

(三) 工作实践：谦逊、沉稳、勤奋

沈力从业 40 年，"谦逊"是她给人留下的最深刻的印象之一。沈力的谦逊品质在 40 年的工作中从来不曾改变。当年把沈力挑选到电视台的孟启予评价说："我见到的沈力仍然和过去的沈力一样，除了更加成熟之外，没有什么改变。她还是那样朴实、真切、真诚和谦虚……"[1]从最初在荧屏上的默默无闻到后来的声名显赫，在各种鲜花和掌声中，沈力从来没有迷失自我，反倒是内心多了几分宠辱不惊的冷静与从容。也正是因为这种谦逊与低调，使她能够全身心地投入业务研究，从没有一丝懈怠。正是因为谦逊，她主持的节目从没有说教，而是十分重视观众的意见。如此，她才获得了稳定的荧屏主持风格和精湛的节目主持技艺。

从成长经历来看，沉稳是沈力在经过生活打磨之后表现出的品格。艰苦的部队生活，以及在最紧张的革命环境里与敌人作斗争的考验，让沈力逐渐具备了责任担当和处事的沉稳。早期的电视台工作条件相当艰苦，同时又有直播的压力。沈力常常在一个演播间播完节目后，必须趁下一个节目的开场曲的几十秒时间内跑进另一个演播间播报，如此紧张的节奏，可她看起来依旧从容不迫。在电视台开办的前几年里，沈力作为台内唯一的一名播音员，播音工作任务可以说相当繁重。但是她经过重重考验仍然圆满完成了工作任务，得到了台内领导的一致认可。此外，沈力的沉稳还是"无欲则刚"的外化。尽管在很多人看来播音员主持人是一份光环加身的职业，是很多人梦寐以求的，但沈力从来不看重虚名，始终保持对工作本身的执着与投入。因此，她才会在荧屏上坦然地"激流勇退"

---

[1] 白谦诚，胡妙德．中国荧屏第一人——沈力[M]．北京：中国广播电视出版社，1999：20．

和"见好就收"——沈力曾把《为您服务》时的离开说成是"激流勇退",把自己离开《夕阳红》说成是"见好就收"。

沈力的勤奋可以说是有目共睹的,很多人对她的勤奋表示惊叹,但沈力却总是轻描淡写地把它说成是"下笨功夫"。从最开始的凌晨4点起床"背稿"到后来的精心"改稿",从"高产编导"到最后的"策划主持",无论哪个阶段的工作,沈力都没含糊过,一直保持那份勤奋、认真的态度。她所做的这一切不是出于任何人的要求,而是源于她的那份事业心。沈力个人认为自己的文化程度不高,为此颇感不足。然而,荧屏上的沈力在观众心中却是优雅、知性的代表,这不能不说与她的勤下苦功有关。在主持《为您服务》期间,她经常翻阅各种杂志和书籍,有时为了解决观众来信中的问题,她还会亲自向专家求教寻找答案。事实上,她凭借自己的勤奋早已补上了她所认为的"不足"。但她从不满足,勤奋已经变成她的一种本能、一种习惯。

二、业务条件助力

业务条件,即所谓做播音员和主持人的天资。沈力进入播音主持的队伍是经过层层选拔的,她之所以能从人群中脱颖而出,主要是因为她本人已经初步具备的天资条件。在主持实践工作中,天资成为她个人主持风格形成的基础。

(一)符合大众审美的外形条件

电视是视觉的艺术,主持人的形象首先应该符合大众的视觉审美。此外,电视在我国具有特殊性,作为党和政府的代言人,电视节目主持人还应有符合官方审美的气质内涵。孟启予在回忆1958年挑选播音员的过程时表示,当时对于外形条件的要求只有四个字:相貌端正。沈力的外形条件最大的特点就是"正":一是五官端正、眉清目秀,身材比例匀称,气质纯朴,符合传统民族审美倾向。从沈力早年的工作照中,我们也能感受到她那恰到好处的形象美。二是品行端正,充满正气。经受过革命精神洗礼的沈力,个人气质已经发生由内而外的变化,从她那炯炯有神的眼睛中,分明能够看到她心中的那团正义之火。与沈力共事38年的同事赵忠祥诚恳地表示:"她(沈力)一贯是一位具有十分朴实的情感与十分内向而不会张扬也嫌弃轻飘、浮躁的人。这正是当年我们的事业、我们的老领导、我们当年电视人选择一位电视播音员的重要条件,辨貌而观色。"①中央电视台主持人张悦在回忆第一次在台内遇见沈力的情形时表示:"当时见到沈力老师的时候,那个时候虽然都是蓝灰黑的一片,可是她那时候就特别出众。第一次见她的时候,我记得她好像穿的是一身藏蓝色的衣裳,非常纯朴。可是那么纯朴的人,也掩盖不了她那种由内而外散发出来的一种特别的,要按现在来说叫磁场吧,特别有吸引力。就是让人能在人群当中看见她。倒不是因为她穿得多么出众,或者什么,主要是她的气质让人一下觉得特别好,特别端庄,特别吸引人。"②根据时间推算,这一次相遇应该是在"文革"末期,在那个穿着一致、弱化个性的年代,沈力由内而外散发的气质仍让她格外显眼。由此可见,沈力无论是在外形条件和个人气质上都展现出了先天的优势。

(二)良好的语音基础

这里的语音基础主要包括沈力个人的嗓音条件和语音标准化程度。沈力的嗓音甜而不腻、柔而不弱、实而不虚,在语流中体现出力与美的统一。值得一提的是,沈力的声音形象与荧幕形象具有相当的一致性,二者共同传达出一种自然亲切的温暖之美。沈力早年在解放军总政歌舞团赴外演出时,还临时担任过列车播音员。那时就有同事评价说:"你的声音很好听,为什么不去做播音员呢?"③可见,沈力的嗓音带给人们的印象和感受是美好的。在语音标准化程度上,沈力吐字清晰,普通话标准,完全符合作为一个播音员的基本要求。语言方面的优势主要得益于她的家庭教养、学习的经历和部队的熏陶。沈力的中学时期是在北平市华光女子

---

① 白谦诚,胡妙德.中国荧屏第一人——沈力[M].北京:中国广播电视出版社,1999:20.
② 笔者对张悦的采访.
③ 沈力.难忘的军旅生活[J].神州,2003(11):65-68.

中学度过的,这也为沈力的普通话水平打下了良好的基础。在解放军总政歌舞团工作期间,为了适应当时的合唱需要,沈力还专门学习过科学用声的方法,并且坚持练声。1957年,她进入中央人民广播电台工作,师从齐越老师,学到了一些用声和表达的技巧。这些经历都使她在自身具备的业务条件基础上更进一步。

(三)过硬的心理素质

心理素质是人们在先天与后天的合力作用下所形成的一种调控个体自我实现与社会要求之间矛盾的协调机能和处理个体期望与个体能力内部冲突的平衡机能。[①] 从这一定义中可以看出,心理素质既包含先天的因素,也涉及后天的养成。随着主持理论研究的不断深入,心理素质已经成为主持人职业必备的综合素质之一。良好的心理素质是"影响主持人成功主持最为重要的能力特长",这是在中央电视台总编室和人事办公室联合开展的电视节目主持人素质评价指标体系的研究报告中,对498位主持人的调查问卷中开放问题的总结。[②] 在沈力走进广播电视行业之初,主持人的心理素质还没有得到特别的重视,因而也没有专门的心理方面的考核。但事实上,沈力曾经参加的每一次面试考核都隐含着对心理素质的考查。没有过硬的心理素质,主持人很难发挥出自己真正的水平。

沈力在描述自己当年参加电视台的面试时,从没有提到紧张、压力等心理素质低下的表现,相反,她觉得自己当时是带着"不知道""试一试"的放松与自然参加面试的。儿时就表现出一定自信、开朗倾向的沈力,在心理素质上可以说有一个好的起点。在部队从事文艺工作期间,她拥有了经常登台表演的机会,甚至参加了不少赴国外的大型演出。这些经历不仅让她积累了表演经验,更为重要的是锻炼了她的心理调节能力。这也能够解释在中央电视台建台之初的强大工作压力下,沈力能够适应且保质保量完成工作的原因。

---

① 邢邦志.心理素质的养成与训练[M].上海:复旦大学出版社,2002:5.
② 余小梅.主持人心理素质[M].武汉:华中科技大学出版社,2006:13.

三、创作理念的影响

(一)"观众情结"激发创作热情

"情系观众"是沈力在播音主持艺术实践中始终秉承的创作理念,也为沈力主持风格的形成提供了重要的情感支撑。追根溯源,这种观众情结最早来自她早期在舞台上的强烈的创作体验。1954年,沈力曾随中国人民解放军总政歌舞团到朝鲜演出,慰问志愿军战士。在那里,她目睹了战争后留下的满目疮痍,体验了战斗生活条件的艰苦。想到志愿军战士能够在这种恶劣的条件下击退敌人一次又一次的攻势,沈力内心对他们的敬意油然而生。这种强烈的情感极大地激发了沈力的创作热情。为了能让更多的志愿军战士看到演出,沈力和她的战友们宁愿翻山越岭连夜赶路。演出路上的条件也十分艰苦,沈力和她的战友常常靠冻馒头充饥,在车上打个盹儿就算是休息。这样的亲身体验,进一步增强了沈力的创作体验和创作热情。最终,无论志愿军观众人数的多寡、演出条件的好坏,沈力都能够全身心地投入演出。

强烈的观众情结,极大地激起了沈力的创作欲望和舞台表演热情。在后来的播音主持艺术创作中,沈力非常注重在镜头前调动自己的真情实感,而情感的源泉就是对观众的那份真情。每当面对镜头,她脑海里就会浮现出与大家交流的场景,可能是邻居的问候、理发师的微笑,也可能是家人的关怀、朋友的倾诉。在这些具体的情境激发下,沈力对于观众那份真实的感情又重新出现在荧屏上。创作观念直接影响着艺术风格的形成,而创作观念的形成也是经过不断的艺术创作活动提炼和总结出来的,沈力早期的艺术创作经验最终为她的个人主持风格的形成提供了参考和支持,为主持艺术创作理念的形成奠定了基础。

(二)"自我融入"创造整体和谐

"自我融入"是沈力在主持艺术创作过程中非常看重的创作状态,她表示,尽管自己主要做节目的串联者,但是同样需要与栏目的内容相协调。在担任播音员时期,沈力也会承担一些节目"串场"任务,那时她已经非常讲究自己的配音进入画面的时机。"你比方说,有一个是介绍朝鲜的一个什么舞蹈,它那个拍子是嗒嗒嗒。在你入画,我就入画的时候,我是要根据它的节拍的,不能打乱了它的节奏。这都是当时在探索的,还真的是探索。当它(音乐)刚起来,你说话了,就打乱它的节奏了。你要融入那个节目,要根据它那个节奏。"[1]这种融入意识让她在后来的主持中能够有机地把自己和节目融为一体。为了实现与节目的贴合感,沈力要求自己对每期节目内容进行整体熟悉了解。因此,看沈力的节目从来不会有"两张皮"的感觉。

据沈力本人回忆,这种"融入"观应该是在早年的部队演出中就已经初步形成了。"那时候演员就不懂什么了,参军,年轻嘛,文艺兵总做过。就是你怎么体会的把自己融到里面。那时候就是作为一个串联人。也不是主持人,也不是播音员,你是一个串联人。那时候大型的专题文艺节目,还是挺多的,主席诗词、《梁祝》小提琴协奏曲,就类似这样的。我就说在这种节目里,我应该是一个什么样的角色,应该是什么样的感情投入。你必须得融入这里面,人家那挺欢乐的,你出来板着个脸,那就不对了。你应该能够融到这里面,就这个意思。"[2]早年在部队文艺生活中的"串场"经历,让沈力开始思考"融入"。不过由于年龄和阅历的原因,那时的思考还不够深入、具体,但这种感受却始终留在记忆里,在进行主持创作时,这些过去经历的体验会被重新发掘出来。因此,沈力在主持艺术上的成功还接受了早年部队文艺经历的给养。

(三)"聊天风格"改变创作语态

20世纪80年代,沈力率先尝试在主持中使用亲切、平等的交流语态,在当时的受众中引起了强烈反响。在此之前,荧屏上充满了宣传话语,"传者中心"观念让媒体长期处于单向传播的模式。沈力的尝试可谓

---

[1] 笔者对沈力的采访。
[2] 笔者对沈力的采访。

图 3-3　1954 年沈力在部队随军出访捷克斯洛伐克的照片

大胆创新，让观众重新接触到一种新的传播语态。这种尝试与沈力前期的走访学习经历是密不可分的。当年中央电视台决定开办《为您服务》时，大家对于主持人栏目应该以什么样的方式来呈现并没有一个清晰的定位。尽管西方电视节目的发展已经相当成熟，但受当时条件制约，国内还无法直接观看来自国外的节目。后来沈力观看我国台湾地区节目后受到很大启发。虽然由于语言的障碍她无法听懂内容，但是台湾地区节目主持人那种"聊天式"的主持风格让她印象深刻。在随后交流经验时，专题部的其他成员也都认同了这一特点。这后来成为《为您服务》早期的语态参考。

"聊天式"主持风格的接触，让沈力从受众的角度体会到了"亲切"和"平等"的力量。她感受到这样的交谈风格能够拉近观众与主持人之间的心理距离。值得一提的是，沈力的亲切交流语态是在台湾版的"聊天风格"基础上融入了自己的处事风格，变"不拘小节的随意乱侃"为"有礼有节的倾心交谈"。在这段走访学习经历中，沈力还初步接触了电视包装的艺术。台湾地区节目中轻松跳跃的片头风格和主持风格浑然一体，成为栏目风格的具体体现。作为组长兼主持人的沈力认为，栏目的风格应具有内外一致性，为实现这个目标，全组开动脑筋，运用很多土办法做了一个在当时看来已经具有一定轻松个性风格的电视片头包装。轻松的片头加上沈力亲切的主持,共同构成了自然、亲切、平易的栏目风格。

(四)栏目的整体创作观念引入

带有策划意识的主持艺术创作是沈力主持艺术的一大特点,这种策划意识的形成和她早期的编导经历密切相关。在 8 年的编导经历中,沈力全身心投入编导业务的学习锻炼当中,系统掌握了确定选题、外出采访、组织拍摄、后期剪辑等一系列专业技术,最终做出了精辟的经验总结,即选题要准,立意要高,角度要新,构思要巧,形式要活。这样的总结在今天看来也并不过时,可见,沈力当时已经从"门外汉"变成了"行家里手"。沈力曾表示,编导经历对自己的主持风格有很深的影响。笔者分析,在这些影响当中,观念的影响应该是最深的。对比过去做播音员的经历,沈力只是专门负责播报这一个环节,对于节目制作的整个过程并不了解。然而,编导的经历让她具有了把握全局的观念,这样在进行节目主持时,她就能够清晰、明确地找准自己的位置和传播的目的。有一次,沈力在《夕阳红》的演播室内介绍一场在户外组织的老年人踢毽子比赛活动时,由她来完成开场白撰稿。沈力建议在开场时背景大屏幕上就出现老年人踢毽子的镜头,紧接着她再说开场白:"各位观众,这次《娱乐宫》的内容是踢毽子比赛。踢毽子可以说是我国独有的一种具有悠久历史的民族体育运动,虽然只用脚踢,但全身都可以得到锻炼。(指大屏幕)看,这几位老人踢得多带劲。(大屏幕,老人踢毽子)"[1]这样的设计已经带有了明显的策划意识,主持人的语言不仅具有与观众的互动性,同时也呈现出了编导思路,契合节目主题。

沈力回忆说,在《夕阳红》主持阶段,自己有很多的无稿创作经历,有时甚至把编导的活儿自己全担了。在这一阶段的合作中,尽管她并不是《夕阳红》的负责人,但她也没有与大家产生任何交流障碍,栏目给了她极大的信任和广阔的创作空间。这一方面得益于沈力的整体创作观念能让

---

[1] 白谦诚,胡妙德.中国荧屏第一人——沈力[M].北京:中国广播电视出版社,1999:20.

自己的主持艺术和编导的思想相得益彰,另一方面也体现了栏目组对沈力个人能力和主持风格的认可。从20世纪90年代主持《夕阳红》开始,沈力的主持风格已经走向成熟。广阔的创作空间让她的主持风格内涵进一步丰富,也让她的荧屏形象更加深入人心。这种带有策划意识和整体创作观念的主持艺术也成了沈力主持风格的特征。

小　结

　　本章既是对沈力主持风格成因的探寻,又是对沈力个人经历的展示,结合了对沈力本人的采访、沈力过往的自述,以及沈力身边同事朋友的述说,剖析了沈力主持风格的成因。本章主要从个人追求、语境制导和人生积淀这三个方面进行了探讨。个人追求围绕着沈力的艺术创作观和人生信条展开论述,这些追求均来自沈力在自述和接受采访中的表述,这些观点沈力曾在不同场合多次提起,可见这是她一直以来的执着追求。沈力的创作观被概括为"用自己的眼睛去观察,用自己的头脑去思考,用自己的心灵去感受,用自己的语言去表达";她的人生信条为"言必信,行必果""知足常乐,能忍自安"以及"己所不欲,勿施于人"。创作观是沈力在播音主持艺术创作中形成的,而她的人生信条则更多来自家庭文化的熏陶,特别是沈力的姥姥和妈妈对她的影响。语境制导主要分析了影响沈力主持风格形成的客观原因,这些客观原因均出自那个时代的背景。沈力在接受采访时表示,是时代造就了她,在她的主持艺术中打下了鲜明的时代烙印。本章将语境划分为两个方面:一是社会语境,即当时的社会环境,涉及政治、经济、方针政策、思潮等方面的内容;二是栏目语境,即栏目为主持人的创作实践提供的空间环境,如栏目类型、管理机制和栏目对象的变迁等内容。语境的变化限制和影响着沈力的主持风格创作,这些变化在沈力的节目主持过程中发挥着显性和隐性的作用。人生积淀这一节沿着沈力的个人成长道路进行了一番追根溯源,从中找出了前期的个人经历与主持风格最终形成的内在关联。本节内容主要从性格品质养成、业务条件助力以及创作理念影响三个方面进行了探讨,性格品质方面主要梳理了沈力的性格随着成长经历的变化,业务条件方面重点介绍了沈力先天具备的主持能力,创作理念方面则重点分析了沈力在从事主持工作以前的各种经历中受到了哪些理念上的启发。

第四章 沈力电视节目主持风格启示与思考

第一节 播音主持艺术发展的启示

一、个性成为播音主持风格的标记

沈力从事电视行业40年,熟悉她的人都能够强烈地感受到她的主持风格就是她本身,是她生活中个性的放大。一个人的个性气质在不断接受外界改造的同时也进行着内部的调整,整体说来,个性仍然以相对稳定的状态存在着。主持艺术风格的形成是主观与客观、内容与形式相互作用的结果。沈力的个性气质贯穿她的主持艺术创作,与最终主持风格的形成关系密切,也成为其主持风格的典型标记。主持过程的呈现也是沈力内心世界丰富活动的展现。因此,要想成就个人主持风格,在播音主持艺术的创作过程中首先要尊重个性。

沈力和赵忠祥作为中国电视历史上第一批播音主持工作者,在同一历史时期,他们的身上都打有时代风格的烙印,如庄重、大方。刚进电视台时,赵忠祥只是一名初中生,血气方刚,意气风发。因此他的播音在庄重的基础上还表现出热情和积极的色彩。与之相比,当时年过25岁的沈力,性格更加成熟稳重,所以沈力的播音在庄重之中还有几分沉稳和内敛。进入主持生涯阶段,二人原本的个性气质在主持艺术中得到了更充分的展示,赵忠祥对于文学和戏曲艺术的喜好,让他在增加了自身文化底蕴的同时,又受到了艺术的启发,因此他的主持风格表现为儒雅和洒脱的特点。一直扎根于群众、始终与群众保持着密切的情感联系的沈力,则更多表现为质朴和平易。

在主持风格上与沈力颇为接近的当数《为您服务》后来的主持人张悦。张悦亲切、自然的主持风格被认为是得到了沈力的真传。生活中的张悦可以说是家务上的能手,她不仅能够把生活打理得井井有条,还经常会有很多生活上的创意和想法。在《为您服务》中,她曾经为观众讲解自己创制的"悦式"毛衣织法,受到广大观众的欢迎。这让张悦亲切、随和又善家务的主妇形象深入人心。与之相比,沈力工作繁忙,做家务机会少,也不喜欢聊家长里短,因此在《为您服务》中,她更重视生活知识、审美理念的传播,她的主持风格在亲切之余更显知性与大气。此外,出生在贫寒之家的张悦深感自己能够一步步走进中央电视台,实在是万分幸运。在她看来,自己当年在一个偏僻的小镇被中央人民广播电台选中,简直是传奇的经历。而沈力自幼家庭环境好,又经过走南闯北部队生活历练,因此她能以平常心看待播音主持这份工作,这使她的主持风格里又多了几分自信与沉稳。如果说张悦的主持更具有"小家碧玉"的特点,那么沈力的主持则有"大家闺秀"的风范。

由此可见,主持人在节目中的个性发挥是支撑主持风格的内生力量。个性是播音主持艺术魅力的生命源泉。主持人作为传播中的重要一环,让传播具有了人际化的特色,因此主持人个性魅力的发挥将会极大地提升传播效果。个性赋予主持风格以生命力,也成为主持人独特的风格标记。

二、思辨力助力播音主持艺术业务能力的提升

张颂曾经把"深刻灵动的思辨力"作为主持人重要的语言功力之一来强调。沈力的工作实践表明,思辨力不仅有助于主持人的言语表达,更是播音主持业务能力提升的重要基础。沈力在多年的业务实践中,凭借自己的思辨力挖掘出了播音主持艺术中的很多独特规律,这些独特规律对于今天的播音主持业务同样具有重要的指导作用。从电台到电视台的经历,让沈力通过对比发现了电视传播应该具有的"视像意识",即后期播音主持理论中所说的"对象感"。为了在镜头前实现念稿时的交流感,沈力又把广播中的"重音"播读与电视播音的"抬头点"联系在一起,找到了镜头前播报通过"抬头点"增加交流感的依据。经过了编导生涯的磨炼,沈力在主持中又十分注意对节目的深度参与,她意识到这样的深度参与可以让自己的主持与栏目浑然一体。因此,即使只是在栏目中完成串联任务,沈力也要对事先做好的电视短片内容了然于胸,因为经验告诉她,"了解与不了解,知道与不知道,主持状态是不一样的"。在实际主持工作中,常常遇到的情况是,新人可能会在事前准备上更上心,一些有经验的主持人常常安于拿稿就念、见字出声,只要流畅地完成录制任务,就算万事大吉,完全无视主持艺术的内部创作规律。沈力的经历表明,业务能力的提升离不开尊重创作规律前提下的实践锻炼。此外,沈力发现了主持语言与主持人形象之间的联系。她认为,"语言是一面镜子,它可以折射出一个人的全面素养"。因此,她非常注意主持人语言的锤炼。即使是在有编辑帮忙撰稿的情况下,她也一定会坚持自己对语言把关,亲自改稿。在当时的历史条件下,能够做到这一点的主持人是非常少见的。从研究的角度,由于沈力在主持环节的深度参与,相比一般以"念稿"为主的主持人来说,其语料库对分析其主持风格而言更有说服力。

同时,思辨力也让沈力能够客观认识自己。在"文革"期间,她感到自己的嗓音难以符合"革命"的要求,主动选择了幕后的编导工作,从头学起。正是这段编导经历让她日后的主持工作更加游刃有余。由此可见,思辨力有助于主持人认清自己、把握方向,对于个人业务能力的提高起到至关重要的作用。

三、受众意识赋予播音主持艺术生命活力

沈力的主持带有强烈的受众意识,主要表现为对受众需求的了解和对受众情感的关怀。她对于受众的了解不是浮在表面,而是下了真功夫的。主持《为您服务》时的沈力同时还兼任栏目组长,工作非常忙碌,但是为了能够更多地了解观众的需求,她经常利用中午休息时间阅读观众来信,尽力做到每封信必看。当时的观众来信数量平均每个月有三四千封,可以想象阅读来信是一个多么巨大的工程。对于观众来信中提到的问题,沈力会集合全栏目组之力想办法帮助解答或解决。沈力和同事经常为了寻找答案四处走访专家学者。有时等找到答案了,问题已经"过期"了。可沈力心里会一直惦记着这事,等找到了合适的时机就会给观众解答。平常为了能更好地教会观众一些生活技能,沈力总会先替观众感受一下到底学起来有哪些困难,这样在介绍讲解的时候自己既能够给专家当好帮手,还能代观众适时提问。节目中那些看来细致周到的讲解和耐心的解答,都是沈力在私下里下了苦功的结果。当下,很多人主持只是流于形式,不对观众的胃口,原因就在于主持人并不真正了解观众的需要,没有真正用心投入。

沈力的节目总能带给观众一种温暖、一种心理上的接近感,这主要源于她对观众的那份真情。因为有真情,所以她在镜头前的情感是积极的;因为有真情,所以她与观众的情感互动是真实的。沈力的真情赢得了观众的信赖和爱戴,有些观众会在来信中跟沈力诉说心事,还有的观众看到荧屏上的沈力瘦了,在来信中送来真诚的关怀和问候。当热心观众在荧屏上得知沈力要离休时,他们在信中真诚表达了对沈力的不舍:"今年中秋前后您在电视节目中的一声再见,我们才知道您已经离休,当天我们的电视节目都没看好。日月穿梭时间流逝真快,不知怎么回事,一种凄凉感油然而生……"①

从《夕阳红》隐退后的沈力就很少出现在荧屏上了。但是无论何时,只要有观众的真诚召唤,她总会克服一切困难与观众见面。2013年年底,沈力被医院查出肺癌晚期,开始接受放疗。放疗让她非常虚弱,人也消瘦得厉害。2015年年初,病情基本得到控制的沈力正是需要休息的时候,但她还是答应老龄委帮忙主持了一场老年人的活动。当被问及出席

---

① 《夕阳红》观众来信摘录。

的理由时,她表示,活动方说有很多以前的老观众正等着见她。想到观众的那份情谊,她最终决定拖着病体坚持完成了活动的主持工作。对于一生不重名利的沈力而言,观众的真情才是她坚持的理由。荧屏内外沈力把这份真情进行到底,这也让沈力的主持艺术不仅具有高度,还具有了温度。

从传播学角度来看,主持传播是大众传播和人际传播的统一。大众传播主要满足人们对于信息的需求,人际传播则主要满足人们的情感需求,人们通过情感的互动达到人际关系的和谐。受众意识能够帮助主持人更好地满足受众的两种需要,因此,受众意识的增加能够提升主持传播效果。从艺术创作角度来说,主持艺术的创作离不开主持人思想感情的参与,强烈的受众意识有助于主持人的思想感情激发。如果主持人和观众之间不能真正建立起情感纽带,主持就变成了一场纯技术性的表演,背离了播音主持艺术的内涵。播音界的前辈齐越曾强调"播音要动真格的",因为真情实感才是播音主持艺术的生命力所在。

第二节　媒体培养播音主持人才的启示

一、提供广阔的创作空间

创作空间既包括媒体提供的外部创作机会,也包括在一档栏目内播音主持工作者的可发挥空间。沈力能够在主持艺术上取得令人瞩目的成绩,首先受益于央视的领导为她提供了可以进行创作的宝贵机会。尽管当年沈力尝试推辞,但领导依然坚定选择,领导对沈力的信任与坚持的态度让沈力没有错失良机。这样的创作机会对于刚刚走进播音主持队伍的年轻人尤其重要,因为他们需要更多的机会去锻炼自己,在实践中找准自己的方向。对于在某些方面已经表现出特长的主持人而言,媒体更应提供给他们适合的成长机会。吕大渝在自传中回忆,在她同沈力共同担任播音员的年代,编辑已经会直接去找合适的播音员来播读自己的稿子了。

在那时，知识类的稿子经常由沈力来播，吕大渝则主要播少儿节目和文艺类稿件。由此可以推断，电视台的领导之所以选择沈力来主持一档新设立的服务型栏目，是因为他们注意到了沈力身上的特质与栏目风格的契合。遗憾的是，几年后，领导们突然停掉如日中天的《为您服务》，把它放到了《九州方圆》子栏目中，尽管沈力仍获得了主持机会，但她自感节目内容太杂，从而有迷失感。由此可见，这种外部创作空间的给予不应是盲目的，而应该尊重主持人的创作个性。

对于一个节目内部创作空间来说，媒体机构内部需要给主持人提供一个相对宽松的创作环境。沈力在《为您服务》中被任命了科组长的角色，这一角色的赋予本身就意味着沈力在节目中有了更广阔的创作空间。实践证明，沈力不负角色使命，把关严格、业务过硬。最终，沈力的片子成了台里的"免检"节目。"免检"既意味着对沈力的信任，同样意味着为她提供了自由发挥的空间。因此，在沈力的主导下，《为您服务》无论是在节目内容的丰富性上，还是在运用形式的新颖性上，都有很大的突破。主持《夕阳红》时，沈力虽然不再负责栏目策划，但在主持创作空间上，她仍然没有感到来自台里的拘束，"有的时候（领导）派一个摄像师叫着我（一起）弄节目去了。他什么都不用管，因为我在《为您服务》里当过编辑，我知道节目怎么做，我就自己去发挥了。就是这种状况，很多了"[1]。正是由于栏目组的信任，在这一阶段做主持人的沈力，有了多种主持形式的尝试，充分展现了策划和主持的能力。

播音主持经常被说成是"戴着镣铐"跳舞的艺术，但是真正的艺术魅力的展示，还需要更多的松绑。如果捆得过紧，主持人的创作个性就不能得到体现，没有了个性的艺术又何谈风格呢？由此可见，播音主持艺术的实现离不开为播音主持工作者提供适度的创作空间，这既需要领导们的智慧和勇气，也离不开主持人自身的努力和成绩，是一个双向奔赴的过程。

---

[1] 笔者对沈力的采访。

二、安排合理工作量

现如今,播音主持队伍已经相当壮大,《2015 年中国广播电视年鉴》的统计数据显示,2014 年全国广播电视播音员主持人的数量已经达到 29,116 人。① 这个数字中并不包含日益壮大的网络主持人群体。然而,让人遗憾的是,真正活跃在荧屏上被广大观众记住的主持人却是极少数。一些业务能力较强的主持人活跃在荧屏上,他们经常出现在多档栏目中,这些栏目的类型有时相近,有时表现出比较大的反差。无论哪种情况,观众都能感到一个主持人的劳累。面对如此庞大的工作量,很难想象他们能够静下心来进行艺术创作。沈力曾回忆,在《为您服务》开播初期,面对新栏目主持要摸索,再加上科组长身份任务,起初她主要是疲于完成任务,根本无暇去思考节目的主持艺术。直到栏目工作逐渐理顺,栏目运转步入正轨,她才开始有精力钻研自己的主持。学历上的短板是沈力内心最大的遗憾,一向要强的她,被当时繁重的播音主持工作套牢,错失了最好的学习时机。在《夕阳红》的主持阶段,沈力自感由于时间和精力充足,自己的主持业务得到了更好的提升。正是因为有了同老年人的充分接触,用心感受他们的生活,才有了她的真情主持。对此沈力表示:"它就是由衷的,就是自己的一种心声。所以像我这样的(经历)来要求所有的主持人,不可能。因为他们的任务太多了,一会儿这个,一会儿那个,它就不可能。"②沈力的实践经历说明,主持人的创作是需要时间和精力的,一个优秀的主持人同样需要思考和感受的充足时间,用主持任务填满主持人的生活,是对人才资源的极大浪费,应该对主持人多一些爱护,合理使用主持人资源。

虽说"能者多劳",但是给优秀节目主持人分配过度的工作,本身就是对他的不负责任,更是不尊重艺术的表现,在进行主持人工作量分配时应

---

① 中国广播电视年鉴编辑部.2015 中国广播电视年鉴[M].北京:中国广播电视年鉴编辑部,2015:513.
② 笔者对沈力的采访。

该有更合理和周全的考量。从风格的形成角度来说，主持人应尽可能被安排在栏目类型相近的节目中主持，如果反差过大，容易引起受众的不信服感。

三、培养主持人的采编意识

沈力认为，编导经历对她的主持实践大有帮助。她认为一个真正的主持人不一定要亲自去做采编工作，但一定要懂，要有把握全局的能力，只有这样才能真正实现对节目的"驾驭"。沈力的编导经历源于自身的选择，但是受当下媒体内部管理制度的限制，如今的主持人主动申请调岗恐怕不容易实现。如果媒体管理者能切实重视起主持人采编能力的培养，采用一些合理的调配机制，让主持人的采编能力得到一定的锻炼和提高，对于他们主持水平的提升和主持风格的形成都是大有裨益的。如今，中央电视台已经开始注重主播的记者能力培养，要求没有任何基层工作经验的主持人先去做记者。这样的培养模式与国外很多知名新闻节目主持人的成长经历相似，如美国知名主持人克朗凯特、丹·拉瑟、汤姆·布罗考等人都有多年的记者经验。

主持艺术的实践需要多种能力，业务能力的提升是需要个人探索的过程，这一探索过程围绕认识—实践—再认识—再实践逐步深入。如果把主持艺术窄化到仅仅是背稿、念稿、插科打诨，则是对主持艺术的严重误读。在电视台创办初期，沈力一个人承担了台内所有类型节目的播报工作，其中有些节目已经初步具有了主持的属性，比如播音员串场介绍电视节目，或者介绍一些生活常识，如讲解如何贮存大白菜、如何织尼龙袜子等。有学者认为，这就是最早出现的主持节目。沈力表示，当时做节目与现在还是不一样的，最大的不同在于心态，那时只是"背"稿，重复编辑的话，不敢改稿。仔细对比剖析，笔者注意到早年的主持雏形与现在成熟的主持虽有形式相近之处，但其本质上并没有主持人的真正参与和驾驭，如沈力所言，当时只是重复编辑的话，并没有主持人个人的创作发挥。由此可见，主持艺术的实践需要主持人具有谋篇布局意识，在此基础上的创作才是真正意义上的主持。采编意识对于提升主持人的全局观念和形成主持艺术创作的整体观念具有至关重要的作用。

第三节 播音主持队伍的精神旗帜

回首过往,沈力已经离开荧屏近30年了,如今斯人已去,但是在播音界提起沈力的名字,大家仍然会觉得肃然起敬。时间的流逝也许会让人们开始淡忘沈力曾经的荧屏形象,但她在荧屏上带给观众的感觉、在生活中留给同事的印象却越发清晰。在同事和观众口中,"高尚""高洁""榜样""楷模"等正面评价不绝于耳。这些评价背后最根本的支撑就是沈力用自己的全部生活书写了一个大大的"人"字,这使她成为一种精神的象征,为播音主持队伍树立起了一面精神旗帜。

一、"无我"的艺术境界

艺术创作本身是创作主体对客观世界的生产实践改造,如果这个改造囿于创作者狭隘的世界观、人生观、价值观之中,其艺术作品最终是经不起时间考量的。白岩松在谈到沈力的主持风格时说:"如果说,沈力老师的主持艺术体现一种风格,那么,她从来就不是流行音乐而是古典音乐,从来不是通俗小说而是一部名著。"[1]央视的老领导陈汉元曾这样评价沈力:"如果她是一本书,那是经得起读的。"沈力的主持风格之所以能够成为经典,就是因为她的主持创作是有魂的,这个"魂"就是她"无我"的艺术境界。

沈力的"无我"首先表现为一种"忘我"的创作热情。沈力的"忘我"是对党的忠诚和对事业的执着使然。"我这人有一个特点,既然党交给我这个工作,我就做好,做了这件事,我就认真去做,努力去做,我没有什么别

---

[1] 白谦诚,胡妙德.中国荧屏第一人——沈力[M].北京:中国广播电视出版社,1999:249.

的想法，就是想在这个领域里能够摸索一点儿工作的规律。"①在她看来，领导把工作交给她，是出于对她的信任，自己应该不辱使命，把这份工作尽可能做到最好。沈力的心中从没有那个"小我"，有的只是对待党和国家的忠诚，以及对待事业的执着。建台初期，全台只有她一名播音员，播音任务繁重，工作条件极其艰苦，工作压力相当大。可沈力没有退缩，没有讲条件，硬是凭借自己的脚踏实地初步总结出了播音的创作规律，她在此时开创的工作格局和工作细节对于后来的主持人产生了深远的影响。赵忠祥和吕大渝在各自的回忆录中都谈到了进入电视台播音时不成文的工作规定，每天要背稿、复述等。这都是沈力前期打下的工作基础，帮助他们迅速进入了严谨的播音工作状态，找到了明确的奋斗目标。沈力的付出是无私的，她从不会计较工作量的多少、额外付出的回报，只想着精益求精地完成工作。从电视台刚刚成立的艰苦环境，到改革开放后电视事业大发展，沈力始终如一。沈力一丝不苟的敬业精神给同事们留下了深刻印象。她会因为主持大型活动而不喝水，防止因自己的原因影响拍摄进度；她在日常饮食上也非常注意，坚持早起锻炼，尽力保持良好的身体和精神状态。在随《夕阳红》外出拍摄奔波期间，60多岁的她从不需要他人额外的照顾，甚至常常让同行者忘记了她已是一位离休老人。主持《夕阳红》时期，当编导忙得不可开交、分身乏术时，沈力会从节目效果出发，在主持工作之外承担部分采编工作。没有人要求沈力这样做，她也并不会因为多劳而多获得酬劳。她这样做只为心中的那份坚守：既要对得起党和国家的信任，又要对得起观众的那份真情。当时担任《夕阳红》娱乐版块制片人的应红说："沈老师她不管你还需不需要，她总会看到这些（问题）告诉你，所以我们也把她当成一个核心人物，像我们的核心头脑，我们就把她算是领导（层）的人员，包括各个方面，这才是值得我们尊重的人，所以真的是人格魅力。"②面对他人的高度评价，沈力显得十分淡然：

---

① 笔者对沈力的采访。
② 笔者对应红的采访。

"我们那代人都是这样。"就是这一点点的夸赞,她也不会轻易接受,因为在她的心里始终就没有那个"小我"。

工作中的沈力还有一种"无我"的纯粹。她从来没有想过"沾电视台的光"为自己谋一点私利。在很多人看来,沈力的职业身份可以让她接触到各种高官、名流,在这样的人际关系网下,她的生活一定会如鱼得水,甚至家人也能跟着受益。然而现实是,沈力常常会因为忘我工作而疏于照顾家人,面对家人遇到的困难,她也常常束手无策。沈力坦言,自己并不善于交际,也很少开口求人,平时甚至是习惯"溜边儿"的人。她在电视台工作期间,周恩来总理和温家宝总理都曾前来视察。周恩来总理当年到电视台视察时,沈力是台里唯一的播音员,这是多么显眼的身份。可沈力当时却只是站在角落里远远地看着总理,最后连一张合影也没留下。40多年过后,温家宝总理到中央电视台视察,让沈力没有想到的是,温总理在跟她握手时特地询问了她的身体情况,最后还主动邀请沈力到前排就座。这让一向习惯"溜边儿"的沈力感到受宠若惊。这就是生活中最真实的沈力,她头顶资深主持人的光环,却从不会因此利用或卖弄。工作时的沈力百分之百投入,回归生活后仍然保持着一份纯粹与本真。

沈力的"无我"还表现为淡泊名利。她从1958年走进中央电视台,一干就是40年。40年的变迁,40年的风风雨雨,从来都没有动摇过她的信念与坚守。尽管沈力把自己的境界归于时代的造就,但我们看到的是,与她同一时代的电视人有不同的人生选择,有人调岗,有人转行,如沈力这般坚持者甚少。即使在事业如日中天之时,同事也从未在她的脸上看过沾沾自喜的表情。即使在百忙之中,她也坚持给观众回信,细心回应观众的诉求,包括求要关于她的杂志、照片等,不少收到回信的观众都表示"简直不敢相信"。在沈力看来,名利如过往云烟,自己的成绩则更要感谢时代的机遇、国家的培养和观众的支持。所以,生活中的沈力习惯俭朴,从不佩戴饰品,也没有华丽的服装,一切都是那么平常。张悦在文中回忆道:"(沈力)老师晚年的家温暖舒适,整洁干净,清新安静,只是太小了,只有不到80平方米,可是她却心安理得。因为她早就知道,人这一生所需要的东西并不多,一间房一张床足矣……有这样境界的人走了,她能不活在我们心里吗?"①中央电视台主持人倪萍说过:"我们这个职业很容易让人膨胀,因为我们承受太多、太多的夸奖,让你潜移默化地与人产生距离,使你下意识地感到与众不同。"②沈力却在鲜花掌声的包围中始终保持清醒与冷静,甚至能够做到激流勇"退"。在主持《夕阳红》后期,沈力曾多次表明退意,认为自己随着年龄的增加,记忆力在衰退,不能以最好的状态出现在观众面前,心里觉得对不起观众。在离休以后,她甚至清理了很多当年自己录的节目影像,将很多宝贵的照片与改过的手稿捐赠给了中国妇女儿童博物馆。她表示:"一代人有一代人的事儿,我就不留着了。"沈力在各类采访中都表达过这种看法,在她看来,自己不过是历史的一个瞬间,终将会随着时间的逝去被人遗忘,这是历史的规律。在电视采访中,沈力还表达了希望自己的骨灰能够撒向大海、不必保留的意愿。这种"无我"的境界在沈力的内心从一而终。

沈力的"无我"境界是她高尚人格的真实体现。作为一名共产党员,她的心中始终装着党、国家和广大群众,这是她艺术创作的动力源泉。在部队时,志愿军战士们的战斗生活激荡着沈力作为部队文艺工作者的创作情怀;在改革开放时期接手主持《为您服务》时,她希望尽己所能提供群众需要的生活知识,帮助他们开阔眼界;年过六旬担任《夕阳红》主持人,她希望再为自己心中挂念的观众们贡献自己的余热,努力通过节目丰富老年人的精神生活。在当前的播音主持队伍里,亲切、大方的主持风格比比皆是,但他们的形象却常常容易被大众混淆,难以给观众留下深刻印象。相比之下,沈力的主持风格则因为"无我"的境界而独具内涵,她的"无我"是建立在"心中装着无数观众"的基础上的,是植根于人民的。这是沈力主持风格的底色,也是沈力主持艺术之树常青的秘诀。综观当下,沈力的"无我"境界犹如一股清泉,为每个人做了一次精神上的洗礼。

---

① 张悦:《永远的沈力老师——我的怀念 | 著名主持人张悦追诵》,微信公众号——中国播音主持史研究基地发布,2020年7月29日。
② 陆锡初.节目主持概论(修订版)[M].北京:中国广播电视出版社,2006:322.

二、媒体人的社会责任感

　　沈力的主持艺术是具有社会理想和审美追求的,她以高度的社会责任感进行着主持实践活动。沈力喜欢把节目做出品位,不仅给观众介绍实用的方法,还能为他们送去知识和文化。她的主持艺术实践承担起了提升大众审美和增长观众见识的社会责任。早年的《为您服务》好像一个筐,里面装满了观众需要的精神食粮。那时改革开放刚刚开始,大众意识初步觉醒,迫切需要新知的给养。他们通过沈力的节目了解服饰美、集邮文化、饮食文化,填补知识的空白,提升审美情趣。观众在获取新知的同时,对沈力的主持风格逐渐形成了知性的印象。此外,由于对群众的疾苦感同身受,沈力还在栏目中创造了早期的监督报道模式,一些伪劣产品生产厂家在栏目的曝光压力下不仅赔偿了公众的损失,还提升了自己的产品质量。1983年9月下旬,《为您服务》报道了"河南省鹤壁市团市委青工部副部长赵国煊残害妻子丁艳芳的调查事实"后,观众反响强烈,纷纷来电来信,要求严惩赵国煊。① 此时,《为您服务》开播还不到一年的时间,但已经开始涉及社会法制类内容,这足见身为科组长兼主持人的沈力具有强烈的社会责任感。

　　沈力40年的电视台工作并非一帆风顺,但无论外界情况如何变化,沈力的节目从来不跟风,不盲从。这是她内心对于社会责任的坚守,也是对自我良知的坚守。白岩松认为,沈力的节目之所以何时看都不觉得过时,最重要的一点就是沈力的节目从不跟风,并且始终保持着内心的追求。无论客观环境发生了多大的变化,沈力始终忠诚于自己的信念,忠诚于历史和文化赋予她的文化使命和责任。"文革"期间,沈力既不欣赏那种"高平空、冷僵远"的喊叫,也认识到自己的声音难以承受这种强度,于是主动申请转到幕后工作。在改革开放之初,她作为《文化生活》的编导,敏锐地感知到了社会的变化以及广大观众的文化需求,在自己制作完成

---

① 中央电视台研究室.1955—1983年中央电视台大事记[M].北京:中央电视台研究室,1984:301.

的节目中主动担负起了社会文化重建的重要使命。主持《夕阳红》时的沈力变成了老年群体的"代言人",用自己的语言讴歌着老年生活的美好,引领着老年人的生活观念。就此而言,沈力当年的节目为我国正式进入老龄化社会做好了精神上的准备,使老年朋友们深刻感受到了"老有所养、老有所依、老有所乐、老有所为"。

处于社会转型期的中国,人们的观念正在发生翻天覆地的变化,受利欲驱使,在赞誉中迷失自我的主持人大有人在。然而,沈力却始终保持着清醒的自我认知。作为受众精神食粮的生产者,她以自己的文化品位塑造着受众的文化品格,自觉担负起提高人民群众文化素质的社会责任。强烈的社会责任感让沈力的主持风格具备了丰富的人文精神内涵,这也为沈力的主持增加了一份厚重感。

三、真善美的形象统一

节目主持人是所在媒介机构精神的代表,承载着受众的审美期待和精神寄托。主持人在长期的节目主持实践中向公众传达着自己的审美追求,其主持活动是自身内心活动的真实写照。沈力的主持艺术创作传达了真善美的和谐,这与大众的审美观念是一致的,也是沈力的主持风格得到受众认可的重要原因。事实上,这种真善美的传达正是沈力的人格特质在主持艺术中的真实映照。沈力曾经根据节目主持的经验总结了 10 条创作经验:①掌握节目主动权,切忌逢场作戏;②沟通思想,交流感情,切忌目中无人;③把握风格,突出个性,切忌一般化;④真实的自我,诚恳的态度,切忌虚伪和表演;⑤把自己摆进去,切忌居高临下;⑥获取正确感觉,切忌自我欣赏;⑦尊重和不忘观众,切忌无意怠慢;⑧注重语言运用,切忌照本宣科;⑨仪表打扮要得体,切忌不相协调;⑩提高素质放首位,切忌做表面文章。① 这 10 条经验几乎都与"真"有关,在节目主持过程中沈力表现的就是自己内心世界的真实写照。她坚守这种创作真实,并且认

---

① 白谦诚,胡妙德.中国荧屏第一人——沈力[M].北京:中国广播电视出版社,1999:51.

为真实是赢得观众信任的根本。同时,这10条经验也体现了她对观众发自内心的尊重,这种尊重既是沈力的人格修养,也是一种平民化的心态。白岩松说过:"我们生活在一个平民的时代……在这样的一个时代中,平民的力量是最大的,谁不尊重平民,就意味着他将被时代抛弃。"[1]沈力对观众发自内心的真诚和尊重,赢得了这个平民时代的好口碑。沈力把生活中的真实注入荧屏形象,实现了荧屏内外的人格统一。伴随着自媒体时代的到来,作为社会公众人物的节目主持人,其个人隐私空间正在不断缩小,生活中的他们随时接受着更广泛的社会监督。那些善于在镜头前粉饰自己、隐藏真实自我的主持人,随时可能遭到公众诟病。近些年,时有出现主持人因在生活中"形象崩塌"离开主持岗位的事件。一些主持人在舞台上下展现"双重人格",严重破坏了我国播音主持队伍的形象。放眼望去,主持人浮夸的表演、低俗的言语、满屏的自我膨胀随处可见。为此,2022年1月26日,中共中央宣传部办公厅、国家广播电视总局办公厅印发的《关于进一步规范播音员主持人职业行为和社会活动管理的意见》提出,要加快建设一支具有坚定政治立场、高尚道德品质、广博文化知识、崇高职业精神、过硬工作本领的专业人才队伍。反观沈力的主持风格,她的真切、内外一致已然是当代播音主持专业人才队伍中的标杆。

　　荧屏上沈力的善良更多表现为待人亲切、善察人心、善解人意,带给观众心灵的温暖,荧屏下沈力的善良则更多表现为一种"隐忍"和"退让"。生活中的沈力不善争,不论是对于荣誉,还是机会,她都抱着顺其自然、随遇而安的心态。面对人生的挫折和失落,沈力也很少抱怨,更不会与人诉苦。面对采访,沈力保持谨言慎行,她坦言不希望自己的言论无形中对他人造成伤害。然而,如此善良的她也曾有被误解的经历。吕大渝在回忆录中写到,电视台创办初期,沈力担任科组长负责分配节目,大家都很和睦。这时来了一位年纪大一些的新播音员,沈力考虑到她有一个年幼的

---

[1] 白岩松.我们生活在什么样的时代:试论主持人的生存背景[J].现代传播(北京广播学院学报),1998(5):12.

孩子,于是就尽量安排她周末休息可以多些时间照顾孩子。可没想到,这样的安排却让这位新播音员感到不满,认为沈力是故意不让她在周末收视率高的时段播节目。于是,沈力就不再照顾任何人,轮流安排值班。①当年,吕大渝为沈力的"好心没好报"感到愤愤不平。然而,这样的经历沈力却很少提起,甚至不记得有这回事。尽管曾被误解,但是沈力从未放弃内心对善良的坚持。路遥知马力,日久见人心。沈力用自己的现实人生展示了善良的魅力,善良让沈力由内而外散发着一种柔和的气质、柔和的美。

  沈力的美是外在美与内在美的统一,是真与善之美。沈力自幼受到佛教和儒家思想的影响。儒家学说的核心即为"仁",表现为主体内在的道德自觉,其中既包含人格审美价值的取向,也涉及对艺术的审美观照,是真善美意识的渗透。沈力主持艺术之"真",并非完全对生活的照搬照抄,而是通过自己的创造性劳动,化生活真实之"真"为艺术真实之"美"。沈力主持艺术中的"善",也并非道德说教,而是将她的人生态度和道德评价融入主持活动,化"善"为"美"。初登主持舞台的沈力已经年届五旬,按照传统的播音主持审美标准,当时的沈力已经超龄了。然而,实践证明,沈力的主持风格得到了受众的认可,她在主持中散发出的那种成熟知性大气之美,也绝非一般年轻貌美的主持人所能比拟的。我们从一封封观众来信中可窥见一斑:"《为您服务》节目主持人在荧光屏上出现的时候,她那端庄雅致的仪表、和蔼亲切的语言,甚至一颦一笑都是那样动情得体,恰到好处。就好像一个大姐姐在同亲人唠家常一样介绍节目内容,引人入胜。既不呆板,也不做作,使观众心情愉悦,意往神驰。她出色地将中国妇女文明礼貌、感情丰富、凝重端庄的气质溢于言表,确实难能可贵。"沈力在多年的主持创作实践中坚持了内心对于真善美的追求,最终成就了她经得起时间检验的风格,赢得了观众的认可。

---

① 吕大渝.走近往事:一位共和国第一代女电视播音员的自述[M].北京:中国文联出版社,1999:157.

小　结

　　本章在回顾沈力的电视节目主持艺术历程的基础上，深入探讨了她的主持风格对当下播音主持事业的启示。作为中国第一位电视专栏节目主持人，沈力的主持工作本身就极具开创意义。在没有成熟的主持理论借鉴和丰富的主持人电视节目作为参考的情况下，沈力凭借自己的悟性和努力取得了事业上的辉煌。她的成功对于播音主持艺术的发展、播音主持人才培养都具有启示作用。同时，沈力独特的人格魅力是其主持风格的内核支撑，更是值得后来人去品味、思考和借鉴的。本章从三个方面展开论述：首先是沈力的经历对于播音主持艺术发展的启示，主要探讨的是沈力在主持艺术创作实践中总结的经典主持规律，及她个人在主持艺术创作中的独特体会和尝试。其次是沈力的经历对播音主持人才培养方面的启示。本章综观沈力主持艺术风格形成时的媒体外部条件影响，提出播音主持人才应得到所在媒体的合理培养和使用。最后重点讨论了沈力在人品修养等方面为同行树立的标杆，目的在于让更多的播音员主持人意识到风格的灵魂是人格，应重视提升个人的品德修养。本章在综观沈力电视主持风格形成过程的基础上，予以现象的提炼和升华，期待能给播音主持界的后来者们以启示。

结　语

　　沈力是中国播音主持历史上的标杆人物,在她的头上有两个"第一"的光环:第一位中国电视播音员,第一位电视专栏节目主持人。如果说"第一"是时代机遇的给予,那么最终得到广大观众的认可和爱戴,则离不开她个人的努力。沈力为人极其低调,很少主动对人谈起自己的辉煌经历,也从未想过为自己著书立说。虽然我们会经常在一些论文中看到沈力的主持案例,但它们大多是碎片化的,难以让人形成对沈力主持艺术的整体认知。随着网络新媒体的发展,各种类型的主持人层出不穷,但主持站位不高、信仰缺失、娱乐过度的现象仍大量存在,那些曾经的播音主持经典作品正在逐渐被人们淡忘,那些曾经创造历史的播音员主持人也随着岁月的流逝,一个个离我们而去。因此,在当下重温经典,既是对播音主持名家资源库的抢救性保护,也是对播音主持从业者的一次精神洗礼。以史为鉴,可以让我们走得更远。沈力的播音主持经历跨越电视荧屏40年,这40年同样是我国电视从起步到辉煌的时期。沈力的播音主持艺术如同中国电视时代的缩影,折射出我国电视发展的时代变迁。

　　由于历史条件限制,早期电视主要以直播方式播出,且能看到的观众较少,沈力更为公众所知的是她20世纪80年代后回归荧屏的主持形象。这也是本书选择的主要研究对象,即沈力的电视主持艺术实践。本书在播音主持风格理论的基础上,结合语言学、传播学、艺术学、美学等相关理论,对沈力的电视节目主持风格进行了共时与历时的分析研究。全书不仅从整体印象、审美感受及细节表现三个层次对沈力的主持风格表现进行了提炼总结,还对沈力主持风格形成的主客观原因进行了深入分析。

沈力的主持风格给人的整体印象是质朴、平易、真切和知性，同时它们又是自然之美与平实之美的统一、平等之美与平和之美的统一、求实之美与细腻之美的统一、文化之美与礼仪之美的统一，这些可以通过沈力的服饰、妆容、语言、副语言及体态语等细节展露出来，沈力在举手投足之间展现出了她的独特风格。主持风格的形成并非沈力有意为之，但是她的主持艺术创作观、人生信条都影响了她的艺术创作方向。此外，她所处的时代、个人成长经历、性格品质、文化修养共同促成了她电视主持风格的形成。沈力的主持艺术探索经历带给我们很多宝贵的创作经验和人生启示，在她的身上，我们看到了中华民族美德的传承、孜孜不倦的艺术探索以及对党和人民的忠诚。沈力的主持风格贵在内外一致和永远为观众着想的那份真诚，她的真善美形象背后是高尚的人格支撑。此外，在沈力的主持创作实践中我们还能够获得播音主持人才培养方面的启示，从中总结培养人才的经验教训，这些对于日后播音员主持人队伍管理和整体素质的提高都是大有裨益的。

　　研究沈力的主持风格要始终保持历史唯物主义的眼光，坚持马克思主义世界观和方法论。本书在分析论述的过程中主要使用了文献调查法、对比研究法、深度访谈法以及个案分析法，以期对沈力的主持艺术风格进行尽可能全面的阐释。笔者通过大量搜集和沈力有关的历史资料，如同事的回忆、沈力的文章、沈力的电视专访，以及部分沈力个人的主持视频资料，并多次对沈力进行深度访谈，力求对她的主持风格形成进行客观、冷静、全面的分析。然而，由于时代久远，当年的历史资料搜集具有较大困难，无法完整还原沈力当年的风采。同时，主持风格的研究难免受到研究者自身的理论水平和研究能力的局限。本书在研究的深度和取材的广度上还有需要改进的空间，期待各位专家学者能对本书提出宝贵意见！未来笔者将不辍研究、博采众长，在提升自我的同时继续修订本书。

参考文献

一、专著

(一)播音主持类

[1]白谦诚.峥嵘岁月:见证中国节目主持人25年[M].北京:中国国际广播出版社,2006.

[2]毕一鸣.语言与传播:广播电视播音与主持艺术新论[M].北京:中国广播电视出版社,2005.

[3]毕一鸣.主持艺术的新视野:传播学视野中的主持艺术[M].北京:中国广播电视出版社,2011.

[4]蔡帼芬.明星主持与名牌节目[M].北京:北京广播学院出版社,2004.

[5]曾志华.中国电视节目主持人文化影响力研究[M].北京:北京大学出版社,2009.

[6]陈晓鸥.广播电视语言传播风格多样化研究[M].北京:中国广播电视出版社,2007.

[7]高贵武.解析主持传播[M].北京:北京广播学院出版社,2004.

[8]黄幼民.主持人形象塑造[M].武汉:华中科技大学出版社,2006.

[9]霍慧娜.鞠萍主持风格探析[D].北京:中国社会科学院研究生院,2014.

[10]李瑞英,刘连喜.广播电视播音与节目主持人[M].沈阳:辽宁人民出版社,1990.

[11]刘云丹.主持艺术概论[M].北京:中国电影出版社,2009.

[12]刘卓.论方明的播音创作[D].北京:中国传媒大学,2014.

[13]鲁景超.真话实说:名主持人访谈录[M].北京:光明日报出版社,1998.

[14]陆锡初.节目主持概论(修订版)[M].北京:中国广播电视出版社,2006.

[15]陆锡初.节目主持人导论[M].北京:中国传媒大学出版社,2013.

[16]吕大渝.走近往事:一位共和国第一代女电视播音员的自述[M].北京:中国文联出版社,1999.

[17]钱明.成功主持典范[M].北京:中国广播电视出版社,2003.

[18]宋付力.《新闻评论员白岩松的主持风格研究》[D].郑州:河南大学,2013.

[19]苏峰,王甫.我们:中央电视台主持人2002马年访谈录[M].北京:光明日报出版社,2002.

[20]孙炎洁.《赵忠祥播音主持风格探析》[D].北京:中国社会科学院研究生院,2012.

[21]田安莉,全华,吴茜.电视的记忆[M].上海:上海辞书出版社,2009.

[22]魏南江.节目主持艺术学[M].北京:中国广播电视出版社,2006.

[23]翁佳.对面:著名播音员主持人访谈录[M].北京:中国经济出版社,2003.

[24]翁佳.名牌电视访谈节目研究报告[M].北京:中国经济出版社,2006.

[25]吴郁.当代广播电视播音主持[M].上海:复旦大学出版社,2006.

[26]吴郁.电视节目主持人的综合素质研究[M].北京:中国广播电视出版社,2007.

[27]吴郁.主持人的语言艺术[M].北京:北京广播学院出版社,1999.

[28]许嫱,周嘉丽.电视节目主持人风格与节目主持艺术[M].成都:西南交通大学出版社,2014.

[29]姚喜双.播音导论教程[M].北京:中国电视出版社,2001.

[30]姚喜双.播音风格探[M].北京:中国文联出版公司,1992.

[31]姚喜双.播音主持概论[M].北京:高等教育出版社,2012.

[32]姚喜双.媒体与语言:来自专家与明星的声音[M].北京:经济科学出版社,2002.

[33]姚喜双.新媒体时代广播电视语言问题研究[M].北京:语文出版社,2013.

[34]叶迎春.试论沈力电视节目主持的艺术特色[D].北京:中国传媒大学,1998.

[35]应天常.节目主持人通论[M].武汉:武汉大学出版社,2007.

[36]於春.中国电视节目主持三十年研究(1980—2010)[M].北京:中国传媒大学出版社,2013.

[37]余小梅.主持人心理素质[M].武汉:华中科技大学出版社,2006.

[38]俞虹.节目主持人通论(修订版)[M].杭州:浙江大学出版社,2004.

[39]张曼缔.中国电视节目主持风格的演进与创新[D].广州:暨南大学,2012.

[40]张颂.播音创作基础[M].北京:北京广播学院出版社,1990.

[41]张颂.播音主持艺术论[M].北京:中国传媒大学出版社,2009.

[42]张颂.朗读美学[M].北京:中国传媒大学出版社,2002.

[43]张颂.语言传播文论[M].北京:北京广播学院出版社,1999.

[44]张颂.中国播音学[M].北京:中国传媒大学出版社,2004.

[45]赵忠祥.岁月随想[M].上海:上海人民出版社,1995.

[46]白谦诚,胡妙德.中国荧屏第一人——沈力[M].北京:中国广播电视出版社,1999.

(二)广播电视类

[1]陈若愚.中国电视收视年鉴(2014)[M].北京:中国传媒大学出版社,2014.

[2]韩青.电视服务节目新论[M].北京:中国广播电视出版社,2005.

[3]金丹元.电视与审美:电视审美文化新论[M].上海:学林出版社,2005.

[4]孙玉胜.十年:从改变电视的语态开始(修订版)[M].北京:人民文学出版社,2012.

[5]殷俊.电视栏目学导论[M].成都:四川大学出版社,2009.

[6]赵华勇.中央电视台发展史(1958—1997)[M].北京:中国广播电视出版社,2008.

[7]赵玉明.中国广播电视通史[M].2版.北京:中国传媒大学出版社,2006.

[8]中国中央电视台30年编辑部.中国中央电视台30年(1958—1988)[M].北京:中国广播电视出版社,1988.

(三)语言文学类

[1]贾崇柏.赵树理语言艺术风格[M].太原:山西古籍出版社,2006.

[2]黎运汉.汉语风格学[M].广州:广东教育出版社,2000.

[3]秦琍琍,李佩雯,蔡鸿滨.口语传播[M].上海:复旦大学出版社,2011.

[4]张德明.语言风格学[M].长春:东北师范大学出版社,1999.

[5]张洋.新闻发言人语言风格研究[M].北京:中国社会科学出版社,2013.

[6]郑荣馨.语言表现风格论[M].合肥:安徽大学出版社,1999.

[7]中国修辞学会.迈向21世纪的修辞学研究[M].广州:广东人民出版社,2001.

[8]周振甫.文学风格例话[M].上海:上海教育出版社,1989.

(四)哲学美学类

[1]陈炎.当代中国审美文化[M].郑州:河南人民出版社,2008.

[2]何西来.文格与人格:艺术风格论[M].西安:陕西师范大学出版社,1999.

[3]梁一儒,户晓辉,宫承波.中国人审美心理研究[M].济南:山东人民出版社,2002.

[4]欧阳周,陶琪.服饰美学[M].北京:中国工业大学出版社,1999.

[5]王怀平.美学散步:宗白华美学研究方法与风格新探[M].合肥:合肥工业大学出版社,2009.

[6]王志强.风格美学[M].青岛:青岛海洋大学出版社,1992.

[7]赵伶俐.人格与审美[M].青岛:山东教育出版社,2009.

[8]朱光潜.谈美[M].北京:北京大学出版社,2008.

(五)其他相关学科门类

[1]陈力丹.传播学是什么[M].北京:北京大学出版社,2007.

[2]陈向明.质的研究方法与社会科学研究[M].北京:教育科学出版社,2000.

[3]林之达.传播心理学教程[M].北京:北京大学出版社,2012.

[4]南方都市报.变迁:中国改革开放三十年文化生态备忘录[M].广州:广东教育出版社,2008.

[5]彭吉象.艺术学概论[M].3版.北京:北京大学出版社,2006.

[6]邵培仁.传播学[M].北京:高等教育出版社,2000.

[7]孙美兰.艺术概论[M].北京:高等教育出版社,1989.

[8]薛可,余明阳.人际传播学(新版)[M].上海:上海人民出版社,2012.

[9]伍蠡甫.西方文论选:上卷[M].上海:上海译文出版社,1979.

[10]杨义,高建平.西方经典文论导读:上[M].合肥:安徽教育出版社,2009.

[11]杨生博,王刚.艺术美学概论[M].西安:陕西人民美术出版社,2012.

[12]张志春.中国服饰文化[M].2版.北京:中国纺织出版社,2009.

[13]郑洞天,谢小品.艺术风格的个性化追求:电影导演大师创作研究[M].北京:中国电影出版社,2003.

二、译著

[1]雷德.一生:迈克华莱士传[M].潘源,译.上海:上海交通大学出版社,2013.

[2]柏拉图.柏拉图文艺对话集[M].朱光潜,译.合肥:安徽教育出版社,2007.

[3]豪斯曼,本诺特,梅塞瑞,等.美国播音技艺教程[M].5版.王毅敏,刘日宇,译.上海:复旦大学出版社,2007.

[4]波特.媒介素养[M].4版.李德刚,等译.北京:清华大学出版社,2012.

附 录

附录1:中央电视台沈力访谈摘编

(访谈时间:2014年1月、2015年5月、2016年1月)

一、关于主持风格

沈力:我觉得风格本身不是说我要什么风格就有什么风格,我设计一个什么风格,我就是什么风格。这个风格的形成,是跟一个人的成长、经历、学历,很多方面(有关),它形成了这么一个风格。像我,就是比较柔弱的一个女性,它是家庭形成的。后来我就想,我说家庭形成,家庭到底给过我什么影响?年龄越来越大以后,我就想到几点,(都是)父母给我的,基本上有三点,应该是24个字吧。一个是知足常乐,能忍自安。这是我母亲常说的,一个人要知足,知足常乐,能忍自安。所以我这个性格软弱的能忍自安,也是这么形成的。第二句话就是比上不足,比下有余。我觉得一个人生活在这个集体当中,有的时候别人怎么样,自己怎么样,有的时候看怎么比,用什么尺度来比。所以我觉得我从来不往上比,比上不足,比下有余。这也是一种阿Q精神,是一种自我安慰。我觉得一个人要是知足的话,他就能够没有烦恼,他永远是知足,永远是快乐的。再有一点就是己所不欲,勿施于人。这个是因为我姥姥信佛,经常念经。这个对我影响也比较深。我想来想去,家庭教育给我的这几句话,对我一生都是非常有益的。性格的形成,和做人的这种准则,好像这里面都包含了。

吴倩: 您觉得自己是个软弱的人吗?

沈力: 这个性格里头,它也是有多方面的,不是说就是一种。但是在工作上,我觉得有的时候,我还是会坚持,有我的刚性的一方面。在生活里头,比方说杀猪,我就敢去杀。我就要强,我就想试试。我想,为什么男同志能做,女同志做不到呢?我觉得我性格里头有"要强"的一种东西。什么事情要做,我就尽量做好。我希望我自己尽可能地把所有的事情做好,这也是我对自己的要求。我一直觉得我的学历不高,我的文化底蕴不是很丰厚,没有办法,这是由于工作以后,一直没有机会去上学。

吴倩: 但是我看您做的节目,还是觉得挺有文化的。

沈力: 所谓的这种文化,主要是,你担当了这个工作,你钻进去,你热爱它,你能从中总结出东西,学习一些东西,这就是真的知识。我觉得我在《为您服务》里头,从开始做这个电视主持人,(当时)是什么都不知道,没见过的,一穷二白,一张白纸,就去探索。

二、关于播音主持历史

沈力: 早期有说法主持人是20世纪90年代发展起来的,就是从新闻栏目发展起来的。当然,新闻对于一个电视台,它是主流主要的。《为您服务》为什么当时没有人重视,一个它是生活类节目,是不被重视的。在过去那个时候,80年代,更早一点儿,不被重视。第二个,那个时候没有人研究主持人,不像后来,动不动开一个什么研讨会,研讨一个栏目什么的。那个时候那么多信,那么多老百姓,没有人去关注,也没有那个理论队伍。当初学院的陆锡初教授为什么会找我呢,就因为我作为第一个主持人,他想研究这方面。至于什么个性的问题,当时我还找过陆锡初老师(探讨)呢,他可能也不记得了。

所以,这段历史是被人忽视的。实际上,我觉得吴郁老师说得对,就是我的起点是高的。因为当时《为您服务》,我既是主持人,又是栏目的负责人。我这个栏目负责人不是虚设的,是整个地带领这个组,大家一起研究,最后体现出来的,是有我的一些想法的,有我的一些思想感情在里面的。我认为,那个确实是叫主持人,真正的主持人。比方说编辑们,他都有稿子,拿来以后,适合我的我说,不适合我的我改,大概没有一个稿我没改过的。我改过很多,我没有留资料。为什么大家接受我的话?因为符合我的个性。我对大家说的,是有我的性格在里面的,是有我的思想在里面的,(观众)接受我不是没有原因的,但是我不想说这些……我那时候就是一个铺垫就是了。

但是那个时候,我就说主持人的意志就在节目里面,就是他统领这个节目。他不光是主持,说话了,他是有他的题目的选择,话怎么说,节目怎么做,都有主持人的意识在里面。

所以,观众为什么那时候对《为您服务》感兴趣,我觉得不是说我的功劳。一个是那个时候节目很少,没有过主持人,没有主持人跟大家见面这个(形式),大家也觉得新鲜。另外,就是刚刚改革开放,大家对生活这方面的需求很多,那我们满足大家的需求,所以大家喜欢看这个栏目,这也是原因之一。是各方面的原因,不是说仅是主持人的原因。再加上有的主持人,能够直接跟大家交流,比方说有的点歌,那个时候所谓的点歌,妈妈过生日,希望给妈妈点一首歌什么的,(这种是)感情上的一种融合。

从历史上讲的话,从研究主持人这个(角度),我觉得那段是被忽视的。虽然大家都提,但是不像后来研究者那么拔高,我也不想这样,做了就是做了,我做了我应该做的事情。我这人有一个特点,既然党交给我这个工作,我就做好,做了这件事,我就认真去做,努力去做,我没有什么别的想法,就是想在这个领域里能够摸索一点儿工作规律。是不是,对不对,不知道,(当时)没有人跟我去探讨这些事情。

三、早期的播音经历

沈力:其实我那个背东西,我是通过背……想想当时也是很幼稚的,就是想达到一个复述的目的,不是完全背,就想通过多练、多背,能够理解这个内容,能够复述。所以在60年代初,还没有《为您服务》的时候,我已经放稿了。别的我不敢放,政治性的东西、新闻,那是我绝对不敢的。但是生活类的节目,我已经放稿了。

吴倩: 当时还有些节目,需要您在之前做一个简单的介绍,比如介绍歌曲、音乐之类的,或者是介绍一些讲座,在这个前面做串联,都是您在做?

沈力: 是。我要求我自己,不懂的东西要懂,不知道的东西尽可能地去了解,了解的基础上,我再去说,说的那个就跟完全不了解不一样,不会说错话。所以那个时候,反正是尽量这么要求自己,尽量努力去这么做。至于效果是什么呢,我也没有想过去要个什么效果。

吴倩: 那个时候有反馈吗?

沈力: 没有人研究。我当时给中央电教大学那些老师们讲课,讲完,他们哈哈大笑,(用了)好多的例子,但是后来我自己也记不住了。没有人研究,但是大家就觉得好,好在哪儿,不知道。不像后来那些理论家那么去研究。

最开始没有新闻,因为咱们那个 16 毫米的片子不能洗印,就没有。根本就没有新闻,所以是图片报道。(当时)叫图片新闻,是我播,这等于画外音了。就是在有新闻片之前,一直都是图片新闻、图片报道,后来加了《简明新闻》。《简明新闻》5 分钟,每天的节目结束的时候播 5 分钟,就是出面播新闻,就不是画外音了。新闻稿就是电台的联播组(提供的),就是《新闻联播》完了以后,他们给我们浓缩一个 5 分钟的《简明新闻》。然后我们得自己去取,就在楼下,四楼,大楼里,我们是在上面。自己取来交给台长审,审完了以后,最后我们播出。播出那是一个字不敢改,也不能改,也没有那个水平去改,所以就是照章播。

这个播的当中,我就想,电视播和普通的播有什么不一样的地方?我就想到一个是因为你是面对观众,是有图像的,当时我就想到特别傻的一个办法,后来我都觉得我自己特笨,但是那个时候是这么探索的。就是说,我什么时候要抬头跟观众交流,(就是)在重点重音的时候抬头,不是随便抬头。比方说天气很好,你说天气的时候无所谓,"好"和"不好"是重点,那是逻辑重音嘛,那时候就讲逻辑重音,就是从这个方面去想。怎么播新闻,怎么面对观众,什么时候跟观众交流,什么时候去看观众,我不是无目的地想哪儿说哪儿,不是这样的,那个时候就这么去探索。

吴倩:这个之后应该就是电视新闻片。

沈力:对。就是我们洗印的时候,自己摸索,在厕所里头实验的,他们实验成功了,就是16毫米可以洗片子了,可以播出了,所以就有了电视新闻。在他们两个(赵忠祥和吕大渝)没来之前,一直是我一个人配音。

我还记得,那个时候还有国际新闻、电视新闻,还有什么短的纪录片。然后就是那个60平方米的演播室吊了一个话筒,唯一能看到屏幕在导播间里,就有这么一个画面,我是隔着那个大玻璃看里头的画面,就站在那儿播。那个导播间也就是能坐下两个导演,一个音响师,就很小的一个窄条。我就站在导播间的外头,没有桌子,没有椅子。一摞稿子,又怕那个稿子出声,事先都得弄得特别整齐,一张一张的。搬一个椅子,放椅子上,如果来不及搬椅子,就往地下扔。就是很艰苦,那时候。

吴倩:关键是还要不出错,都是直播,这太不容易了。

沈力:只能对一遍词,就是他们拍回来以后,下午3点多钟了,台长审。在台长审的时候,我记画面,看着那个把画面记下来,就这一遍。完了要改,改完了要晚上播出。基本上就是这个,很紧张的这种状况。播电视新闻的时候,好像是我一个人,因为每天到(下午)3点钟以后,晚饭根本吃不了,3点钟以后配片子,配完片子以后,就等着领导审,审完了,我就看稿子、画稿子。怕出错,就一直准备到晚上。放电影了,我才能吃饭,(时间)相当紧张。

最初期的文艺节目,我参与的都是后来你们看到的,像介绍《梁祝》小提琴协奏曲,或者是介绍主席的诗词。比方说介绍毛主席的诗词,它有很多形式,有电影,有影片,有主持人的串联词,有演节目,有朗诵,调动了所有的艺术手段讲主席的诗词。主持人在(节目)里面串联,你就不能是在外面,要融入这个节目当中,它是贯穿下来的,是承上启下的。那时是播音员,播音员是承上启下的作用,不能游离在节目之外。比方说,有一个是介绍朝鲜的舞蹈,它那个拍子是"嗒嗒嗒",都是那种。你入画,我就入画的时候,我是要根据它的节拍的,不能打乱了它的节拍。这都是当时在探索的,真的是探索。

作为一个演员的话,我过去那时候(做)演员就不懂什么了,但是那时候参军,年轻嘛,文艺兵总做过。就是你怎么体会的融入里面,把自己融到里面。那时候就是作为一个(演出的)串联人,也不是主持人,也不是播音员,是一个串联人。那时候大型的专题文艺节目(演出)还是挺多的,主席诗词、《梁祝》小提琴协奏曲,好多,就类似这样的。我就说在这种节目(演出)里,我应该是一个什么样的角色?应该是什么样的感情投入?你必须得融入这里面,人家那挺欢乐的,你出来板着个脸,那就不对了。

吴倩:在早年的时候,您做过少儿节目或者是军事节目吗?

沈力:少儿节目好像做过,我记得那时候有个导演叫古清(音),他们搞了一个什么节目,还让我扮演一个老太太,我还有一张照片。反正就什么都干,就是什么都去体验吧。少儿也播过,但是吕大渝来了以后,她比较适合,年龄比较小,后来基本上都让她播。

60年代初,实际上是咱们电视发展的一个起步,那时候节目就比较多,国际新闻、国际知识就是念稿子的;文艺节目也就是那种专题的大型的(节目);再一个就是像我说的那个,舞剧的转播。

吴倩:那个时候您有没有偏爱做的节目?

沈力:那时候好像还没有。

吴倩:没想过自己更喜欢什么?

沈力:没想过。那时候电视到底怎么发展根本不知道,就是一个新事业。反正碰到了什么,就去钻研什么,碰到什么就去探索什么,就是属于这么一个阶段。后来慢慢地有些采访。

吴倩:早期就有采访这个模式了?那时候您也没学过编导,那就是以一个播音员身份进行采访?

沈力:刚刚进入新闻这个队伍,过去也没干过,基本上都是按照(编辑的思路),慢慢地就在探索当中,基本上是按照人家说。

吴倩:那时候还没有改的意识?

沈力：没有,不敢。

吴倩：当时所有的节目都有串联吗?

沈力：那个时候,一个是节目比较简单,没那么复杂,基本上就是开始是报节目,今天(都有)什么什么节目。然后有的节目前头要解释一下,比方说纪录片,纪录片什么内容要说一下,基本是这样的。

吴倩：您在报下面这个纪录片和介绍的时候,出图像吗?

沈力：出图像。

吴倩：所以这一块您一般都是要复述,是吧?

沈力：我尽量地把内容记下来,尽量地口述。因为除了新闻不敢随便那么说,一般的节目,我倒是敢说一点儿。但是那个阶段基本上按稿子,不改。1958年开始,所有节目都不敢自己去发挥,一直到(20世纪)60年代初,就是生活节目,我就敢发挥了。那个时候我就想,比方说告诉大家冬天怎么贮存大白菜,那我就记几个要点。

吴倩：像贮存大白菜那些介绍,都是在播音员的时候就做了这些工作?

沈力：对。那个时候没有主持人。

吴倩：我听这个节目,挺像后期的那个《为您服务》模式了。现在回头来想当年,您觉得跟主持人有什么区别呢?

沈力：毕竟这个节目是编辑搞的,是编辑写的内容,我只不过是复述,我把它讲了出来。我们看人艺的好多演员,他念台词,但是他是通过内心的,不是就背台词的,不是那样的。就是说很多东西,你自己消化了以后,你把它讲出来,我就管它叫复述。

现在看来,那是一个初步的探索。实际上是在"说",但是说的基本上还是编辑的话,跟完全的主持人,我觉得不一样。比如说,我后期主持《为您服务》的时候,编辑的话我可以改,整个的我可以改。有的节目的整个结构,我全改。它这个改,就是说按照我的想法。那叫主持,有你的意识在里面了,那叫真正的主持。

四、《夕阳红》的主持经历

吴倩：像您讲的，《为您服务》的那时候，您拥有话语权，相当于现在的制片人，可以推翻了改。到了《夕阳红》的时候，虽然您不是负责人了，但是好像您也改稿。

沈力：《夕阳红》是这样的，因为当时有好多编导，也都是年轻人，他们对我都很尊重，我当然也尊重他们。但是他们的稿子，我也可以改。（主持时）我想怎么说，有的时候跟他们商量一下，这种交流都很默契了。有的时候派一个摄像师叫着我弄节目去了，（编导）什么都不用管，因为我在《为您服务》里当过编辑，我知道节目怎么做，就自己去发挥了。就是这种状况，很多了。有的是节目大概有一个提纲，或者有一个稿件，我看了以后中间怎么串联，我决定。（节目有）很多编辑，我与他们从来没有（发生）矛盾过。有的时候，整个的（节目）我都给推翻了，我重新设计。编辑没有意见，我们就是这样合作的。他们尊重我，我也尊重他们。一个目的就是（希望）节目收视率更好一点儿，让观众更好地接受，我觉得这样的话，好像观众更能够理解这个内容。

比方我们有时候采访人物，编辑一个一个题目列出来了，那为什么在这儿说，应该怎么说这个话，我得尽可能地做一些了解。尽可能地根据自己的感受去提问题，我不用编辑的话。但是这些稿子，我都没有留，都是一种探索。时间长了以后，我觉得对我的提高（作用）很大，后来就敢说话了。

吴倩：从《为您服务》开始，您就是感觉主持人真的可以做到"主持"。到了《夕阳红》这样的栏目，您不再像《为您服务》完全是个制片人的位置，感受有什么不同吗？

沈力：用的方法好像还是这样。因为你接触老同志了，你感受了。所以我就觉得《夕阳红》里这么多老同志，做这个的，画那个的，写那个的，老有所为的，老有所乐的，什么样的人物都有。接触多了以后，就（感到）老同志真的是一本厚厚的书。他们那种思想境界，那种学习的精神，那种乐观的精神,一直就在我心里头。这种感情的融合,我觉得对于一个主持人来讲,真的是很重要,就是你要付出一定的感情。

那天《夕阳红》的现在的一个军事部调过去的(同志)来了谈到这个,现在(节目)招一帮年轻人,我不是说年轻人体会不了,他毕竟还是有隔代的一种(感受)。他的话语,有时候不入老年人的心。我当时到了《夕阳红》,虽然都是一样的栏目,但是领域不一样,怎么对老年人说话,怎么跟他们交流,又得去考虑。所以我一直就是觉得,我在探索。这个不是说要求我什么状态,是一种感情的融合的东西。

吴倩: 那个时候会刻意去看很多关于老年人的内容吗?或(关注)老年人的生活?

沈力: 我那个时候很忙,一会儿上这儿,一会儿上那儿,根本没有时间去看。但是我跟老年人接触,我就能感受,这种感受是很重要的。因为你做这个节目,你接触老年人,你必须得感受,不感受怎么写?比如说,那个例子我是有的,就是说老年人跳舞什么的,那是一种感情,感情是由衷的。比方说菜做完了,做完就完了吧,有什么好说的。我就觉得,我应该让你尝,可惜隔着荧光屏尝不了,希望你自己做成功……那都是我的话,从心里流出来的,这是一种感情的流露。其实我倒不是为了什么,它就是由衷的,就是自己的一种心声。所以像我这样的(标准)要求所有的主持人,不可能。因为什么,他们的任务太多了,一会儿这个,一会儿那个,他就不可能。

吴倩: 那个年代的人都像您这样无私付出吗?

沈力: 我觉得我们这代人你要考虑他所在的大的环境,那个时代给我们的教育,我觉得应该绝大部分人是这样。那个时候我们受的就是这个教育,就是不允许有私心,就是领导说什么你就要服从,个人的一切要服从党的安排,尤其是你作为一个党员得听党的话对吧,党的人不允许有私心,我们受的就是这种教育,那个时代。所以主持《夕阳红》的时候我就说,我说这一代老年人真的是很有信仰的一代人,他们把所有的青春都奉献了,从来不讲价钱,他们吃多少苦,受多少累,谁去讲价钱,谁去说一个不字啊,没有。

吴倩:像您当主持人以后,比如说自己的服装、造型这些,完全都是听领导的吗? 领导怎么说就怎么做?

沈力:那也不是,最开始的时候美工组有一个女同志就是负责我们的服装,但是这个服装基本上我觉得还是根据自己的意愿,比如说像我,我是部队里出来的,不愿意穿那花花绿绿的,所以我最初的衣服有一件蓝色的,一件咖啡色的,一件银灰色的,就是这个颜色,我也不会过分的去打扮或者什么的,整整齐齐、大大方方的就行了呗。没有像现在这样,领导也没那么多要求。

吴倩:领导没有在服装上特意限制您是吧?

沈力:限制不限制的,那时候也没钱,有那么两身衣服就可以了,哪有那么多钱给你们置办这些,基本上就那么几件衣服来回倒腾那么穿。那时候我们也谈不上发型什么的,大大方方的就完了,我基本上还是我的样,没有那么多要求。现在看有时候觉得怎么那么土啊,那个时代可不就是那样嘛。

吴倩:现在的主持人,他们会自己翻翻杂志,至少知道现在流行什么,不要穿得太过时,就是他会跟着这个时代走。

沈力:没有,我也没赶上那个时代,我也没有追求那种时尚的,我这个人不行,比较保守,到现在让我戴个耳环(会不习惯),你看我手上什么都没有,没有,不习惯,不习惯。不习惯戴个项链,我就觉得很整齐,适合自己就行了。

吴倩:那同时期的其他的主持人呢? 他们会不会佩戴首饰这类的?

沈力:一直到"文革"就我们三个人,吕大渝还小,赵忠祥一个男生,就没这些讲究。后来主持人多了一些,好像也从来没有,从来没说戴个耳环什么的。现在就是看节目了,搞综艺的打扮打扮也无可非议,我们这搞专题的没必要,特别是我主持《为您服务》,我觉得我的服饰应该跟老百姓的差不多,我太高出人家的话,会产生距离感。

吴倩:所以您还是想要跟老百姓差不多。

沈力:对。一定要干净、整齐、大方。那时候《夕阳红》他们老说,你怎么不穿件红的呢。我一想节目需要(那就)穿吧,那时候开始穿红的了,穿件红颜色的什么的,跟老人在一块显年轻一点儿。但是在整个的着装上我这个人还是属于比较保守的,而且比较不会去随波逐流的。我就是说,这个服饰包括化妆它要符合自己的身份,要符合栏目,要符合你自己的性格,不要过分。咱们现在有的时候有些主持人,这个礼拜是这个发型,下个礼拜又变了,一会儿头发上去了,一会儿又怎么的了,挺老大岁数还穿个超短裙,实在是觉得不好。我觉得你要是想美,下来怎么美都行,屏幕上还是要得体,一定要得体。什么叫得体?就是符合你的年龄,符合你的栏目,符合你自己的性格,这就是得体。

五、个性与主持的关系

沈力:(风格)跟个性有关系吧,它是一种情感的真心流露。也不是装的,也不是我故意要怎么样,说我一定要一个什么风格,反正是从工作里这么去体会的。但是你真正要用我这个笨方法去要求现在(的主持人),我觉得很难,也不是一条路子。我从来没有想凸显自己的个性去做什么,作为一个主持人,你的学历、你的修养都会通过你的语言表达出来,这个是肯定的。所以我一直觉得,我没有上过大学,我的水平不行,但是我反正尽心尽力了,就只能做到这种了。

我从来在采访别人的时候,都是在侧面的,我不会在一个主动的位置,因为我不是主要的人,要学会尊重人。什么时候都要尊重别人,老百姓、老同志,谁都是的。你比方说,我记得有个节目,(嘉宾)也是语言上讲不清楚,讲不好。然后他做那个贴画,我一边替老师在讲,(一边问)"老师我说得对不对",我时刻地会在问他,"老师我这样讲对吗"。不是你在表现自己,你是在替他转述,你尊重人家,你把人家请来了。我做人就是这样的,这跟人的性格、待人接物,都是绝对有关系的。但是当时我真没想到这些。

六、《文化生活》的经历

沈力：我后来到《文化生活》组，开始的时候，就是跟着老同志转行，那个时候也没有什么可播的。我也想，年龄也大了，就干脆改了吧。后来我就要求到专题部。专题部有个老太太叫陈振迪（音）就接纳了我。接纳我以后，开始就是跟着这些老编辑。因为那个时候，70年代末，就开始可以出图像了，所以他们有的时候采访都带着我。我这中间一边采访，一边学，学学看怎么制作节目。后来《文化生活》，现在想起来，我觉得我没做错一个节目，就是方向是对的，介绍的都是比较正面的那些东西，它也是个人的一种选择吧。后来总结的时候，就是迎接挑战。实际上当时也不懂什么叫挑战，反正就是换了一个工作，我就学。

七、面对栏目的调整变动

吴倩：您的《为您服务》做得很好，后来为什么就并到《九州方圆》了？

沈力：那是台里的决定，（当时）国外都有那个大型节目，杂志性质的。《九州方圆》是什么内容都有，我也记不住了。反正那时候，我也是因循着老路子，有什么节目，该改稿了，我就改稿，反正是跟编辑商量好了，又这么着走了将近一年。后来观众不干了，说找不着《为您服务》，那一个小时的节目里想看的节目都找不着了，后来《为您服务》又恢复了。再恢复的时候，我就快到点了，我就没有再出（图像）了。

吴倩：很遗憾，如果当时您稍微坚持一下，也许《为您服务》不会被并入《九州方圆》。

沈力：当时这是台里头定的，反正咱也没想过那么多。

吴倩：也没有去争取过，没说我觉得这个不妥什么的？

沈力：那个时候没那意识，就让干什么干什么。

吴倩：听说停办《夕阳红》的时候，您曾经跟台领导提出了自己的意见？

沈力：那到后来了，好后来了。

吴倩：按之前您的性格，您肯定是不会提的。为什么离休后反倒会对《夕阳红》的停办说出自己的意见呢？

沈力：我平常是很少比较锋芒地说点什么的。但是那个时候，我就觉得《夕阳红》停下来，无论如何，(对)这么多老同志(来说)，是不对的。我就想替老同志说句话，结果就放了一炮，我就说但愿我们领导都别老。实际上，领导说一句话的话，那个时代，底下肯定就能够弄起来，可是就不知道为什么就给停了。实际上也是为国家想，你把老同志安顿好了以后，国家不就稳定了吗？那个时候也有思想了，也敢说点话了，也不是为我自己，就放了一炮。

我当时是因为做了这么多年《夕阳红》，我对老同志，确实也有一定的感情了，我就想，好多老同志都说，怎么就看不见了，怎么就没有了。那个时候，真的，老同志都特别喜欢这个栏目。我那天跟《夕阳红》的制片人说，现在不是为老年人服务，就是我在做节目，我在完成我的任务，现在都是这样的。真正要为老年人服务的话，就根据他们的需要，他们到底需要什么。想来想去，真的就那几个"老有"：老有所学，老有所为，老有所依，老有所养。如果说围绕着这个，每个礼拜，每天做一个，今天礼拜一是老有所为，礼拜二是老有所学，礼拜三是老有所养的话……这内容太丰富了。现在全国各地都有老年大学，很多老同志进去(学习)就不出来，底下人就报不上名，就是供不应求的，为什么？老同志的需要，他们老了，也有一种需求——想学。你看现在老同志学电脑、老同志学微信的多得很。人老了，也要有一个精神寄托。

八、关于腼腆的笑容

吴倩：我记得当年您那个40周年研讨会的时候，孟启予台长发言，她特别说到您那腼腆的笑容。我也有这种感觉，就是觉得您的笑容特别谦和，特别善良，感觉很少在老年人脸上找到这样的表情。

沈力：我还真不知道这个，它就是一种生活的状态吧。这不是故意的，也不是做出来的，还是一种本能吧。

九、作为颁奖嘉宾的经历

沈力:(颁奖)一对一对出来,我碰上那个是跟《百家讲坛》(易中天)搭档,特逗,我们俩一块出来的。好像是每次颁奖前都寒暄一段,我也不知道寒暄什么,我就说,我不会说笑话,我上去多尴尬呀。后来那个老师说,没关系,有我呢,就这么着就上去了。(在场上)好像他还说我"姜还是老的辣",来这一句。我是特别不适应这种栏目,我特别不会说笑的那种,反正就这么跟着上去了。因为我也退了,无所谓了,没什么负担,我这人也没那么多想法。后来是因为大家(起哄),一下把目标转给我了,那时候还弄得我也挺尴尬的。反正我挺怕这种场合的,特别不适应这种文艺的场合。现在这种调侃啊,我真的挺不适应的。

附录 2：中央电视台张悦访谈摘编

（访谈时间：2015 年 5 月）

一、初识沈力

吴倩：张悦老师，您一开始的时候是怎么知道沈力老师的？

张悦：当时我们到广电总局，那个时候是中央人民广播电台到东北地区去招播音员。我是随着那批新招考的播音员进来的，当时我们有六个人。我们最初跟沈力老师只是在大院里偶尔见过面，但是彼此谁也不知道谁。当时见到沈力老师的时候，那个时候虽然都是蓝灰黑的一片，可是她那时候就特别出众。我第一次见她的时候，记得她好像穿的是一身藏蓝色的衣裳，非常纯朴。可是那么纯朴的穿着，也掩盖不了她的那种由内而外散发出来的一种特别的，要按现在来说叫磁场吧，特别有吸引力，就是让人在众多的人物当中看见她。倒不是因为她穿得多么出众，主要是她的气质让人一下觉得特别好，特别的端庄，特别的吸引人。

因为我是 40 多年前调到广电总局的，那时候也很年轻，沈力老师也很年轻，当时我就觉得这个人真好。但我不知道她是做什么的，也不知道她叫什么。后来（别人）说这个就是沈力，我说这个就是我当初第一眼见到的、特别让我眼前一亮的那位同志。

二、关于沈力与《为您服务》

张悦：我家里那时候也没有电视，我刚到广电总局的时候，宿舍里也没有电视。办公室有一台电视，大家晚上除了看《新闻联播》之外，就是看那个《从大西洋彼岸来的人》，当时都挤在办公室看那个电视。在沈力主持《为您服务》之前，一个是电视台特别少，还有电视上从来没有一档是服务性的栏目。文化专题的、新闻的、体育的、音乐的都不是特别多。那时特别贴近老百姓的《为您服务》节目，就是从沈力老师第一次开始的。第一次看到的时候,我在屏幕上看到了沈力老师,我说这个不就是当年特别让我眼前一亮的特别吸引人的那位女同志吗?

我觉得,她就是很端庄、很纯朴,另外,纯美、大气。说的内容,因为她真诚,她说的也可信。还有,那个时候,就没有人在电视里边给大家娓娓道来地说一些事情,那个时候的播音什么的都是那种高处空地喊,都是大喊大叫的那种,就是高八度的。只有沈力老师是特别沉稳的,娓娓道来,像坐在你旁边跟你聊家常的那么一位大姐,跟你聊一些生活的常识。就让人家在特别喧嚣烦躁的气氛当中,能够把心情静下来,坐下来好好地接受她内容的同时,也得到了一种特别好的审美感受。通过这些,就特别喜欢她。

说实话,沈力老师吸引我的,真不是她的服装,而是她的气质和所说的内容。让我现在回忆说沈力老师当时穿什么了,我回忆不出来。就是沈力老师的形象,一直是那种温婉大气、沉稳真诚,让人就有一种特别的信任感,是这种形象得到我的心。

吴倩:沈力老师80年代主持的时候,社会上的播音调子还没有放下来吗?

张悦:有的放下来了,有的还是没有放下来。

吴倩:像沈力老师这种交流方式还是很少见的。

张悦:还有就是沈力老师是把这个稿子的内容变成自己的内容,变成自己的话说出来。更多的人是在念稿子,是在背稿子,是在说别人的话。但是沈力老师这个节目稿子大部分是她自己写的。即便是别人写的,她也会把这个稿件的内容变成自己的话。她修改稿子从来不说"您听清楚了吗",她一直都说"我说明白了吗"。两个话仔细分辨起来,是有程度的不同的。"您清楚了吗"就是有一点儿不平等的那个感觉,好像是我知道的比你多。但是她改成"我说清楚了吗"是一种平等的朋友之间的或者是亲人之间的一种沟通交流。虽然是很细小的一些表达,但是她特别在意这点。

吴倩:从电视上的直观感受来说,您能够感到这个稿子是经过沈力老师她自己润色的吗？有这种很强烈的感觉吗？

张悦：我能够感受得到。因为我自己就主持《青春年华》，虽然每个编导给我写的稿子都是"我是张悦"，都是以第一人称写的，但是他并不是我。所以我在润色他们稿子的时候，也是把稿中给我提供的、只要不适合我说话的语气、我的身份、我的感觉、我的风格的，都变成我自己的话。我想，这个业务都是相通的，沈力老师把别人的稿子变成自己的，这个过程我没有跟她交流过，但是我感觉应该是这样的。这样的做法更让观众觉得你真实可信，因为你说的是自己的话。虽然这个内容是别人提供的，但是你吃透了，把它变成了自己的讲法，自己的观点，然后你再跟观众交流的时候，就会让人觉得你很亲切，很真诚，不是重复别人的观点，不是说别人的话，不是鹦鹉学舌。

吴倩：沈力老师说自己是不太愿意唠家常的，也不太擅长家务事，因为工作本身就很忙，但是她却把《为您服务》这个生活节目做得很好。

张悦：我觉得沈力老师的高明就高明在，她虽然不太爱这些日常生活的琐碎的小事，但是她不说，谁也不知道她不爱。

吴倩：您觉得她是怎么做到的呢？

张悦：工作要求她呀。我觉得这正是沈力老师的责任感，就是观众需要你这样，那我就这样，我不能拿自己的好恶来代替工作的需要。你像我们原来的一些老播音员，她的丈夫在她直播前通知她发生了车祸。她马上就要直播了，没有人替换她。所以，在当时那么紧急的情况下，她必须抛弃一切个人的东西。因为那个时候的播音员主持人，那时候没有主持人，都是播音员，就是（都有）那种喉舌意识和社会责任感，以及良好的职业道德修养，好像不这样做大家接受不了，你自己从良心上也过不去。我觉得沈力老师她最主要的一点就是不拿自己的好恶来代替工作，观众需要她，她就要去做。

三、关于主持人改稿

吴倩：像 80 年代，自己改稿子这种情况，在主持人也好，或者播音员也好，多吗？

张悦：很少很少。另外，那个时候新闻节目是绝对不能改稿的。像专题节目，可以改稿子。可以改稿有两种情况，有的人是不会改，因为他的专业不在这儿。编导怎么给你写，你就怎么播，那是不会改，就是他想改不会改。还有的，是压根儿就不想改，就觉得这不是我分内的事。我的任务只是用你写的字变成我的语言，然后我播出去就可以了。这两种情况一半一半吧。因为当时很多播音员主持人，也很重视自己的工作，也很喜欢自己的工作，有的人是想改，但是不会改，不知道怎么改。还有一个就是，因为可能担任的任务比较多，像我就是从1985年之后，对播音部的其他节目，除了特别点名的之外，我就不参与了。原来排班是6点简明新闻，7点什么直播新闻，要那样的话，你提前得备稿，你得准备，没有时间去修改稿子。一般专题部像工人节目、农民节目，它是提前两个小时发稿，发到主持人手里。你之前要有《新闻联播》，要有《简明新闻》，要有直播重点新闻，15分钟的新闻，10分钟的新闻，你就没有更多的时间去改你的专题节目了。但是后来，因为这个青年部，我播他们的青年节目。最后让我固定做主持人，也是因为我喜欢青年节目。再一点，青年节目，只要拿到稿子，我会抓紧时间，把它变成我的语言。编导说"三分文章七分读"，但是你读的过程当中，还得加上自己的观点。认真备稿了，你表达出来的内容就会不一样。

吴倩：编导会介意主持人改他们的稿子吗？

张悦：反正至少我工作的那个群体是特别希望我改稿的。因为我给他们改了之后，不是给他们添乱了，而是锦上添花了。那要是我是编导的话，这稿子我希望是这样的一个播音员给我来播的。而且永远署的编导是谁，不能写成编导是张悦。

吴倩：当时不挂名？

张悦：对。最初，我自己也没有这个意识，我也没觉得我改了稿子，就得写上我的名字。编导也没有这个意识，说张悦参与改稿，我们也应该写上，没有。而且我们大家都觉得很正常。还有一点，最关键的一点，不涉及利益分配。不管你工作得多、工作得少,大家每月拿的都是按照集体给你的工资,不会因为你多改稿了,就多给你什么钱,没有那个。

吴倩:那个时候会因为多做节目多给报酬吗?

张悦:也没有,那时候都没有,都是后来才有的。但是那个时候即便没有,可是我们没有说因为不给我们额外的报酬,就不好好工作,没有。反而觉得,干好工作是一个青年人最起码的要求,而且那个时候也没有那么多的奢望。

四、关于沈力与《夕阳红》

吴倩:沈力老师后来主持《夕阳红》的时候,您觉得跟《为您服务》有什么区别吗?

张悦:她主持《夕阳红》,也好像是命中的安排。因为她已经到了《夕阳红》年龄的时候,老天就给她安排了这么一个好的机会,让她主持了《夕阳红》,因为她自己本身就是老人了,所以她说起老人的事,就跟说自己的事一样,那么亲切,那么自然。比如说现在《夕阳红》又恢复了,可是观众认可度差一些,甚至好多观众都不知道还有《夕阳红》,包括主持人,包括它们的节目内容,包括整个的形式。因为观众现在可选择的余地太大了,只要你比别人稍差一点儿,人家就转换台,手指一按的事儿。我是《夕阳红》的老主持人,要不是刻意地嘱咐我要看看今天的《夕阳红》,我打开电视,它都留不住我一分钟。现在弄到法制频道了,法制频道打开电视画面不是打就是闹,要不然就是什么婆媳关系不好了、兄弟反目、父子反目,都是你把我告上法庭,整个屏幕都是吵吵闹闹的。我觉得老人需要的不光是这些吧。因为它是法制频道,把那内容就定在了老年人普法的这个方面。

五、关于沈力老师主持的其他节目

吴倩:您说沈力老师偶尔还会主持一些其他的活动,在主持其他活动的时候,您感觉有没有变化呢?

张悦：有变化。不同的节目对主持人是有不同的要求的。但是我觉得万变不离其宗，你再变，它也是沈力老师的主持风格。比如说她主持了一些知识竞赛，跟那种服务性的节目就不太一样。还有，沈力老师也经常参加一些大型的文艺晚会的演出（主持），也不一样。

吴倩：我很少见沈力老师主持过文艺演出。主持文艺的那种节目的话，她的状态，您能稍微介绍一下吗？

张悦：我跟她一块儿出去当过评委。现场有三五百个观众，和两三个观众，说话感觉是不一样的。但是这种感觉对一个成熟的播音员来说，不用刻意地去寻找。比如现在我只和你一个人对话，我用这样的音量就够了，这样的感觉就可以。但是如果面对操场上成千上万个人，必须得加大音量，调动起来。但是这个呢，不用刻意去找。沈力老师不管主持什么节目，万变不离其宗，一看就是沈力老师，没有说判若两人的感觉。她都是始终如一的，贯穿始终的。

六、关于生活中的沈力

吴倩：后来，您跟沈力老师熟识之后，感觉屏幕上的沈力老师跟生活中的沈力老师有什么区别吗？

张悦：除了不爱做饭之外，其他没有。

吴倩：就给人的感觉都是一样的，是吗？

张悦：对。非常真诚，非常幸福。还有一点，她得了病之后，我还觉得她特别坚强。她年龄大了，再加上她多年的经验，和她的这个与生俱来的那种善良、纯朴，她信奉的格言就是"己所不欲，勿施于人"。这样，就时时处处替别人着想。所以，她就对生命看得非常超脱、非常淡然。知道自己得了这种病的时候，她的态度特别坦然，就是坦然地接受命运安排的这一切。而且她特别感恩，特别知足。

吴倩：生活当中，您后来跟沈力老师的接触，有没有一些细节让您记忆犹新？

张悦：像一些很小的细节，比如说有时候经常和沈力老师一块儿出差,她的那个包从来不让工作人员给她拎着。别的人出去,甚至现在年轻的出去,都得带两三个助理,沈力老师从来没有助理。我觉得这就是一个很好的说明。有的人还说,你要是没有助理,或者没有人打点,就觉得没有那个架子,没有那个氛围,别人会看不起你。其实看得起看不起,不是在这些事上。而是你恰恰不这样,别人反而更敬重。但是现在有些年轻的主持人,好像不太理解这个。在沈力老师身上,从来没有这些事。她经常说,我自己能干的事,不希望别人替代我。只要她答应了的事,她绝不会食言。

吴倩: 从来自方方面面的信息看,我从没有听到过一句说沈力老师不好的话。我觉得这是非常不容易的,很少有人能在这么长的历史时间里一直获得如此高的评价。

张悦: 现在名人那么多,肯定有各方面的不好的消息,或者方方面面的绯闻,沈力老师从来没有。她作为中国电视第一人,当之无愧,真是德高望重。用什么样特别好的词来形容她,说实话,都不过分。我觉得中国电视界、中央电视台有了这么一个标杆,是中央电视台的福气,是全中国人民的福气。因为你想,这样一个人,能够从始至终得到大家由衷的爱戴,太难得了。而且都是发自内心的,不是出于礼节性的。

七、对于主持风格的看法

吴倩: 对于主持风格来讲,可不可以有意地去塑造,或者去做,您觉得是什么原因可能会成就这些风格呢?

张悦: 风格,我觉得是一个人长期以来形成的,包括他的为人处事,包括他的性格特点,包括他的工作环境、家庭环境、从小的教养,和他自己的追求、他的学识,很多很多,综合因素,最后形成了他的为人处事的态度,包括生活当中和工作当中。我觉得像沈力老师,首先她就是出生在书香门第,从小就有非常良好的家教,她自己又在部队待过。她工作的时候,就参加的解放军,然后是在部队这个大家庭中成长的。还有一点,她得天独厚的、与生俱来的,上天给了她很多好的品质、优点,别人可望不可求的一些优势,她把这些都集中起来了。

从我自己来说,从沈力老师来说,我觉得好像没有刻意地,就是一种慢慢形成的,是一种浑然天成的感觉吧。

吴倩:我看到您的文章中提到在转型主持《家有妙招》时,进行了一些风格调整,当时您自己的感受是什么样的?

张悦:最开始让以那样的风格出现在《家有妙招》节目当中的时候,我特别不接受,就不认可,就觉得那不是我。但是后来节目播出了几次之后,没想到观众还喜欢,就稍微活泼一些。所以,我当时这么一想,可能也是跟沈力老师有一种同样的感觉吧,既然是做这个工作的,观众又认可,自己通过努力又能够达到,就这样慢慢地改变。

八、张悦与沈力风格的比较

吴倩:我搜集了这些资料以后,感觉您和沈力老师有好多的共性。这是您刻意地去模仿,还是说本身你们性格当中,有更多的共性?您觉得,您跟沈力老师在主持风格上的区别是什么呢?

张悦:比方说,我原来也不认识沈力老师,但是我身边的人觉得我的主持风格,或者说我的语言状态和形象接近她。因为我原来不认识她,就谈不上去模仿或者是学习。但是后来接触了沈力老师之后,我觉得她确实好多方面都做得很好,我就有意识地要求自己。倒不是说谁学习谁,有时候就是与生俱来的一些。我觉得我们俩在不认识之前,有些像,那真的是与生俱来的。就是自己的性格、环境,或者是自己的要求形成的。后来我接触了沈力老师之后,觉得她确实就像我的那些文章中写的那样,是同行的楷模。遇到什么事的时候,就想想沈力老师遇到事会怎么处理。沈力因为比我大19岁,没到一代,差不多也到,要是在过去,一代人也差不多。在我的心目当中,我永远把她当作自己的长辈,有什么心里话愿意跟她去聊一聊,把她当作自己的亲人,甚至当成自己的母亲,这样去跟她接触,跟她聊。有些事情,她也会直接给我一些比较好的建议。

吴倩:这里面有没有让您印象深刻,特别感动的事?

张悦：你比如说《家有妙招》这个风格，当时我跟沈力老师说过，我觉得那不是我。她说你问问大家是不是这个感觉，或者看看观众的反馈。如果观众反馈觉得能接受，你有一个习惯的过程。我说我这个人是这样，我喜欢看别人在那儿插科打诨，在那儿热热闹闹的，别人做这些的时候，我也很开心、很快乐。但让我自己去做，我觉得那不是我。她说人都是有潜力的，说你挖一挖，试试。她说别人不见得有这么好的一个（机会），像我也是，一直能够在主持人的岗位上退下来，也挺不容易的。到60岁的时候，一直在做这个工作。当然，现在好些年轻人，都没有机会来做，虽然他很喜欢主持人工作，但是没有机会。她说现在这个机会，又不是说你削尖脑袋去抢的，是栏目需要你这样去做的，你这样去做了，你有困难，但是有困难正好是你的一个挑战，你去尝试一下，也未尝不可……一下子让我说，我还真想不起来太多。可以说，只要有问题去请教，就没有不得到比较圆满和比较满意的回答的时候。

九、张悦与《为您服务》的故事

吴倩：您提到过细节，就是说沈力老师不做这个《为您服务》的主播两年之后，您就开始接手这个节目了。

张悦：这个中间，好多观众不知道，以为是沈力老师手把手地教我的，以为是沈力老师退下来之后教的我。其实不是。是怎么回事呢？是有一天，我们那时候就是值班，因为文员可以休息，但是广播不能休息，每个星期天都要有播音员在那儿值班。有一天也是传媒大学的，那时候叫广院，分到我们播音部的一个播音员叫马琳（谐音）。现在已经快60岁了吧。那个时候，她播了一篇文章，是科技节目。她马上要播出了，编导在副厅的时候，听说两个字错了。一般的情况下，不是原则问题是不改的，但是这个问题必须得改。那个时候又不像现在，打车很方便，或者是手机、电话，都没有。结果那个编导就风风火火地拿着那盘带子跑到楼上去了。只要是声音，其实男声女声能分开就行了，至于其他的像不像，那都不管了，不管对不对。正好我值班，然后那个编导就说，张悦，现在马琳这两个字需要改,没办法了,你帮助改一下吧。我说那我声音不像,改没问题。他说现在不管声音了,只管对不对。后来我就说,那我想想去吧,因为我们从办公室到录音间没有多远,就去了。

去了之后,(录)完了我出来,有一搭没一搭地,他跟我聊天。他说听说《为您服务》在招主持人,你不去试试吗?这是我第一次听到。我当时心里咯噔一下,我说哎呀,那个节目真挺好的,我也特别喜欢。但是我觉得我可能考不上。为什么呢,我觉得那么多人在看着这个位置。虽然我喜欢,我适合,但是可能条件好的人比我更多。这是一个。再一点,我觉得我年龄也不对了,39岁了。你想,快40岁的人了,我说谁要这么大岁数的人啊。我说还有,我从广播电台到电视台,太难了,我不愿意费那个事。

他就说,考上更好。我就把我的顾虑跟他说了。我说在这之前,我1985年的时候,是中央人民广播电台外派到日本,有一个NHK半年的中国语讲座,我担任了半年的中国语讲座的教授,只是半年的。但是是那种"你好、你去哪儿",就是教这样的。教日本人说中国话,就非常简单的,而且节目形式也特别单一。就是什么都没有,就一个演播室,旁边一瓶花,然后拿着稿子念就行了。我只是有这个镜头前的一点点的工作经验。

后来,他说你去试试呗,成了更好,不成了,你就开开眼界。我说行。因为那时候我觉得我考不上,我也想试试玩去,所以我就没跟单位打招呼。

我想我考不上,我打什么招呼啊,但是我很愿意开开眼界,我也很愿意看看咱们国内的中央电视台的演播室是一个什么样的情况。因为在这之前,我没有机会、也没有愿望进那个演播室看看。就想,看那干什么,跟我也没关系,我也挺忙的,我去看人家干嘛呀,我把我自己的事弄好就行了。但是,有这么一个机会,我就想又不用我使劲,又不用我找人,在镜头前试试。看看在国内什么样,自己再留个资料,不也挺好的吗。后来我说行,我就去了。结果他们就通知,哪天哪天。

然后,我就去试了。试完了之后,当时我记得,不是千里挑一,百里挑一也没有,大概也就那么不到 20 个人在试,就是走马灯似的。其他的有广院的学生,也有部队的文艺工作者,有推荐来的,也有基层的。那个时候《为您服务》为什么要招主持人呢?就是在沈力老师退下来之后,有一个叫于青的,我不知道你知不知道这个过程?

吴倩:还真不知道。

张悦:于青她是做什么的呢?于青是天津籍的广播学院的毕业生。形象非常好,特别大气,也特别招观众喜欢,人也是特别阳光,特别开朗的那么一个,大大咧咧的那么一个,大概是,我看,她比我小,那时候她 30 出头吧,比我小快 10 岁的样子。她为什么撤了呢?是因为她爱人公派到澳大利亚,叫援外工作。她是陪着爱人出去,随外派的夫人。出国了之后,节目不能停啊。

吴倩:当时于青也主持了一段时间是吧?就是说沈力老师离休之后。

张悦:主持了两年呢。只有知道内情的人,才知道这个过程。因为当时沈力老师,1987 年到 1989 年的时候,这时候就是地方台,还有中央台,类似这种节目就慢慢地多起来了。所以,《为您服务》就不是那么显眼了,再加上沈力老师退出了。大家(对节目)的关注度,就不像沈力老师最初出来的时候那么大。再一点,这个节目运作了一段时间,从 1981 年到 1989 年,9 年的时间了,节目有一个瓶颈期。好多观众对这个节目可能报以更大的希望,希望它内容更丰富,或者是怎么怎么样。可能那个节目的关注度就不像最初,所以于青的关注度就没有那么多。

吴倩:像您刚才说的,就是说那些编导,当时跟沈力老师合作的,到您开始接手主持的时候,这些编导,或者栏目组的其他成员,都有什么变化呢?还是说一直就是那些人?

张悦:有小的变化。但是当时栏目组不到十个人,起码有五六个人是跟沈力老师一直共事过来的。

吴倩:他们会不会拿先前的沈力老师的标准去给您提一些建议?

张悦:有。因为他们对沈力老师的主持风格特别认可。首先是观众认可,所以编导才认可。我最初接手节目非常积极,就是想把这事做好,但是有一些不足,他们也经常跟我说,提一些要求。我现在感觉是用沈力老师的标准来要求我,我也很高兴。

吴倩:比如会提哪些要求?

张悦:比如说话的语气,跟观众要有一种就是拉家常似的(感觉),这个主持人一定要坐在沙发上,(好像)和亲人在聊天,让我找这个感觉。首先最最主要的是要真诚,你提供的内容是要让大家去信的。然后要求我自然,拉家常似的,就像坐在身边的、面对面的,而且设想的观众不是大庭广众之下的,而是身边的单个的。因为我们家庭看电视,也就两三个人的,不会是三五十人聚在一个房间里,那除非是过去没有电视。现在家家都有电视了,家里边甚至一个人、两个人,在那儿安安静静地看。所以你说话的感觉,就不是对着大教室在说话。

吴倩:这个跟您当时在电台主持的感觉一样吗?

张悦:是一样的。所以他们跟我提的这个要求,对我来说不难。那个编导最初不认识我的时候,只是从声音上觉得我适合《为您服务》,也是因为我有这个感觉。当时,因为我觉得我们那个节目是中午在播出,有的人是经常戴着耳机在听,就是面对面的交流,那个距离就是三五尺、一米以内的距离,也就这个感觉。当时就是这种感觉都有,他们再给我提的时候,就更加深了我对这种感觉的认可,所以我不能大喊大叫。

吴倩:那您后来有没有跟沈力老师交流一下节目经验呢?

张悦:具体的还真没有。一直到后来,沈力老师到《夕阳红》的时候,才有了接触。你看我从《为您服务》,是1989年我接手的,到1999年才到的《夕阳红》。我喜欢沈力老师,我也特别认可沈力老师。我觉得我是在默默地跟着她一块儿学习。我会把她过去的带子找过来,仔细地看。然后就是说,当我达不到要求的时候,虽然沈力老师没有直接地指导我,但是我感觉沈力老师就在我的身边。因为当时那些编导们,就是用对沈力老师的要求来要求我的。

附录 3：中央电视台赵忠祥访谈摘编

（访谈时间：2016 年 3 月）

一、电视台初创期的播音工作

赵忠祥：早期电视的一个模式就是报幕，所谓报幕就是报一下今天要播出的这两个小时左右都安排了几大段节目，这是一个简单的报幕流程，但是这是最艰苦的一个流程。为什么呢？一开始定的时候就是要求背诵，不能照念。而背诵的这个节目单尽管很简单，甚至不超过一分钟或者一分钟多一点儿，就五六个节目并不烦琐，如果你念起来就觉得很简单，但是你要是知道我们大约那个时候是 7 点钟开播，晚上的 6 点 20 节目的预备会上才把这个节目单最后定下来，你不可能早准备。也就是你在这个时候化妆，背其他稿件，其他的很多流程，然后在这个时间要把开头的词完全背下来。这些词它难背的原因就是它没有内在的情感逻辑，也没有故事性。它不仅仅枯燥，而且会有一些新的名词，科技的、人名的、国度的，如果要出错应该是很容易的，但是我们不允许出错。几年下来你可想而知，大概就是这么一个过程。

吴倩：新闻节目当时也要背吗？

赵忠祥：新闻节目没有，中央电视台早期的新闻节目就是电视片的画外音。电视片的画外音比出图像念稿的难度要大得多，因为它是直播。现在当然有一个录前缓冲的一个特殊的叙述方法，但是作为当时播音员来讲，那几个图像的段落是直播无疑的，但是现在的画外音你是录好的。因此，80 年代以后一直到现在为止，所有的《新闻联播》的播音员也好，全国的卫视的电视播音员也好，大部分没有达到我们当年的技术要求。

吴倩：当时除了新闻片的配音，所有要求出镜的内容都必须要背下来，是吗？

赵忠祥：只要你抬头看镜头，就不允许你念稿子，中央（电视）台就是这么一个规矩,不管在什么时候。

二、沈力在试播中脱颖而出的原因

赵忠祥:从五一试播到正式播出将近三四个月的时候,轮换了大概二三十个播音员。其实这个所谓试播就跟饭馆的试营业似的,不是你内部玩,不是你内部彩排,已经发射了,少数有电视机的家庭是能看到的。

吴倩:试播的时候都有哪些人呢?

赵忠祥:电台的,也可能有社会上的,这个我不是特别清楚,我设想可能别人说这个人行,那就来试一下吧。另外一拨人是电视剧团的演员。当时那一批演员也都是 20 多岁吧,最大的也就 30 来岁,就是那批。那批演员受过严格的舞台训练和有舞台演出的经验,但是播音和我们的这种读稿子的方式他们是不掌握的,他们也可能朗诵得非常好,但是他们念新闻稿不一定念得好。这就是他们也没有能够稳定下来的最重要的原因。我们当时要的播音员主要是要播新闻,那么在掌握新闻上,演员跟播音员会有很大的一个差距,这个就是隔行如隔山嘛。但是也可能他们出图像会更有交流感,或者更放松,更有他们在舞台上面对观众的这样一种历练,他们有他们的优势。沈力是兼而有之,因为她本来就是演员出身嘛,她是歌剧团的演员,演员就必须得有演员素质的一个训练,演员和观众的直接交流是演员的第一演出要素,所以沈力会有这个电视剧团的这些演员能够具备的这个优势,她身上是有这个素质训练和养成的。因为如果从来没有在舞台上和你面临的第一排的观众面对面交流的时候(经验),你不可能假想镜头里有一个观众,你和他能够亲切交流、眼神交流。这是一个非常重要的锻炼,我们叫态势语言。你去交流,甚至于有的时候用手势去交流,手是人的第二张脸嘛,这个时候有训练的和没有训练的这种差异是外行人一眼都可以看出来的。

这些电台的播音员他念得再好,一抬起头来看到是一个机器,他不可能在短时间内能够达到与观众的交流感。就是中央人民广播电台的播音员,他的语言再好,再符合新闻素质,电视就是要求图像的这部分,他会面部僵硬、眼神呆板,然后就会手足无措,这种状况不是一两个月能够改过来的。包括我为什么上电视,北京所有的学生为什么挑中我？因为原来我就受过斯坦尼的表演训练,我是业余话剧团的演员,上过舞台,我做过朗诵。所以我比我同时代的小伙伴们在这一方面是占优势的,他们绝对不可能达到我的水平。两三年的训练和没有过训练的人那是完全不一样的。

我16岁就开始做朗诵,走上话剧舞台,另外是专业老师训练我们做小品,无实物小品,什么假想交流、想象面前的视像交流,这些都已经是属于专业方面的这种能力了,我们已经开始初步掌握了,和根本连懂都不懂的人相比,那我们的优势就显得非常突出了。

沈力就兼有这两个优势。一个她在电台已经有了一年多的播音的这种训练,虽然她不是一个非常熟练的播音员,但是她已经进入播音领域了,一年多了嘛。然后跟剧团比起来,她在语言上的优势是很突出的。和剧团的这种无实物交流和表情相比,神态的这种控制她能够达到基本一致的水平,优于他们的语言。和电台的播音员比起来,又优于他们的表演和表情。

当然还有各个方面的综合的这种考虑。当时是两层领导,一个是台里孟启予,一个是局长梅益他们,他们当时那种严格要比今天严格得多,因为他们领导都亲自出马,都非常认真,也都非常仔细地考虑自己要的这个干部的素质。当时和今天是不一样的,今天它成为一个制度型的东西,当时就是领导亲自出马,而且他们真是事必躬亲的那种做法,选的这个播音员。今天回顾起来讲,无外乎一个是图像的考虑,图像不仅要庄重,沈力已经达标了。就是说现在你坐在那儿,我们就认可你已经能够跟我们交流很亲切的、很平等的、很温和的,你想怎么样,基本上是掌控自如地那样能够跟镜头去交流,在这一点上你再马上去培养一个有素质的人,期待他一两年做到那是不可能的,这样沈力就独到了。其他的人声音再好、图像再好或者是表演再好,都会有一个弱势,那么沈力可能在这个过程当中比较全面,就选定了她,我想这是她当第一个播音员这样一个情况。

我到了以后,我从她对我的要求、指点以及我看她的这种播音的过程当中,就已经断定一种东西了,就是她出的这个图像是美丽端庄的。当年的话,我跟她见面的时候,(沈力)播出的时候25岁吧,这个时候她就已经达到那个时代人们所认识的(审美要求),我们今天的时代25岁仍然还认为是一个孩子阶段,但是那个时候的25岁就应该是一个很有担当的一个成年人的状态。可以说她是比较美丽、端庄、亲切、温和的。她其实是很平民的,就是不居高临下的,不做一种贵妇状,不矫揉造作,不搔首弄姿。

三、沈力的播音主持风格

吴倩:我们一般讲到播音风格的时候,包括电台和电视台的风格。跟当时的电台风格相比,沈力老师的风格是怎样的?

赵忠祥:她已经摆脱了电台居高临下的口吻。当年因为我在电台工作过一段时间,电台播音员自己就认为自己应该板起面孔,因为他们平常都是不说笑的,不苟言笑的。我很年轻的时候都觉得无法忍受,没办法,你一去了以后跟学校不一样,我们都是很率性的、很天真的,到了这儿以后你就得收起你的本性,就是不苟言笑的,非常严肃的,甚至于就是严肃到有点儿凝固的那么一种感觉。他们(偶尔)也有说有笑,就像冬天很难感到一丝暖风的那样一种感觉。它是那么一个环境,而且他们自己也要求自己是党的喉舌。

沈力不可能说"各位观众",她不说各位观众,我觉得她一开始已经抓准了,和观众是很亲切的,一对一很平民的、很平等的(交流状态),我不是来教你的,尽管我们也知道我们是党的喉舌,但是我并不以一个政工干部的身份来约谈你、指点你。我们也是在这样的一个大形势下,很温和地跟贫下中农和工人阶级进行这种平等的、姐妹的、兄弟的、亲情的这样一种交流,我觉得她一下抓准了这个就是很难得的。因此,一开始就和电台有了一个很大的分野。尽管(电台)有交流,但是他们集体的风格给我的一种感觉就是严肃、庄重为主,而且让人觉得这是神圣不可侵犯的。我们都觉得我们不是代表我们自己,我们是代表一个非常神圣的这样一个机构,在宣布一个非常了不起的大的事件,是一丝不苟的。电台当初也有一个亲切、和缓的风格,那个风格就是费寄平老师去莫斯科工作的时候学来的这种。(当时)苏联已经开始走向一种比较亲切(的风格),所以可以说费寄平老师独树一帜,或者有林如他们的一种叙述型,稍微温和、婉转一点儿的这种感觉。但是总的来讲在新闻领域,实际上新闻就体现了一个无产阶级专政。

沈力在(电台)这个环境里面时间不长,但是她进入了电视以后,是和几个周围的领导、编辑、导演共同(工作)。任何一个人的个性不可能完全体现在屏幕上,必须得到周围人的许可,得到大家的谅解,才可能这样。我们那时候很严格的,我们的任何一个播音员,刚在屏幕上出现的时候,表现自己的时候,一定会受这个小环境的制约。不但过去这样,现在也是这样,将来也是这样。因为你不是画家,愿意在纸上着什么色用不着你管。

因此,沈力的这种发挥有她自己的领悟,有她自己的风格和她自己找到的一个方向,或者说她找对了,但一定是这个集体容纳的和这个集体允许的,以及这个集体肯定的或者给予她很多参考性的意见的。我们那个时代播音的时候方方面面七嘴八舌,都不会是你一个人的事。那个时候我们播前会受值班导演的一种指示,播后会就麻烦了,播后会我们有时候开两三个小时,就为一件事,大家都年轻,都非常严肃,会为今天晚上发生的一件事拍桌子吵起来,大家争得面红耳赤,那不是很温和的,不是和风细雨的,就是互相批评、互相指责,很严肃的。作为播音员来讲,你的表现如果差强人意了,大家也会指着你的鼻子说你一顿。沈力当然比我大,不会像我挨那么多指责,也会有人不客气的,那个时候没有现在这么多的这种条条框框,大家都很平等,我觉得你今天不行,就会告诉你就是不行。或者大家反映今天沈力的图像出得也很好,灯光打得也很好,而且精神面貌都很好,导演都会有总结的。

其实从当时来讲,可能电视台的领导对于播音的这种诉求或者风格的想象跟电台的领导本身就应该有一些不同了,这个跟播音员无关,就是从领导意识上来欣赏的。这个群体,因为那个时候的领导和今天的领导不一样,当时孟启予的那个办公室的门是可以踢破了的,任何一个人都可以推门进去叫"老孟",不叫她台长。我们那个时候也不叫孟启予同志,那是党内尊敬称呼,底下人就是(叫)老孟,她才40多岁嘛。你必须了解那个时代的集体风格,任何一个东西的单独出现都是不可能的。但是集体的这种领导当中也是要靠一个人冲出来的,它是辩证的。这就像丹纳的《艺术哲学》形容莎士比亚的时候,你不要认为今天的莎士比亚是很了不起的,当时是一群莎士比亚。

吴倩: 您感觉沈力老师后期的这种主持风格,跟她早期您说到的那些前期的播音风格有区别吗?

赵忠祥: 没有区别,你们看的是有区别,其实没有区别。因为她特立独行的原因就在于她的温和、普通,我说的这个普通就是她不追求特意,她不追求一种威风凛凛或者是杀气腾腾,她不追求一种搔首弄姿,她就是要自己以非常普通的一种大众的亲民形象出现。她自己就是这样一个出身,她没当过大领导,她也不会盛气凌人,去一呼百应。另外,从她的性格表现来讲,委曲求全那一面比较多。她也会有自己的看法,但是她绝不会拍案而起,很难看到她拍案而起、怒目而视、仰天长啸,她不会的,她都会压抑自己、克制自己,是贤妻良母型的。因此,这种性格应该是她自己的一种性格,也体现在她播音的性格上面,她播音的性格不张扬、不霸气、不指点、不盛气凌人。这一点就是她一直以来的,一以贯之的,后来也没有大的区别,一个人的性格是很难改变的,江山易改本性难移嘛,很难改变。一直到她退休以后,她都会很温和地去跟你说一些事,很难振臂一呼或者是一呼百应。这种温和型正好符合了大众(欣赏)的那种温文尔雅的性格,不像现在的社会出现很多戾气,她不是的。所以她在后期的这种播音上面和她早期的播音风格上面应该没有两样,早期她会更靓丽一点儿,因为那个时候年轻嘛。而那个时候的这种靓丽搁到今天也都埋没了,只不过是那时候有那个时代的靓丽。

吴倩：您如何看沈力老师集采、编、播能力于一身？

赵忠祥：从现在社会来讲，播音主持已经成为一种非常细腻的专业，我们那个时候放映、剪辑、写稿我们都上的，包括放映，放映员当时不像现在的司机似的谁都可以给你一个证，我们当时你要是不会放映，你就播不了音，因为我们的话语是要靠我们自己放片子自己去对，怎么会给你配一个专职放映员给你放片子，左一遍、右一遍让你对词呢？但是你一定要知道你既主持，比如说我拿春节晚会来讲，可能一个主持人变成采、编、播合一吗？大型的稍微中等的综合节目里你就不可能采、编、播。采、编、播这个对《为您服务》来讲可以，当初它是一个小栏目，怎么织毛衣，怎么腌白菜，怎么做饺子嘛。然后周围一些事就是家常里短的，把百姓生活的事当成民生，其实这是一个民生节目，社会主义里很大的一个项目，过去被我们忽略了，更能够贴近百姓的生活，更能够指点百姓的生活，和他们分享一些知识，这种节目采、编、播合一是可以的。就跟我那时候做《人与自然》，我不但是采、编、播合一，那个栏目都是我开创的，我就会说下次咱们请谁来，再下一次咱们请谁来，主要谈什么什么内容，最好你们找这几个片子过来。这样你在主持上面就有更多的发言权，但是在有的节目当中你就没有发言权了。

所以就是一个小的节目或者说我是外采的一个记者，这个时候可以采、编、播合一，尽量合一。沈力当时的那个节目便于她实施所谓的采、编、播合一，这只是一种形式，而不是一种理想或者是即将应该达到的一个领域，中央电视台的春节联欢晚会你永远不可能采编播合一。这只是一种需要，一种工作的某一个项目、某一个环节的需要，一个可能，而和你的技术、修养全无关系。

克朗凯特1985年离开哥伦比亚的新闻节目以后，来中国拍大熊猫的时候，和我们有过一次面对面的座谈。当年在那个时候我是唯一提出不同意见的，我说采、编、播是能力，不是形式，给你采、编、播的时候你能不能担起来。如果没有这个机会的话，你不能说他没有这个能力。

四、关于荧屏外的沈力

吴倩:沈力老师我们感觉她一直都是比较柔和的,您与沈力老师共事那么久,感觉到沈力老师是个怎样的人呢?

赵忠祥:她把自己做成这个集体当中很普通的一个成员,她曾经很鲜明地暗示过我或者管理过我个人,因为我在她的领导之下,她会很讨厌我张扬甚至以一种当时有的明星的这种心理去自居,她是很讨厌的,可以看得出来。尽管她不是很声色俱厉地对你指出什么,但是她非常不喜欢。她对自己也是这么要求的,她这一生从来没把自己当成过明星。

我们当时播音员缩在一个小角落里,除了大家开会的时候我们出来,我们也不怎么发言,平常让你干什么就干什么就是了,把你的事干好了,我们很少有和别人更多打交道(的机会),因为我们是末端,所有的工作都追着我们让我们去完成。我们跟外界基本上是隔离的,是按照我们的播出来上班的,我们不是一个行政组,大家都在一起一块儿办公,不是。然后该开会的时候大家在一起,不开会的时候不在一起,该你发言就发言,不发言就不发言。她跟同事的关系都还可以,不亲不近、不疏不远,做得也很得体,就是那个时候一个集体里面的一分子吧。我们从那个时候起就已经觉悟到,你在外头再是明星,再鲜花掌声,再签名留影,那时候还没达到现在的这种状态。那么你在你的部门里头,你该是什么就是什么,千万别跟别人说"我是明星"。你连想都不要想,潜台词都不要有。

吴倩:很多人觉得沈力老师是非常非常努力的人,您跟她共事,有什么感受呢?

赵忠祥:她也不容易,她是母亲,她25岁的时候,再大一点儿第二个孩子(吴楠)也有了。两个孩子,她又管家,她不一样,跟我们那时候年轻孑然一身完全是不一样的。我们爱交朋友,我们就是各式各样的朋友都有,一天到晚我们就可以自己找自己能够有的乐趣吧,丰富自己的生活。她有两个孩子,操持家务还要上班,这个班又要求一个人非常仔细,不能分神这样的。我们那个时候的努力没有人注意到,没有任何人会注意到,八千台黑白电视被锁在机关里头,谁会认识我们是谁。不像现在这样,你出现一个好和不好都会被扩大无数倍。所以,情况不一样,时代不一样。

沈力生长的那个年代是既光荣又委屈的时代,光荣就是她是第一人,她是开拓者。但是委屈就是我们是一个默默的耕耘者,是在一片土地上努力去做,做出了可能现在很多人都还仍然达不到我们的那种努力的程度。

吴倩: 我们常说过去的老播音员或者老主持人的专业功底还是比较扎实的。

赵忠祥: 那不是一般的扎实,比如说林田老师10万字打一个"螺丝"。今天来讲没有人能达到,10万字的稿件直播甚至有很多稿件没有看过一遍的直播,他要念10万字可能才出现一次轻微的这种错误。这个你想想看,很难想象她是怎么做过来的。所以任何一个时代都是时间和空间的这样一种变换。不变的,只有变化是不变的,所以你一定要记住这样一点。同时,一个人我们所说的忍辱负重刚才也指的是这种个别的文化的渲染,实际上就是达尔文所说的适者生存,最适者最生存,你记住这一点就行了。现在所有从电视台走的,没有适应这个环境,去寻找更适合他的环境去,我都带着一种祝愿,希望他们能找到,但是基本上走的人都没找到。

吴倩: 为什么呢? 您觉得。

赵忠祥: 为什么? 他们没有很好地审时度势,没有很好地掂量自己,总觉得在电视目前这个环境当中可能委屈了自己,限制了自己,出了这个门才海阔凭鱼跃、天高任鸟飞。但是他们不知道,他们现在所得到的这样一种名声和他们能够有的选择是电视台给他们的。我们也是啊,如果离开电视台,你是什么啊? 你可能是什么啊? 你可能会干什么呢? 我们不知道。

五、沈力的播音主持风格启示

吴倩：除了刚才您说的这些沈力老师的个人经历，您觉得其他的启示还有哪些方面呢？

赵忠祥：她基本都是委曲求全，都是凡事让人、委屈自己，而且她在性格上一直就呈现很内向的一种感觉。亲切、柔和在那个时代她独树一帜，可以说她的这种外部的表现和她内部的性格比较吻合，不是反差很大。沈力的这个亲和和她对同志的这种和风细雨有一致性。一直到《为您服务》比较偏向于她性格主流的这样一个倾向。所以，我不认为她特别适合政论，特别适合那种大晚会的司仪的那种张扬，幸亏她也都没有太多主持这类节目。

吴倩：是不是领导也对沈力老师有一个定性或者是认识，才会把这样的服务类栏目交给她？

赵忠祥：应该可能，因为那个时候陈汉元跟大家认识很长时间了，我们彼此之间的性格、脾气情况都是很了解的，在她后期做主持人这个过程当中，汉元兄对她的这种认知意义对她的任用还是起很大作用的。

吴倩：我们觉得沈力老师也许以她这样的资历，可以站得更高或者有更好的位置和更辉煌的一个结果。但是实际上沈力老师一直都是顺其自然，包括退休等，她没有自己去扭转过什么，就是这样的一种感觉。

赵忠祥：你的感觉非常准确，也非常客观，也非常符合事实，就是她的性格。她不适合政论，她不适合大晚会像倪萍那么张扬，她是温文尔雅的一个人。但是任何东西这个棋子摆在哪儿都是要考虑的，如果她是那么一个人的话，领导也不会不给她那样的一个工作。就像导演挑演员似的，这个角色适合谁演就让谁演。我们不分高低贵贱，工作都一视同仁，我们自己是这么看，不分大节目、小节目，只要我们认真把它做好了就是一个好节目，同时你也就是一个好的合格的职业人了。

如果沈力留在中央人民广播电台，她也播不出像林田那样一个有声有色的文章来，她也许就被埋没在众星之中了。她能够在当时来到中央电视台是眼前一亮,其实是国宝级的掌上明珠型的主持人。她已经延续了很多年这样的一种风格和她享受到的一种地位,只不过不像现在的这个动不动的明星的一种炒作,那时候没有人给她炒作。她过去做的很多节目也是很辉煌、很耀眼的,当时电视台就是那么一个形态,她就是第一的。

我们那个时代没人知道的,我真的作为一个旁观者,我们这么多年也没有促膝长谈、仔细谈,只是一种揣测。她的性格正适合她的这个工作,她从来都是克制自己的一种欲望,这种情况也不见得好,因为欲望推动人们去努力争取一些事情。如果我们整体的社会没有了欲望,我们的社会就不前进了,我们正是因为有很多欲望和渴求,也就是马克思所说的,我们的精神产品和物质产品永远不可能满足我们社会公众的一种要求,所以这个社会才能进步。我不认为她内心没有渴望自己更辉煌、更好一些,但是她很容易来克制自己,来容忍目前的这种状况。

吴倩: 您对于我做沈力老师主持风格研究有什么建议吗?

赵忠祥: 你能够在具体的时间、环境、地点写出这样一个典型的情况,给人们一种启示,这种启示就是我们电视从星星之火的时候,是多么不容易,不是今天的辉煌衬托当年的简陋,而是当年的这种星星之火才有了如今的这种星火燎原,这是一点。当然这一点是社会的进步,人类社会的进步和科技的进步。再今后我们受益于这样一个进步的形势,但是我们今后会怎么样?你一定要记得辉煌的人不可能永远辉煌,辉煌的事业也不可能永远辉煌,因此电视在盛极的时候也可能有今后的衰落,因此我们要未雨绸缪,要想到自己今后会去干什么。

因为我再怎么说呢?在改革开放30年的时候,你可以找到我的一篇文章,我有一个发言,就是说改革开放以后有很多变化,这个变化日新月异、目不暇接,它可以瞬息万变,都在变,但是有两点不变:一个就是我们国家目前的制度,我们党的领导,这个是没有变的,另外一个就是我们的电视,我当时引用的就是说,我们是共产党所领导的各级政府、党和政府所领导的人民大众的喉舌,(这段话)说得很全面了,这一点是没有变的。

那么，也就是最近习近平总书记讲的执政为民，所以这一点是没有变的。因此，我们永远不要把自己当成老大，我们要把自己放准，这个职位就是一个为人民服务的岗位，为大众服务的岗位。如果要大众为我们服务，我们借大众之火来荣耀自己，就要和这种想法进行不懈的斗争和克制自己。沈力在这方面做到了完美，我认为她是可以做到一个典型的，但是大家没有揭示出来这样一点。我非常体味她这一生的不容易，一生的甘苦，你也会为她抱屈，她没有享受到更高的这样一种辉煌，但是你也要知道她的历史地位是不容小觑的，她已经创造了辉煌了，这一点其实她应该也聊以自慰了。

我希望你能这么写出来，然后把她所有的资料，在你的论文里面都要有一个你自己第一人称的、和你经过调查研究、和你自己品味以后的一种感悟，就是电视到底是什么，电视里面的工作人员到底在做什么事。他们的成功依托于什么，怎么样就算成功了。然后我们一个人的一生应该怎么样更好地去努力。另外，我们这个工作是一个遗憾的艺术，我们回顾沈力有很多人生的遗憾，我们每个人何尝不是如此呢？就是说你在做人的环节上是不是毫无亏损，你在做事的环节上是不是每一步都一寸光阴一寸金地去努力了。然后你自己的这种工作的成绩，既是你个人努力取得的，也是你个人人品罗织的，也是集体努力来造就的，你应该清楚地认识到这一点。

所以我们每一个人都不是完人，每一个人都会有很多遗憾，每一个人都应该做得更好，但是我们最后只能说我们努力了，我们留下了一些缺憾，但是我们也做了一些我们应该做的事，这是今后每一个人发展的必然的这样一条道路，你在这个时代只能做这点儿事了。

另外论文既有自己的一个明断，自己的一个锐气、一个朝气，至少是一家之言吧。这就是很好的一个东西了。我觉得沈力是不应该被埋没的一个历史人物，现在就近在咫尺。

另外你一定要记住西塞罗的一句名言，就是说一个人不知道他出生以前的事情，不经过阅读历史，把自己的生活和祖先的生活连接在一起，这样的生命有何价值可言。我们一定要尊重前辈,尊重他们给我们开拓的这样一条道路,我们是星火传人,不管哪一个环节,我们都是在传承。我们不要忘记开拓的那些前辈,他们是难能可贵的。

附录 4：应红访谈摘编[①]

（访谈时间：2023 年 10 月 20 日）

一、与沈力共事的时间背景

吴倩： 您是在何时开始与沈力老师共同工作的？

应红：《夕阳红》节目没有那么多，等到后来觉得这个效果特别好了，大家都觉得《夕阳红》像润心田的一个歌声，这个地方就是我们的家的这种感觉，大家感觉这种需求量特别大，干脆就把所有的我们当时教育部的很多的骨干全部调过来到《夕阳红》，就把文科一组二组的人，当时我们都是组长，都调过来管栏目，（《夕阳红》节目）是要开创一个新的天地，就是娱乐的场地，有一些文艺性的节目什么的，这样就到了《夕阳红》，然后我们才跟沈老师接触的，大概是 1994 年年底 1995 年年初，我当时是《娱乐宫》版块的制片人。

二、《夕阳红》栏目印象

吴倩： 您之前对《夕阳红》栏目的印象是什么？

应红： 我看了一些节目，也看了一些事儿特别感动，当时艾部长（老一代广电宣传部部长）都拿着鲜花来给《夕阳红》送花，我们当时跟《夕阳红》是一个办公室，然后他（艾部长）就进来了，当时我不知道艾部长是谁（后来听同事介绍才知道），我就看一个老头拿着一束花，就是一束特别好看的马蹄莲，问我《夕阳红》在哪里，我说就在办公室，他说："我要送束花给他们，我特别喜欢这个栏目，也真是说到我们老人心里去了。"他说这是自己种的花，要献来。我特别感动，一个那么多年的老干部（都）关注（肯定）

[①] 应红，高级编辑，《夕阳红》栏目主编，1995 年担任《夕阳红》栏目娱乐节目版块制片人，与当时已是《夕阳红》栏目主持人的沈力是同事，共同工作。

这个栏目,说明这个栏目做得特别好。

后来我又看到栏目中间收了很多信,因为当时沈老师一个人主持,好多的信都是给沈老师的,沈老师这个人又特别严格,她要求所有的信(她)一定要回,我们就需要分拣出来给她看,后来(实在)弄不过来了,《夕阳红》就有一个专门(负责)回信的。这些场景都让我特别感动。

三、沈力《夕阳红》栏目工作回顾

吴倩:沈老师在《夕阳红》节目中承担的工作有哪些?

应红:实际上,沈老师当时到《夕阳红》不仅仅是主持人了,她是整个栏目的一个核心的头脑部分,所以我们会在很多方面去请教她,(沈老师)1958年就开始(做电视)了,电视节目制作她有很多的经验,她自己兢兢业业积累了非常丰富的主持(经验)。所以沈老师不是做的主持,她是相当于在各方统筹的很重要的一个人,虽然可能没有明确地说她是一个制片或者什么明确的岗位,我觉得她实际上叫艺术顾问,像《夕阳红》的艺术顾问。很多方面都要去找她,甚至有的时候比如节目的创新有一些形式,她的创新不是咋咋呼呼,而是在整个节目流程过程中间告诉你哪个合适哪个不合适,她是用自己体会来创新的。咱们有时候一拍脑袋就想起来是不是这样更好一点儿,她不是,她是在自己创作过程(创新),我觉得这样大家会更接受,是她这么多年经验积累的。如果有分歧意见的时候,她会跟导演讨论,以讨论的方式(交流)。我们也讨论过,(表达)我们希望这样,能不能行,她就会告诉我这样不适合我,那么这样不适合我的话,要做哪些改动……大部分我们都会遵照沈老师的意见,但是在做节目的风格上面,我有时候会坚持,我说您尝试一下,这样可能会更好,她也会很虚心地接受我的意见,比如这个地方快一点儿,节奏快一点儿,她也会接受一些,人非常好。还有一个就是说,跟沈老师在创作交流上,在好多研讨会上,反正沈老师给我的感觉就是特别谦和,她不是拿着她就是从1958年开始的这种(资历经验)直接来教训你,而是跟你探讨每一步。所以每次我跟沈老师交流完了以后,尤其是跟她接触,后来她退休,我经常到她家里去,我就特别有收获,她还给我很多新的东西。她退休在家,自己还拍了好多照片,她把照片在电脑上做出来,说你看好不好看,这个多漂亮,她(是)那种对生活充满爱和感受的那种人。然后我们在做(节目)过程中间,跟她有一些分歧的时候,我也会掰开了揉碎了跟她讲,所以我在跟沈老师接触中学了很多,我觉得我学到的很多是怎么去做好一个节目,然后再怎么把你核心想体现的主题,用润物无声的方式展示在节目中,这就是我刚才一直说她是那种默默无声的创新,特别好,对我特别有启发。

四、工作中的沈力印象

吴倩:沈老师在工作中给您留下了怎样的印象?

应红:我跟沈老师接触以后,就有一个感觉,我说沈老师真是真正的主持人。首先,咱们第一个讲现在的主持人大部分都在学校学了,有一大堆经验,各种栏目都尝试,都有标准在那儿放着。沈老师学过吗?没有,没有人教她,各种栏目怎么体现也没有人教她,完全要凭自己去摸索,她是默默无声地在创新。

她就说作为一个相同的小的专题性的栏目,我怎么做?作为一个讲故事的,我怎么来主持?然后真正做娱乐的怎么主持?谁教她?我们都没有这个能力,所以我们就完全信任沈老师,那么沈老师就这么默默无闻地创造一个个的奇迹。我就特别佩服她,从没有说这个我干不了,有难度,没有。人家(沈老师)拿到这个以后仔细分析,就是说所有栏目的形态,她都自己去琢磨,自己把它弄成一个认为最好的。

第二点我特别佩服沈老师的,就是专业。她所有的稿子我是看过的,我不知道现在播音员有没有这个习惯,读原稿的出气入气还画钩的,它是有气口的,(我)没有留那种(稿子),真正上场之前她绝对有一个播读稿子,而且是有出气口的。我开始看不懂,因为我不是学播音的,后来我就问沈老师打钩是什么意思?就在那个字上面。她说出气了,这得出气,我这儿得扬着说,我这儿得慢,怎么样得慢出慢说。当时我就说,沈老师您搞得太专业了,当时我们没有这个意识,其实有这个意识应该把它(播读稿)留下来。

对待所有稿子,我给她这么多稿子,她都会改词。我们当时有一个到长江去做金婚的纪念日(活动),然后我就写了首小诗,一捧红枣……就讲延安的,结果(沈老师)一个字一个字地改,一丝不苟,改得特别有年代感,因为她经历过,我没有经历过那种延安时期的感觉。

还有一个就是(沈老师)为了节目真的舍得太多了。(她)不喝水,只要有大活动,比如说就像我刚才说的金婚老人游三峡这个活动在现场要开,有些文艺节目主持,直录下来了,其实也可以停,不是说不能,但沈老师对自己(要求)衣服一定要特别挺,一直不坐,怕给压褶,然后尽量少喝水,减少麻烦。这是不是特别专业?所以我特别敬佩。沈老师不光主持得好,吐字发音没有一个字差的,我们当然不是说非得要字正腔圆或怎么样,但是她对自己的吐字发声有(严格)要求,(沈老师)没有那么正儿八经地学过主持,但她知道把所有的节目风格固定下来。而且在她的这个位置上,她已经能做到那种份儿上了,中国都第一了,依旧按一个标准的制作人员的要求来要求自己,是不是特值得敬佩?所以我跟沈老师这么多年,很多时候都是感动,到了她那节目我都不敢糊弄,一定要认认真真的。尤其到了后期,她都跟我说你们不要用我了,我脑子不好使了。我说有提示器没有关系,她说对不起观众了,就那意思,(沈老师自己认为)就不能用最好的精力、最好的状态给观众了。哪个主持人像沈老师这样?

五、生活中的沈力印象

吴倩:生活中您对沈力老师的印象是怎样的?

应红:我觉得她(沈老师)生活上是一个严于律己的人,实际上是特别……怎么讲,特别替别人考虑。因为我跟她一块出去过,比如到东北拍片子,到新疆拍片子,(沈老师)从来没有(让我们)操过什么心。按说就像她这个年龄,要好好照顾她,她不让照顾她,说她不需要。所以在生活方面,我觉得沈老师特别律己,你看到东北那么冷的天,她的所有的服装道具都是她自己安排好了,都是自己带的,都自己穿。沈老师在节目服装上面,对自己要求也挺严的,她就是说最好穿她自己适合这个年龄的,后来我们就说电视屏幕本身就是吃色的,如果穿黑的话就会很压。沈老师这人特别好,(虽然)对自己要求挺严的,(但)你跟她说完以后她就会穿,你看我们《游乐快车》,就到各地去玩,带着老人玩,在东北冰上的时候全穿的是红的,然后戴个小白帽子挺好的,显得很年轻也很好看,她自己后来也就接受了,尽量穿一些红的色彩艳丽的。但是,她不是怪怪的那种,真的我觉得很优雅,姿态什么的我们都觉得很雅。所以你就觉得她(作为)主持人虽然穿得很朴素,但是那种骨子里的优雅,是没办法去说的,是没办法比出来的,气质非常好。我们都说出身,其实主要是锻炼,在总政,在部队,包括自身对自己的要求。我觉得好优雅,特别羡慕沈老师这种独特的气质,也没有特别张扬的那种感觉。但是她对(主持)业务(要求)挺严的,对所有主持人的批评和指点是很严格的。因为我们每次在做栏目中间会有很多的小主持现场,会让沈老师看,她会很严肃地(指出),比如说我们《游乐快车》,包括我们《潇洒走四方》,我们会出去(录制),(会有)就相当于出镜记者,她(沈老师)都会很严肃地告诉她们你不行(的问题),你行(的地方)。她对于主持的要求,因为我想她要求别人,其实她肯定也是自己的一个理念。像平常做一些节目,不光是对主持,有的时候她可能对于节目都有要求,包括灯光、美术方面都会有一些想法。美术方面,比如说这个地方这样不好看,她会有要求,因为(沈老师)经验多。所以我说她不(仅)是一个主持人,她是一个艺术顾问、艺术指导,不管需不需要,她总会看到这些(问题)会告诉你,所以我们也把她当成一个核心人物,像我们的核心头脑,我们就把她当作领导部(层)的人员,包括各个方面,这才是值得我们尊重的人,所以真的是人格魅力。

六、沈力工作细节回顾

吴倩:沈力老师还有哪些工作细节让您印象深刻?

应红:她起得很早,每天都起得很早(锻炼),对自己的吃饭各方面她都是有要求的,(比如)不能多吃,不吃太肥的肉,她的自律性很强,保持身体（健康），保持身材的状况，保持最好的状态。我们（节目）经常很早就拍日出什么的，我们真的是把她年龄忘了的那种感觉，她自己就很充满精力的那种在现场跟你一块儿……等我自己快到这个年龄，我就想当时我们怎么没想那么多？说明她自己对自己要求真的很严，都跟大家的节奏差不多。

军人（经历）造就了她对所有的事情很严于律己，永远不会迟到，永远会早到。作为一个主持人，还有党员，对自己要求非常严格，永远不会说过分的话。我没有听她骂过一句人，就是没有那种很夸张很情绪的表达，绝对没有过分的（语言），所以给人感觉她就真的能配得上雅字。你做一个节目，她会很近地看，有问题她会说你这儿做得不好，她不会说那种话糊弄你，只要给她一件事，她永远不会糊弄你。

吴倩：您如何看待沈力老师的改稿？

应红：主持人大部分都是编导写稿子，编导加了很多自己的东西，他就觉得应该这样。其实当时《夕阳红》的导演也蛮有才干的，可能就偏了，按他自己的来，他不是沈老师的风格。那么沈老师就觉得要改成自己的风格。改过两次你就会知道，因为我们有收视率在那儿盯着，她改过两次，你就觉得沈老师这个好。我们（《夕阳红》）娱乐性节目是要给大家添乐的，要这么（调侃）说，我们就会跟沈老师沟通交流，如果需要陈志峰说的，没问题，陈志峰就说两句，原来本身就是说评书的，说两句调侃两句（可以接受）。沈老师就需要一种稳定的（风格），比较那种……她也会说一些有意思的话，但是就不会像那么（过分）调侃。沈老师说，我们具备一定的社会责任，我们在满足娱乐他们的同时，要有底线，也要有央视底线，您越做越 low，那不就跟着底下跑了。

七、沈力主持风格的时代价值

吴倩：您如何看待沈力老师主持风格的时代价值？

应红：沈老师面对节目做出的所有的尝试、这么多年的总结，（让我认识到）一定不要小看主持，主持不是声音发出就可以了，（主持人）把控现场的同时,还要了解对方的意愿。沈老师教会我们的,是用心面对屏幕。我个人觉得所有的真正好的主持人,一定是用心和用他真正内心的功夫挖掘,我觉得(跟时代技术)没有太多的关联,我们还是要学那种真正从内心出发的、不忘初衷的主持模式,其实有的时候这种是最难学的。

吴倩:您觉得沈老师是如何做到从心而发的?

应红:我觉得首先是她对职业的爱,这个职业的爱,是我自己体会到的,就我干这行(电视)40年了,人家就老说你后悔吗?我说我从来不后悔,原因就是我真的喜欢。沈老师是真的爱这个事业,只有爱了之后才能去用心。所以我觉得跟现在的传播模式变了没有太大的(关系),最关键是你对这职业到底有几分敬仰,几分热爱,没有(热爱),真的不相信(主持人)能做好。沈老师这个人已经"痴"到什么程度了,这个职业当时有那么多机会,什么提职称什么的,但是她全都没有去争过,她觉得做好自己就可以了。她没有这么狂热地去追求(掌声),她是很谦和地把所有的该做好的做好,让人挑不出来毛病,真的,主持上她没有犯过错误。好多人说播音的播新闻一个字没错过,你们看看沈老师有错吗?人家没有这个错,为什么?还是对职业的尊重,太敬业了。(录完)沈老师会要求看一遍,每次都这样,如果她觉得(录得)不行,就要重来,你知道吗?不是我们导演说重来,而是这是必修课,对自己重视,对栏目重视。

好多地方邀请沈老师,沈老师的意思就是《夕阳红》下午有安排我就不去,这就是原则。人家也让她做广告,人家也让她去组织别的,她(表示),第一,有损《夕阳红》的我不去,第二,《夕阳红》有活动时我不去。人家有一个很严格的标准,其实我们也没拦着她对吧?(平常)只要录沈老师节目心里就特别踏实,因为沈老师老在那儿看着你,你在最需要的时候她就会出现,不会说(临时)跟什么(人)签字了,握手去了,合影去了,我找不着了,还得拿大喇叭喊。

今年广电总台重阳节节目主持张悦、陈志峰都是《夕阳红》的人,作为我们《夕阳红》的人就说,只要你要求,只要你需要我(我就来),一个是对节目的这种爱,一个是责任感。他们有一种社会责任,觉得做这个我就有责任。这是沈老师给他们的。她为什么会去复看？复盘就是一种责任，对吧？她面对观众还有责任感。这是《夕阳红》栏目传承下来的一种责任感和一种对人对事的处理模式，就这样我觉得挺好的。我们是不是有时候就说，就像电影好像谁演都会火，谁主持会不会都是这样？如果开头不是沈老师来，这个栏目没有今天的这种（成绩），她是把它当成自己的孩子一点一点扶起来的，所有的主持人来了都要跟他（们）这么说，现在形成了一种习惯，一叫就来、一说就到的那种感觉。

附录5：吴林访谈摘编①

（采访时间：2023年11月17日）

一、儿子心中的沈力老师

吴林：我妈妈在我的心目中，就是一个好母亲，对家里也非常关心。她只不过就是因为那个时候工作忙，没有时间干家务的这些事儿。反而我父亲上班（近），因为那时候住的是我爸爸单位的房子，就像这个院前面是办公区，后面是家属区。而且我父亲有的时候也不是很忙，所以家里的很多家务事都是我父亲（做）。我妈妈就是在我印象当中下班回家以后，第一件事就是擦，各种擦，拿抹布擦窗台擦桌子，因为那个时候北京的风沙比较大。那个时候住的平房，那个窗户密封程度也不好，屋里每天那个窗台上或者桌子上都有一层土，所以她下班回来先擦一遍，然后再看看饭做好没有，完了再帮着一块儿弄，但是实际上那时候我爸也都做完了。我们那个年代吃饭也简单。

教育这一块儿，像我的话，家长没怎么管过我，就是平时督促在学校听老师的话。后来我到上小学四年级的时候就去体校了，去体校以后就是上午上课，下午去体校训练，我就跟爸爸妈妈说了，因为不是他们主动给我送过去的，是我自个儿要求去的。因为我小的时候喜欢体育，后来我妈妈说这倒挺好，上午我们学校有老师管，下午这个体校有教练管，所以他们也放心，（我）不会下了课以后到处乱跑，而且那时候学校也没什么作业，我们那个年代学习压力也不大，所以有个体校去的话，相对来说也放心。但是我印象比较深的就是，我父亲、我母亲都希望我将来能够上大学。因为家里边好像我父亲这支里边没有大学生，我妈妈这支里边有两个大学生，他们就一直希望我们上大学，但是没想到最后我还是没有上大

---

① 吴林，沈力长子，曾为"八一队"冰球运动员，后在中央电视台工作。

学,而是选择去从事我喜欢的这个工作。我在体校训练完了以后,代表北京少年队参加的全国比赛,全国比赛当中表现得也比较不错,后来1975年的时候,就被"八一队"给招走了,就这样既入伍又打(冰)球,非常好。因为当时北京的这项运动不是很普及,主要是在东北,哈尔滨、齐齐哈尔、佳木斯、长春的那种环境。然后地方队也有要我的,我不想去,因为我知道我一旦去了,就会把户口落到那边了,将来再回到父母身边就很难了。所以我一直没去,但是"八一队"不一样,我知道以后不打球我还能回来,转业也好,退伍也好,都能回来,所以我就去了"八一队"。

那时候他们也没想到,就是说在(运动)这方面出乎他们的意料。那时候没有恢复高考,恢复高考之前谁也不知道能恢复高考。所以到后来我上初中的时候,爸爸、妈妈,尤其我妈妈就一直鼓励我好好学习,将来就是下乡,因为在我面前的路就是下乡,没有别的,对我们来说我不可能留城,因为我不是独生子。如果是独生子的话,当时有政策可以留城,在城里边工厂或者什么(单位)找工作,我不符合条件,所以只有一条下乡(的路)。他们也知道下乡以后好好表现,然后将来能够再考上大学。当时他们就这么想我(的路)。那个时候我也知道我学习成绩不错,我也比较喜欢文化知识,所以那时候学习也不错,我就是抱着那种心态,就是下乡以后再考大学。

吴倩:您当时有没有受沈老师影响,想当主持人?

吴林:没有,那时候在这方面一点儿都没有,我们这一代人对自己的未来没有更多去设计,包括家长,也没有说为孩子更多设计,包括现在有一些这个文艺界的二代,走上了这条路或者体育界的二代,现在都有。原来的话只是出于一种爱好,你比如说像我们这院里好多文艺界的,但体育界的好像就我一个。就是我们当时院里面好多人是跟着兴趣,也可能是有这方面的天赋,就是耳濡目染。学的话可能也有这个条件,你比如学小提琴、学手风琴、学钢琴、学作曲的都有,但是当时并不是说想将来就干这个。那个时候人的想法很简单,就是一个兴趣,那个时候我们毕业以后的去向自己没有很多的(自主权)。

在我印象当中,(妈妈)回家就是回家,工作就是工作,分得很开,分得很清楚。那个时候我们见面也不多。我记得我上小学三年级的时候,就开始晚上我都睡着了她才回来,早晨我一睁眼睛她已经走了。就是一个礼拜到礼拜天能见一面,(妈妈)买点儿菜做点儿饭,就跟我爸一块儿做饭,给我们改善改善生活。说实话,就是她只要有时间,一定会做家务,所以我觉得就是在家里边真实的那种生活的气息,没有什么教育板个脸儿,谈理想(之类的),就很生活。包括我妈妈教我做饭,那个时候住在甘家口那边,我才上小学,小学四年级 11 岁左右。最后她上班,(当时)我爸爸在军事学院学习班,家里就是我和我弟弟两个人,住的是那种筒子楼,大家做饭都在走廊里做,那时候她就教我焖米饭熬粥,这是主食。炒菜的话,我记得我妈妈教给我第一道菜就是西红柿炒鸡蛋,那时候鸡蛋也便宜。我记得给我一块钱,我上那个市场上买一斤鸡蛋,然后还能买两根冰棍,我和我弟弟(吃)。我记得一斤鸡蛋 7 毛多钱,在印象当中很便宜。买鸡蛋、买西红柿,炒西红柿炒鸡蛋、黄瓜片炒鸡蛋,比较好做。等到后来我家搬到那个新街口,住的平房,那时候房(间)就大了一点儿,还有厨房,那个时候我妈妈上班依然很忙,但是我爸爸就更近了,反正就是中午做饭有时候在食堂买一点儿,基本上就是在家里边我和我弟弟也做,我们俩也分工,他焖米饭,我炒菜。

吴倩:您觉得沈老师跟电视上最不一样的是?

吴林:那个时候我已经参加工作了,(认为)播音主持就是一个工作,就是普通工作人员,到了后来,有了《为您服务》了,播出的频率比较高,而且时间比较长,我印象当中 20 分钟的节目,讲的都是老百姓日常生活的事,所以可能比较受关注。但那个时候因为在部队,不是说你想看电视就看电视,部队集体有一个电视,(到点)开,到点关,那段时间放什么你就看什么,这都有规矩。我不知道什么时候播她的节目,那个时候也没有电视预告,有的话我也看不到,因为那时候没有电视报,更没有网络,打电话(也)是很困难的,而且长途电话费用很高的,老百姓那点儿工资是打不起的。另外的话,那时候也没把这个太当回事儿,也就是有的时候放电视的时候我看到了,多看一会儿。

我印象当中就是有一年,那时候我已经离开球队了,到了吉林,在部队的一个院校里当教官,那儿也是我们那个宣传部有一个电视大家都围在那儿看,那天好像是我妈妈的节目,大家也愿意看。当时看完以后我就掉眼泪,可能就是那种想家吧……说句实话,在我们那个年代,在我们的心中,它(播音主持)就是一个工作,需要有这么一个人干,摊上了这个人是我妈妈,所以没有就是说像现在特别去关注,反正是看的频率高一点儿。

吴倩:从没有觉得自己是一个名主持人的后代?

吴林:没有,从来没有。一个是我妈妈也没有把自己当作一个明星,从她那儿就没有,另外的话,我们也没有把她当成(明星),就是说机会好,这个工作得有人干,那么正好你有这个机会,你就赶上了,而且干得不错,所以,就像一个普通的工作一样。我记得小的时候我妈妈骑自行车,每天送我上幼儿园,后来又送我弟弟,比较远,路也不好,比较荒凉。后来(90年代)我爸爸发现得了肺癌了,那个时候她(离休)倒是有时间,台里边偶尔会让她去参加一个工作,基本上就不上班了,她就全身心地陪我爸爸,那时候家里的活儿,做饭什么的基本上都是我妈妈做。

吴倩:在您眼中您觉得沈老师是个什么样的人?

吴林:咱们抛开这个工作,在家里头她是一个好妈妈、好母亲,贤妻良母。

二、关于家规

吴倩:沈老师提起过她年少时家里吃饭的一些规矩,您是否了解?

吴林:我经历过,我刚出生的时候,一直是我外公他们把我带大的。我妈妈她们一共是姊妹6个,但是不一定全在,每次吃饭的时候,我印象深的就是,我外公喜欢吃鱼,他喜欢吃那个清蒸的,(鱼)搁在那儿谁也不动。那时候我是家里边的第一个隔辈,(外公)夹那个鱼给我吃,后来有我妹妹了,也给我妹妹夹,但是大家都不吃,因为那一个平鱼没多大,肯定就是都紧着我外公吃。最后蒸完了鱼那个盘里剩的那个汤,他要兑开水喝,谁也不动,那个汤很鲜,完了给我盛两勺。(虽然)那个时候我小,我吃饭的话不会到处去夹,就是给我夹什么我吃什么。但是我知道我喜欢吃的好吃的(大人)都会给我夹,比较宠着我,因为那时候家里一大家子,(就)我那么一个小孩。这个夹菜的时候就是离着(自己)近的夹点儿,好吃的尽量就是让别人,我这几个姨都是这么做的。所以到现在也是习惯,我在家里吃饭,儿子来了,我弟弟来了,我弟弟的孩子来了,有好的都紧着他们先吃。有的时候可能是言传身教,也并不一定是用语言说出来,告诉你怎么做,你看了大人怎么做就知道该怎么做了。

三、回忆《夕阳红》的邀约

吴林:等到《夕阳红》给她发邀请的时候,那时候就只是说做一个老年节目,还没有名字,刚组建,然后邀请她,那时候我父亲经过多次化疗,身体也比较弱,然后我妈妈回家就跟我父亲说了,她那意思是她不想干。后来我爸爸就是跟她说,人家邀请你去参加这节目,还是对你的一种肯定,你不要拒绝人家,你还是要去。另外的话,你看前几年这个观众对你也非常肯定,随着时间的话,他们(观众)也到了这个年龄了,他们也希望你能够出来主持这个节目,你也不能辜负这一代(观众)的关注。当时我爸爸就一直鼓励她,他(跟妈妈)说,我这个病,你在这儿照顾我,我该走也得走,你时间少照顾我,我该走也得走。后来我妈妈就答应了,接受了这个邀请。

四、关于沈力老师的性格

吴倩:您觉得沈老师是个什么性格的人?在您看来,跟镜头前表现的性格一样吗?

吴林:差不多,有求必应,谁有什么难处,她都会(帮忙),而且我妈妈对于家庭,不光是我们这个家庭,对我们外公外婆,包括她的这些弟弟妹妹(都很帮忙),因为当时那个时候家里边就是我大姨和我妈妈两个人参加工作了,其他人都没有工作。那时候(外公)家里边的经济收入就是靠一些房租,还有外公写字,当然那时候生活的成本也低,家里边6个孩子,外公外婆还有一个奶奶,还有一个我叫太婆,是我妈妈的外婆。印象当中我外公对我这个太婆,也就是我外公的岳母特别孝顺,给她买那个桃酥,还有那个绿豆糕。这个老太太从不上桌吃饭,身体原因,有时候喝点儿稀的,基本上吃点儿点心,所以我妈工作总给她买。那个时候就是我大姨和我妈妈有工资,但是那时候工资不高,后来我三姨考上大学了,上大学也需要费用,所以我妈妈把这个费用就包下来了,供我三姨上大学。然后到我舅舅,我舅舅是老四,也考上大学了,我大姨就供我舅舅上大学。

五、关于沈力老师的成长历史

吴林:我妈妈是在济南出生的,好像是在青岛长大,完了又回到济南,以后我们从济南又到了北京。1949年的时候,北京开始征兵,她就和我大姨一块儿去报名,她们俩一块儿录的。当时报完了以后,家里不知道,没跟家里商量,回来以后一说家里才知道。你看,我外公外婆他们对我妈妈、对我大姨自个儿的决定都很尊重,(他们觉得)你们既然报了就去锻炼。特别是我妈妈,就是从我外公外婆那儿,已经都有这种意识。她属于那种不强势,也不跟人家争,但是她有自己的想法,她只是提出来,就像管我们似的,跟我们说到,但是我们要不听话的话,她也不强势地去硬(要求),因为有些事情也不是什么原则上的事。我妈妈特别注重生活的一些细节,我记得从小我妈就跟我说,做每件事的时候都要考虑好,先做哪个后做哪个,能够最有效率,那时候她跟我说叫统筹方法。当时我不知道什么叫统筹方法,我上初中高中了,才知道统筹是一门学问。后来我就在这方面做(事)已经潜移默化地(受到影响),根深蒂固了。

附录6：沈力播音主持工作年谱

沈力，原名沈立环，1933年4月出生于山东，祖籍江苏，中共党员，1949年5月自愿参军入伍。她是新中国第一位电视播音员、第一位固定的电视专栏节目主持人，被誉为"中国荧屏第一人"。

1957年：从部队转业后，沈力考入中央人民广播电台播音组，在中央台播音员齐越的指导下学习播音，此阶段沈力还处在练习期，没有正式开始播报节目。

1958年：沈力多次参加北京电视台（中央电视台前身）播音员的试播，最终被选定参加电视台的第一次正式播出，成为我国第一位电视播音员。在正式开播的两年多时间里，沈力是电视台里唯一的播音员，从事预报节目、国内外新闻片解说、纪录片解说、节目之间的串联、人物访问、文艺节目和政治性任务的实况解说，以及播报《简明新闻》等多项工作。《简明新闻》后来被视为《新闻联播》的前身。

1959年：沈力在"五好活动"中被共青团广播事业局委员会评为"五好团员"；10月1日，参加天安门实况转播。

1960年：沈力和赵忠祥承担了国庆实况电视转播的任务。同年，沈力被评为北京市文教战线社会主义建设先进工作者。

1961年：沈力在《广播业务》上发表文章《电视广播中的播音工作》。

1966—1974年：不再出图像，沈力主要完成部分电视配音工作。由于出身问题，播音工作甚至一度中断。最终，沈力自感声音无法符合当时的要求，主动提出转做幕后工作。

1976—1982年：沈力担任《文化生活》栏目的编导，共完成85个节目的录制。其中，涉及民族传统音乐的包括：《千年唐乐，重振丝弦（敦煌曲谱破译）》《介绍三十年代音乐》《介绍五四时期的著名音乐家及其作品》《介绍苏轼〈水调歌头〉》《琵琶曲〈阳春〉》《民族器乐曲〈春江花月夜〉》《民族音乐家阿炳和〈二泉映月〉》；涉及现代歌曲和音乐的有：《蒙山沂水颂英雄》、《高歌一曲赞红梅》、《洪湖儿女赞》、《抒革命情，谱英雄歌》(傅庚辰)、《壮丽诗篇万代传》(歌颂周恩来总理)、《满目青山夕照明》(歌颂叶剑英元帅)、舞剧《沂蒙颂》音乐创作；涉及外来音乐和文化名人的有：《飞翔的荷兰人》(访伊文思、罗丽丹)、《团结战斗的歌——列宁喜爱的歌》、《来自汽油桶的美妙音乐——钢鼓》、《奇妙的乐声》(电吉他、电子琴)；普及乐队知识的包括《管弦乐队一家》(系列)等。1978年，在墨西哥舞蹈家访华演出期间，沈力对其进行了采访。1979年，沈力访问日本NHK电视台，与日本同行座谈。

1982年下半年：由值班导演兼做的定期节目《为您服务》划归专题部，并成立《为您服务》组，沈力任组长兼主持人。在《为您服务》开办之初，沈力在副主任吴影的带领下，与余培侠、王青到厦门台访问，学习借鉴台湾地区节目制作经验。

1983年：沈力任编导的节目《相声大师去哪儿了》获全国电视专栏节目一等奖，《心灵的歌声》获二等奖。1月1日，《为您服务》以崭新的形象和观众见面，沈力成为第一个固定栏目的主持人。《为您服务》开播后，仅1月到5月便收到全国1.3万封来信。开播当年的六月份，中央电视台共收到观众信件7248封，而其中有3300多封是寄给沈力。同年，在全国优秀电视专栏节目评奖活动中，沈力被评为优秀节目主持人，并被推选为中华全国新闻工作协会特约理事和主席团成员。

1984年：沈力与陆锡初探讨主持人个性问题；获全国优秀新闻工作者称号；担任编导和主持的《为您服务》特别节目获全国电视专栏节目一等奖。

1985年：沈力在北京广播学院(中国传媒大学前身)播音系讲课。

1986年：《为您服务》并入《九州方圆》，沈力与陈铎主持《九州方圆》节目，沈力集采、编、播于一身，充分发挥了她在播音和编采两方面的专长。沈力在《九州方圆》对台专栏里的主持极富感染力，让许多回大陆探亲的台湾同胞热泪纵横。同年4月，沈力被北京广播学院聘请担任敬一丹硕士毕业论文评阅人和专业论文答辩委员会委员。

1987年:沈力在《当代电视》发表题为《我怎样当节目主持人》的业务文章;沈力为《共产党员》杂志社第二届"向导奖"党的知识竞赛做主持人;沈力作为中国文化代表团团长参加戛纳电影节,丛珊、谢晋同行。

1988年:沈力离休。此后,沈力曾经多次在北京广播学院讲学。

1990年:沈力主持中央电视台社教部举办的《首届老年人知识竞赛——金色人生》。同年,沈力担任北京广播学院播音系研究生课程"节目主持艺术"的导师。

1991年:沈力获"金话筒"开拓奖的特别金奖。

1993年:沈力接受中央电视台返聘主持《夕阳红》。

1994年:沈力参加了《夕阳红》开播一周年的纪念活动,此时正是她手术后的第13天。按医院规定,她本应休养至少50天。同年,沈力获播音学会颁发的全国播音、主持人杰出贡献奖(十佳)。

1995年:沈力获第二届"金话筒"奖的特殊荣誉奖;5月1日,沈力前往沈阳采访当时的典型人物杨淑清和她收留的老人,地点选定在杨淑清的"夕阳之家"。

1998年:4月,沈力在上海参加"中国广播电视学会主持人节目研究会"换届会;沈力在无锡与陈志峰共同主持《夕阳红》第一届老年人合唱大赛。

1999年:沈力获得由中共中央组织部颁发的全国离休干部先进个人;中央电视台和中国广播电视台主持人节目委员会召开沈力主持艺术研讨会。

2001年:沈力出席"荣事达"杯电视主持人大赛颁奖晚会。

2003年:沈力和张颂担任"夏新杯"第四届中央电视台电视节目主持人大赛监审;同年,沈力获得《夕阳红》开播十周年(1993—2003)特别荣誉奖。

2004年:沈力参加天津电视台《中国人》栏目录制。

2006年:9月,沈力与赵忠祥、宋世雄共同获得中国电视艺术家协会(中视协)主持人专业委员会于2005年启动的"中国电视节目主持人25年25人"杰出贡献大奖。

2007年:沈力担任中央电视台第三届主持人大赛评委。

2008年:12月20日,沈力代表离退休职工在纪念中国电视事业诞生暨中央电视台建台50周年大会上发言,题目为《青春与奉献 光荣与梦想》。

2010年:6月7日,沈力等多名主持人在第16届上海电视节开幕式上被授予"年度风云人物"的荣誉称号,该奖项表彰了他们在电视主持事业上的广泛影响和突出贡献。10月18日,沈力做客《说出你的故事》,分享早年的播音经历。11月,中国首届乐龄春节联欢晚会在京启动,沈力作为此次春晚的评委团成员出席。

2012年:3月8日,天津卫视播出沈力做客的《今夜有戏》;9月,沈力出席第九届金鹰电视艺术节主持人盛典并担任颁奖嘉宾。

2013年:5月,第四届(2013)中国春节电视文艺晚会节目评选终评会暨春晚三十年研讨会在湖南省岳阳市举行,沈力出席并担任评委。12月6日,沈力担任以"中国梦,我的梦"为主题的第十五届齐越朗诵艺术节暨全国大学生朗诵大会总决赛的评委。

2015年:2月13日,沈力获中国电视艺术终身成就奖。3月29日,由中国保健协会、中国老年保健协会和中国养老健康科技创新联盟共同支持,由中国老年保健协会促进全民健康四大基石宣教委员会和中国保健协会科普教育分会联合发起以"倡导全民健康生活方式,树立有备而老养老观念"为主题的活动,82岁高龄的沈力担任本次活动主持。10月21日,央视科教频道播出《夕阳红》重阳节特别节目《养老进行时》,沈力作为嘉宾出席。

2016年:1月22日,央视科教频道播出沈力专访《人物》之"为时代而歌"。

附录7:沈力资料汇编

一、沈力获得的各类奖项相关资料(1959—2005年)

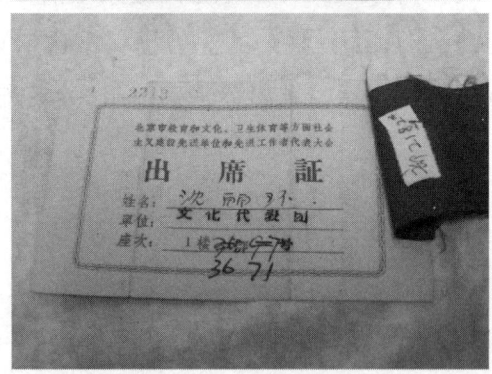

1960年,沈力参加北京市教育和文化、卫生体育等方面社会主义建设先进单位和先进工作者代表大会出席证

沈力（原名沈丽环，后写为沈立环）在1959年"五好活动"中被共青团广播事业局委员会评为"五好团员"，此时沈力已经开始在当时中央电视台前身北京电视台从事播音工作

1984年，沈力获得"全国优秀新闻工作者"称号，图为沈力参加全国优秀新闻工作者表彰大会

全国播音员、主持人杰出贡献奖奖杯(1995年11月11日)

沈力获全国播音员、主持人杰出贡献奖(十佳)(1995年)

由中国广播电视学会颁发的第二届"金话筒"特殊荣誉奖奖杯(1995年)

1999年,沈力获得由中共中央组织部颁发的全国离休干部先进个人

沈力获得《夕阳红》开播十周年(1993—2003年)特别荣誉奖奖杯

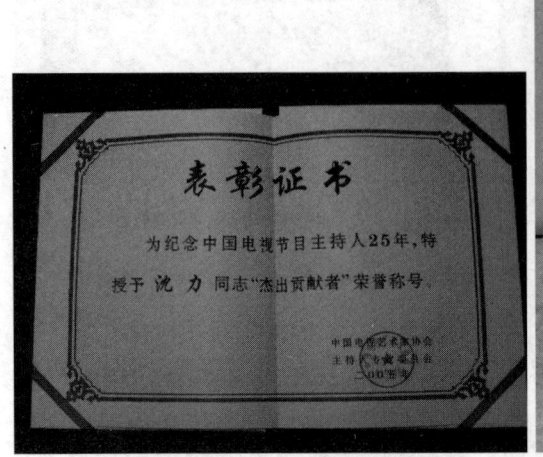

2005年，由中国电视艺术家协会主持人专业委员会颁发的"杰出贡献者"证书和奖杯

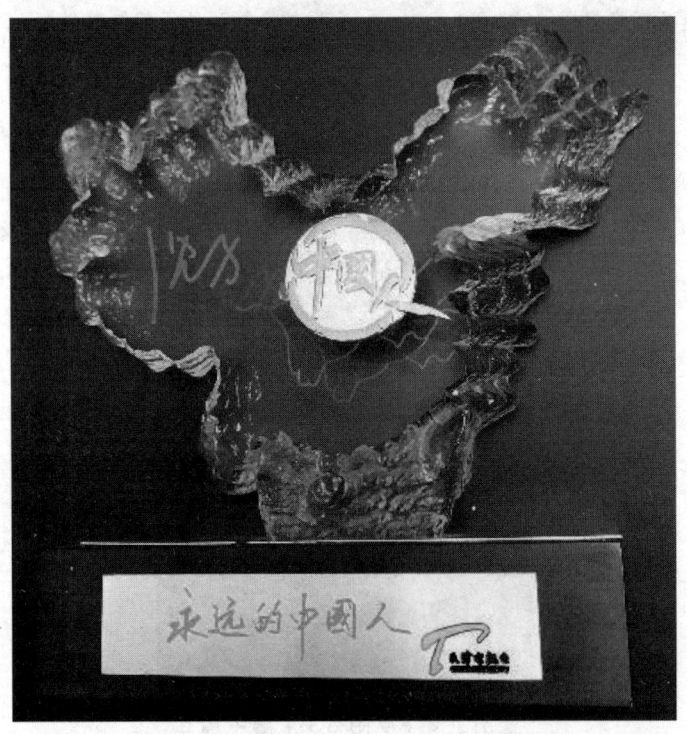

2004年，沈力参加天津电视台《中国人》栏目录制获得的奖杯

二、沈力担任电视台播音员、编导及主持人时的相关照片资料（1958—1999年）

1958年9月2日，北京电视台（中央电视台前身）第一次播出时的集体合影

1958年建台初期拍摄，沈力的形象亲切、端庄、大方

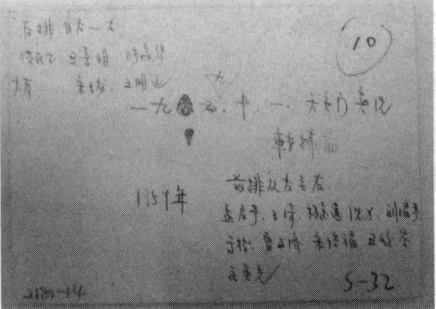

1959年10月1日天安门实况转播前拍摄(从照片的背面名单看,参加者应是当时电视台内的主要领导和工作人员)

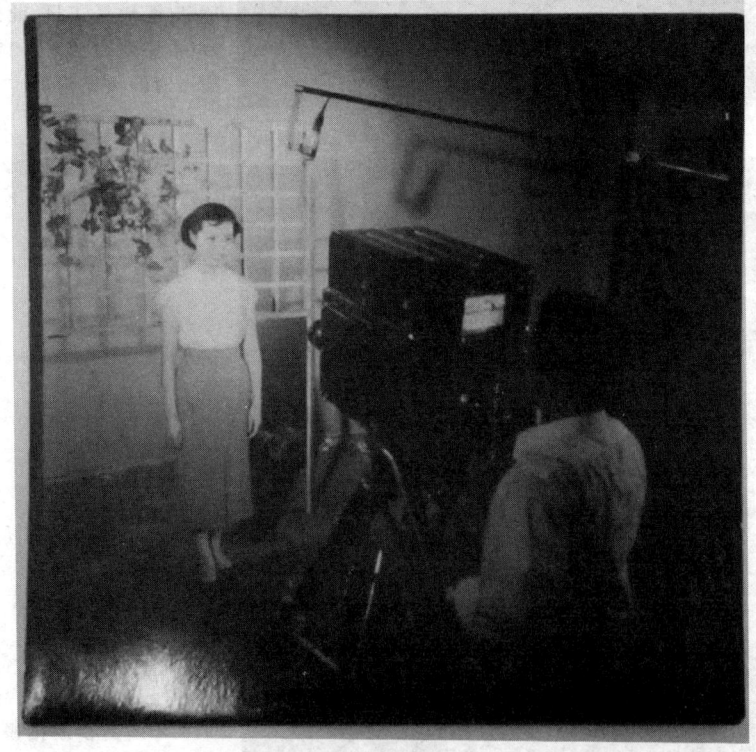

1959年,沈力在演播厅采用吊杆话筒,站姿录制节目

1959 年,沈力进行采访环节录制时的现场留影

20 世纪 60 年代初,沈力播新闻时的工作照(从景别上能看出,背景均为实景布置,包含日历、地球仪以及条状背景布,播音员的妆容、发型和服饰看起来较为简单质朴)

20世纪60年代初,播音室内的留影(照片中,话筒在右下角,背景布上有两株向日葵,从拍摄视角来看,应该是摆拍而非工作状态)

1960年,在新建的电视台(广播局内)的演播厅播出前拍摄的照片

20世纪60年代,播音室内留影

20世纪70年代末,沈力在转岗做编导期间在延安采访演员王心刚

20世纪70年代末,沈力在担任专题部编导期间采访荷兰著名导演伊文思

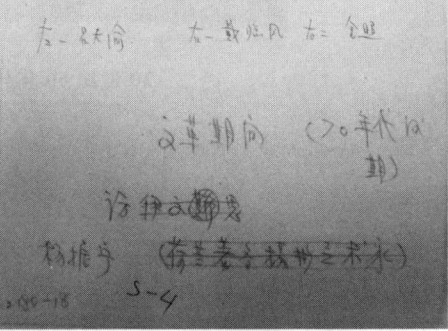

"文革"期间采访杨振宁(此时的沈力已离开原来的播音岗位)

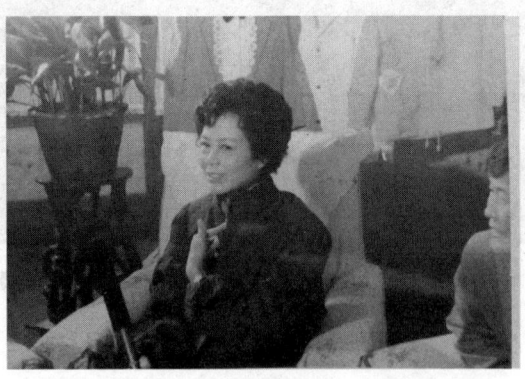

1984年,《为您服务》栏目在大连儿童服装厂采访

1984年,主持《为您服务》特别节目

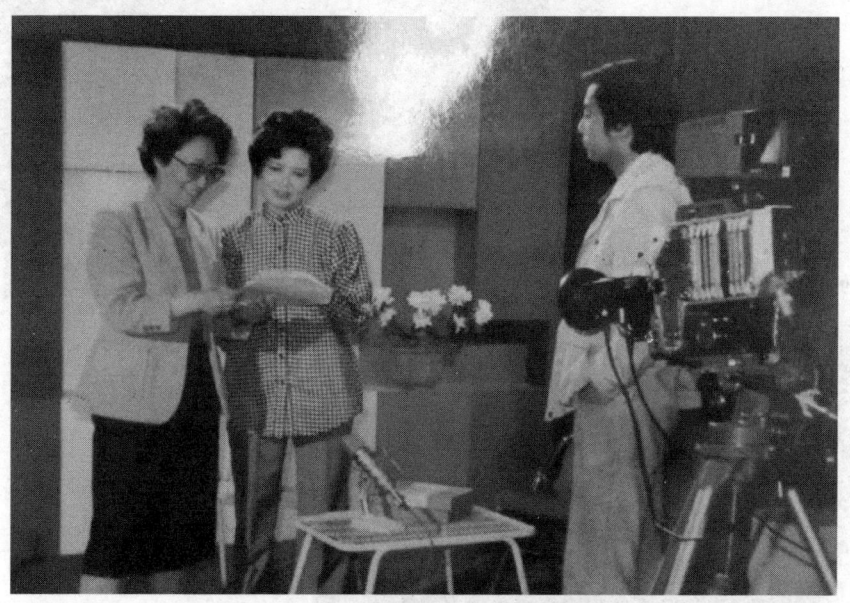

20世纪80年代,沈力与《为您服务》栏目编辑、记者合影

1987年,沈力作为文化代表团团长参加戛纳电影节,丛珊、谢晋同行

1993年,录制《夕阳红》栏目

1998年,沈力在无锡与陈志峰共同主持《夕阳红》第一届老年人合唱大赛

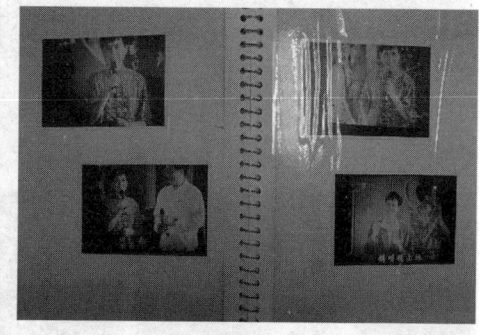

热心观众送给沈力的相册(这些照片都是观众在《夕阳红》栏目播出时拍摄的电视播出画面,照片也从侧面记录了当年沈力主持《夕阳红》栏目的状态)

1999年,中央电视台和中国广播电视台主持人节目委员会召开的沈力主持艺术研讨会

三、沈力的社会兼职等活动资料(1985—2003年)

1985年,沈力在北京广播学院(中国传媒大学前身)播音系讲课

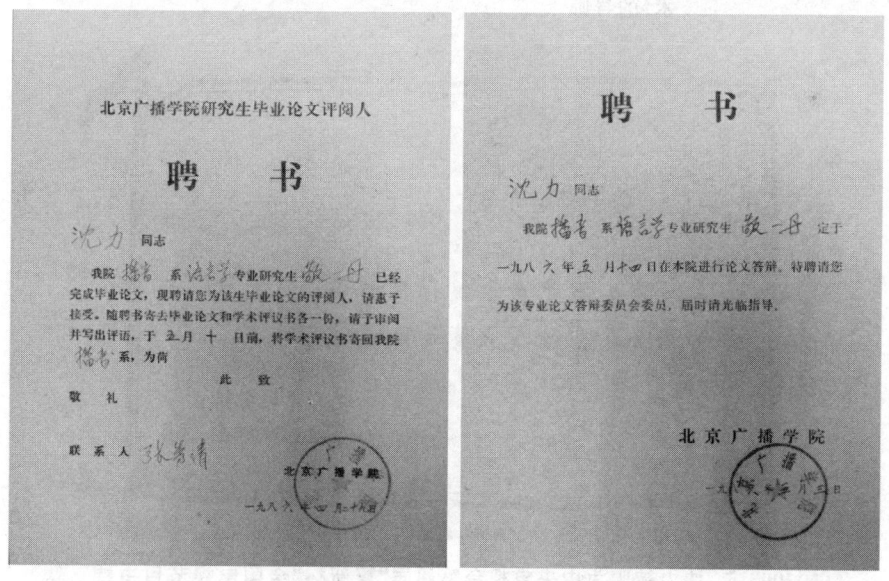

1986年,沈力担任敬一丹硕士毕业论文的评阅人和专业论文答辩委员会委员,图为当时北京广播学院颁发的聘书

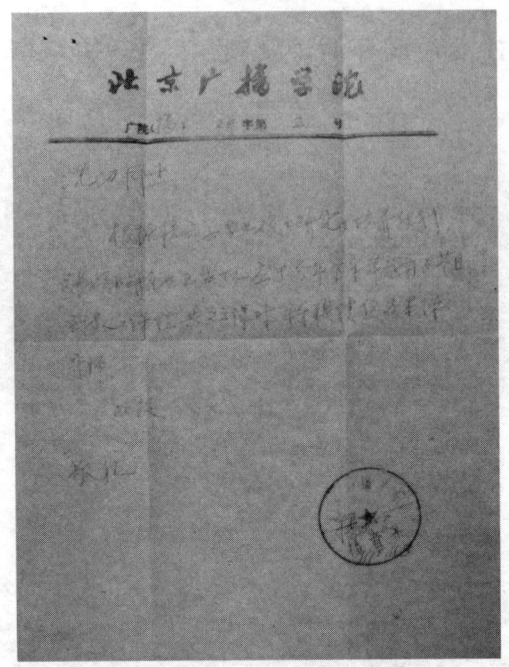

1990年,沈力担任北京广播学院(中国传媒大学前身)播音系研究生课程《节目主持艺术》的导师

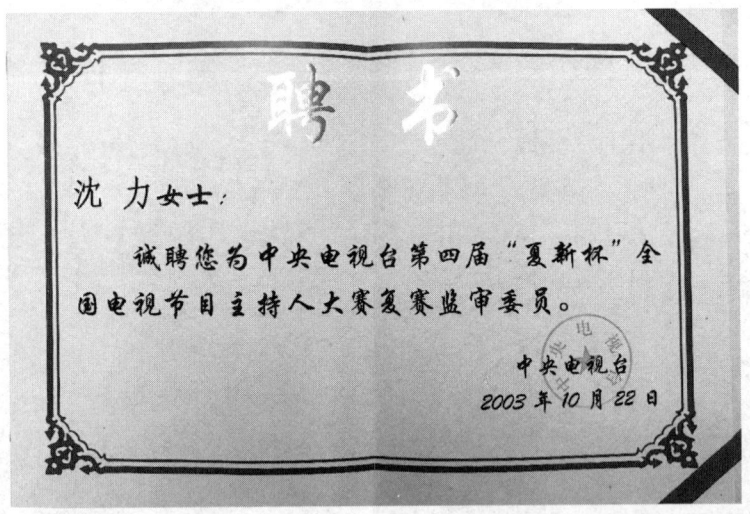

2003年,沈力被聘为中央电视台第四届"夏新杯"全国电视节目主持人大赛复赛监审委员

四、沈力的主要成长经历相关照片

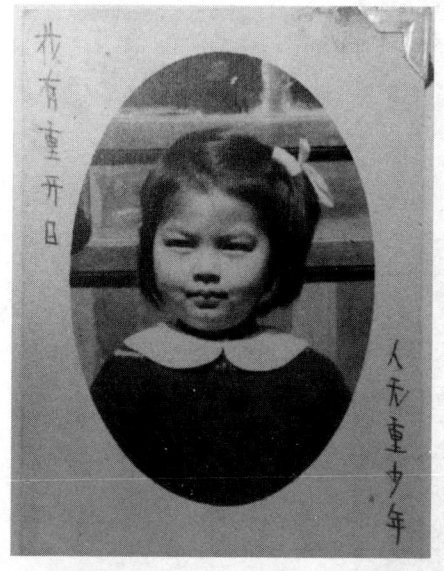

沈力儿时照片(照片上的文字"花有重开日,人无重少年"为沈力所写)

1939—1945年,沈力就读于山东省立第一模范小学,该照片为沈力小学毕业照

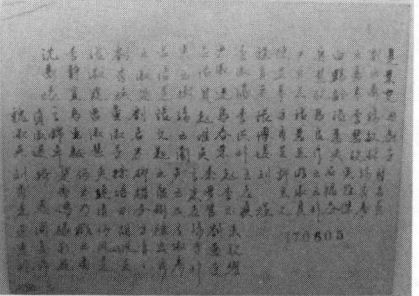

1945年,沈力进入北平市华光女子中学学习,该照片为沈力的初中毕业照

1949年5月,16岁的沈力加入中国人民解放军南下工作团,这张照片是参军第一天拍摄的

沈力在苏联的巡洋舰前留影(时间不详)

沈力在苏联红场前留影(时间不详)

1954年8月,沈力与罗马尼亚的朋友在一起

1954年，沈力随总政歌舞团出访捷克斯洛伐克在捷克斯洛伐克留影

1954年，沈力出访捷克斯洛伐克时与女作家玛耶洛娃合影

五、沈力主持节目的受众反馈相关资料

中央电视台《电视宣传情况》摘编，1983 年 7 月 7 日

　　从六月份观众来信情况看，《为您服务》节目的来信最多，共收到 3300 多封，其内容大部分是点播和问事，其次是赞扬和感谢。广大观众来信赞扬《为您服务》节目主持人沈力播音甜美自然、亲切感人。说她"出色地将中国妇女文明礼貌、感情丰富、凝重端庄的气质溢于言表"，并普遍称赞《为您服务》节目"形式灵活多样、内容丰富多彩、风格独树一帜，已成为人们的良师益友"。

　　《为您服务》节目在人手少、工作十分繁忙的情况下，除了想方设法把节目办好之外，还能认真对待大量观众来信，对来信中所提各种问题都能给予及时的答复和处理，使许多观众的问题都得到了满意的解决。从观众的感谢信中看出，《为您服务》节目确实像观众所说的那样："《为您服务》真正是为人民服务的。"

中央电视台《〈为您服务〉节目在每个家庭——观众调查访问记》摘编，1984 年 11 月 28 日

　　为了开展观众对电视节目的评论工作，进一步了解观众对《为您服务》节目的意见，十月份，我们专程访问了两个家庭和首都钢铁公司、北京齿轮厂的部分职工。他们一致称赞《为您服务》节目使他们增加了不少生活知识，该节目办得很实用。

　　这次访问得到了观众的支持、协助，并了解到《为您服务》节目给观众留下了很深的印象。有的对这个节目进行了全面品评，有的观众对《为您服务》专栏各个时期的播出内容都非常熟悉，他们对节目的各个方面品之有据、赞之成理，对我们电视工作寄托着殷切的希望，有的还提出了一些很好的建议，下面整理一下观众对《为您服务》节目的评论。

　　在中国电影家协会徐同志家里，我们听到了以下的议论：《为您服务》节目办得很好。我们想什么，需要什么，它就有什么，甚至我们没有想到

的,它也替我们想到了。这个节目,春夏秋冬,适合时令,衣食住行,无所不包。从内容到形式也不断有所变化。最近举办的国庆家宴邀请赛,介绍了好几样菜的做法,形式新鲜活泼。

徐同志的夫人、在同仁医院工作的程女士说:现在大家生活水平提高了,除了想吃得好些,还想穿得好些,使生活丰富多彩些。《为您服务》很了解人们这种正当的要求,为大家介绍了许多服装款式、发型,还有熨衣服、洗涤各种污垢的知识,我们从中学到了不少有用的东西,对美化我们的生活很有用。

徐同志说:《为您服务》不光管家庭生活琐事,还管社会上的大事,比如有关河南鹤壁一起虐待妇女事件的报道,就引起了社会的震动和重视,影响是深远的。还有介绍上海的母子车、广州的出租汽车和茶楼的节目,很有针对性。北京的服务工作外地人很有意见,吃饭难,找出租汽车难,找个歇脚的地方更难。现在北京也有母子车了,看来《为您服务》的工作起到了促进作用。我认为,凡是观众需要的,小事、大事、家庭、社会,《为您服务》都要管,当然会有阻力和压力,但广大观众是支持你们的。

小徐(徐同志之子)说:我觉得《为您服务》办得很活。教青年人照相、取景,这个节目办的不错,我就得到了帮助。现在农民生活好了,这个节目应该多为他们准备些节目。

徐同志接着说:播音员就怕居高临下,沈力同志和观众是平等的。我归纳四句话,她的仪表端庄大方,声音优美动听,语言动情得体,态度彬彬有礼,使人感受到一个老播音员的修养和功力。听了她的播音,不光学到了知识,也是一种艺术享受,确实感到她是在诚心诚意地为大家服务。

什么是好节目,我认为不能按节目大小来分,而要以是否能帮助观众解决问题,是否受到观众欢迎来分。像《为您服务》这样为观众所喜闻乐见的节目,是符合当前改革精神的,就应当被评为好节目。

在崇文区愚务公司谢先生家里,我们又听到了他的概括评议:《为您服务》节目,可称"一好二对三精四性"。

一好就是这个节目,电视观众普遍反映办得好,人人道好。

二对就是节目针对性很强,根据季节满足人们的要求。谢先生的夫人全女士说:夏天,我到服装店做裙子,要一两个月才能做出来。后来,我就按照《为您服务》节目里介绍的样子,自己动手做了一件连衣裙,姑娘穿起来挺好,解决了做衣难的问题。谢先生接着又说:现在兴起西服热,电视上又有针对性地向观众介绍这方面的知识。

三精就是这个节目比较精炼,还想看,就完了,不使人生厌。不长篇大论,说空话。

四性就是这个节目有群众性、知识性、趣味性、实用性。群众性,节目一开头,成千上万的人组成"为您服务"四个大字,画龙点睛告诉观众,这个节目是为千家万户服务的。知识性,节目里的许多内容,涉及烹饪的知识、纺织学方面的知识,知识比较丰富,不出家门,就能学到各种知识。趣味性就是"为您服务",虽然是平平常常的节目,但有它的艺术性,别有风味,有看头,不使人产生枯燥、单调的感觉,挺吸引人的。实用性,许多节目上的介绍,学了就能用,像这次国庆家宴,不是请名厨师介绍高档饭菜、介绍特殊风味菜的做法,而是让广大观众登台显身手。《为您服务》给我们家带来了很多收获,我们学会了制作西红柿酱,学会了做菜,三个西红柿、几个柿子椒就能拼成一盘菜,很有实用价值。这个节目成了我们家庭生活的顾问。

在首都钢铁公司,我们参加了一个《为您服务》节目的观众座谈会。首钢运输部机务段宋某说:去年我买了一件羽绒服,到了开春想洗洗放起来,怎么洗,自己不会,看到有人自己动手洗的都皱皱巴巴的,挺难看。送洗染店吧,到处都不收活儿。正当为这件事犯愁的时候,《为您服务》节目就播出了怎样洗羽绒服,使我学会了洗羽绒服的方法。洗后效果真棒!

特钢拔丝车间卜某说:夏天,我们年轻人都喜欢穿丝绸衬衣和裙子,但是会穿不会洗、不会烫,像我吧,以前都是妈妈给我洗和烫,自从看了《为您服务》介绍的怎样烫洗丝绸衣服以后,我就学会了烫洗丝绸衣服、存放丝绸衣服的方法。这个节目给我们日常生活带来了很多方便,值得称赞。

特钢行政科郭某说：这个节目曾介绍怎样选择家用电器真不错，介绍的方法我家就用上了。《为您服务》节目，也深受老人的欢迎，我们家的二位老人都已年过八旬，但每周的《为您服务》节目，他们看得津津有味，看了如何养君子兰、如何给花施肥后，他们就照着做，结果效果极好，老人很高兴。

《为您服务》节目对我们双职工的帮助也是很大的。冬年买菜难，如何做西红柿酱的节目，我很感兴趣，试做后效果挺好，我今年做了 80 多瓶，能吃到明年春天。

首钢招待所服务员李某说：《为您服务》节目，我们全家都很喜欢，每次必看。上星期你们播出"怎样系西服领带"就很及时。过去我一直系不好，现在系得比较好了，而且还学会了几种系领带的方法。

首钢赵某说：我希望《为您服务》节目今后多介绍些做菜的方法，不仅是家庭的，而且多介绍些适合机关食堂的做菜方法，一次不行，可连续介绍几次。我们首钢有一百多名炊事员，青年人多，需要学习技术，提高业务，从电视里学最方便。我们建议《为您服务》能多办点这类节目，不仅我们欢迎，也会受到各单位食堂、职工的普遍欢迎。有的涉及知识性较强的内容，讲解时可放慢些，使观众来得及记、看，特别是有的涉及操作知识的内容，可以多运用特写镜头，反复向观众交代清楚。

中国电影家协会徐同志说：《为您服务》节目涉及面广，"杂"是它的特色。但不能杂而无中心。有个节目先是介绍女子体型美，接着介绍木材怎样防虫蛀，就不那么协调了，这类问题值得注意。

中央电视台《电视观众来信汇编》，1984 年 9 月 3 日

按：几年来，《为您服务》栏目，从内容到形式，不断发展。设立了节目主持人，改进了编排形式，受到广大观众的好评。每个月总要收到三四千封信件。

数以万计的来信中有建议、有批评，更多的是提出有关问题要求回答。也有的谈心事、述烦恼，要求得到帮助。的确，千家万户、荧屏内外是心心相印的，观众信任《为您服务》专栏。《为您服务》的节目主持人和编辑处处为观众着想，为了解答观众提出的一些生活知识，他们得四处奔波、查资料、请教内行、请专家回答。为了满足观众的要求，他们努力把答案形象化、知识化、趣味化，让更多的观众看过之后，感到获益匪浅。

广大城乡观众爱看《为您服务》节目，因为它为观众服务的方针明确。它介绍的虽然都是日常生活中的点滴小事，但都关系着千家万户和每个人的切身利益。现将观众来信分类摘录如下。

家庭生活百科全书

《为您服务》节目是我最喜欢的电视节目之一。这个节目像一本小百科全书，使我们学到了许许多多有趣的、平常不注意的身边的科学知识，帮助我解决了不少生活中的难题。节目办得短小精悍，知识性、趣味性、实用性得到了和谐统一。

黑龙江 李先生

《为您服务》节目，我爱看的理由有三：一是节目短小精悍，针对性强，一事一议，及时解答了人们工作及生活中遇到或可能遇到的难题；二是内容适宜、脍炙人口，活跃了生活，丰富了知识；三是节目安排上无愧于其名，不拘接受观众的要求，确实达到了为人民群众服务的目的。

河南 刘先生

《为您服务》节目越办越好，受到广大观众的热烈欢迎。从这个节目中可以看出，为了答复各地观众提出的各种问题，你们不辞辛劳，四处奔波，有时甚至深入北疆南国进行采访。当我们看到主持人那和蔼可亲的姿态，听到娓娓动听的声音，总是有一种亲切感。你们的节目使我增加了不少生活知识。例如《为您服务》节目里播放了风味菜"山东棒子鱼"的制作方法，我看了这个节目后，很有兴趣，于是也照葫芦画瓢、自己动手做酒菜招待客人。虽然技艺不高，但受到了客人的称赞。该节目办得很实用。

甘肃 陈先生

《为您服务》节目办得生动活泼，内容丰富多彩，无论是对"元旦"和"腊八粥"的来历的解释，还是对普通摄影技术的介绍，无论是对日常家庭烹调技术的讲解，还是对观众意见的反馈，都生动活泼、通俗易学，都是我们很想知道和掌握或者有同感的。看了这个节目，觉得它确实是为"我"和"我们"服务的。男女老幼都能广增知识，深受教育。

山西 刘先生 章先生

这个节目确实是观众的生活顾问。我和周围的同志每周日必看。它已成为我们不可分离的亲密伙伴。

北京 紫先生

该节目办得很成功，我很喜欢看。通过《为您服务》节目，我感到和你们、和首都人民、和全国各条战线的同志们心贴得更近了。《为您服务》节目像一位可亲可敬的师长一样，辅导我们学知识、教我们解决生活中的难点，播演我们喜欢的歌曲节目……真感谢你台为观众办了这样好的一个节目啊！

内蒙古 江女士

看了《为您服务》节目后，总有得到了点儿什么的满足感。内容多样、知识性强，充实了人们的生活，而播音员的音容又是那样温文尔雅、和蔼可亲，使人感受到社会主义大家庭的温暖。

北京 黄先生

我是一个中学生，喜欢《为您服务》节目，因为这个节目里讲的道理，对于我们只有书本知识、缺乏生活知识的中学生是有益的。因此，每一次《为您服务》节目，我总是盼呀盼呀，好不容易盼到了星期天，这个星期天的二十分钟，对于我是非常宝贵的。

贵州学生

《为您服务》栏目深受广大人民群众的喜爱和欢迎。它急人民所急,想人民所想,处处为群众着想,答复了群众提出的很多问题,做到了有问必答。我们虽未曾看过书本,却在贵台的这个栏目中了解到很多的知识。丰富了头脑,开阔了眼界。

中国人民解放军 殷先生

每到星期日晚上,全家人坐在电视机前,《为您服务》节目就像一块大吸铁石似的,把我们全家人吸到它的身边。每当这时,全家人谁也不说话,我们的表情随着它的情节变化,等到节目播完了的时候,爸爸总是说:"这个节目真好。"这个节目确实好,它丰富了我们的生活知识,堪称家庭生活百科全书。

吉林学生

观众的良师益友

《为您服务》节目自开播以来,为广大观众解决了许多疑难问题,使我们学到了许多知识,受益匪浅。观众亲切地称它为"排忧解难"节目。它是广大观众所"偏爱"的一个节目,已真正成为观众的"良师益友"。我们信赖它,欢迎它。

内蒙古 杜先生

《为您服务》节目是我们生活中的良师益友。我和我的同事们都非常喜爱这个节目,它是我们业余生活中不可缺少的一个指南。节目集艺术性、知识性、趣味性、实用性之精粹,大大地丰富了我们八小时以外的生活,解决了许多实际生活中的问题和困难。由于您的辛勤劳动,我们每周都可以得到一次既充满艺术情趣、又有实用价值的美好享受。我们每星期日都放弃了其他活动,津津有味地观赏您为我们制作的新节目。

河南 李先生

我是《为您服务》节目的忠实观众。几年来尽管一再压缩看电视的时间,但沈老师主持的这个节目始终是我的"保留节目"。自从《为您服务》节目增加了《小辞典》后,对我更是如同"雪中送炭",不出家门就找到了一位好老师,真应该好好感谢电视台的同志们。

天津　王先生

　　《为您服务》节目内容丰富、题材新颖、主题鲜明、通俗易懂,符合群众意愿。和蔼可亲的播音员像我们家庭中的一员,热情介绍生活知识,使我感动,她对千家万户是那样关心、那样熟悉。观众有什么问题都可以从你们这里得到解答,这个节目就好像一把金钥匙!真心感谢你们举办的这个节目,你们确实是广大电视观众的良师益友。

太原　苏先生

信得过的大姐——节目主持人

　　每当我看《为您服务》节目主持人,她那和蔼可亲的面容、亲切优美的声音立刻吸引了我。我觉得她仿佛坐在我家里同我聊天,交谈像严师,又像一位慈祥的信得过的大姐,我认为《为您服务》节目是我一良师益友。

江西　贾女士

　　《为您服务》节目主持人态度和蔼、语言亲切,每当我们全家欣赏这个节目时都会感到特别爽快。我的小孙孙,最爱看电视,今年才两周岁,能看每个节目,并学说又学唱。每当看到《为您服务》这个节目时,就亲切地说"这个奶奶真好",常常引起全家大笑起来。由此可见,电视节目办得好,真正深入人心,是能收到很好的教育效果的。

　　主持节目的女同志亲切自然,没有丝毫做作,使我们感到这是一位早已熟识的、知识渊博的老相识。像坐在家里聊天一样,听了看了非常舒服,使观众产生一种信任感。

一汽车厂工人

《为您服务》节目主持人在荧光屏上出现的时候,那端庄雅致的仪表、和蔼亲切的语言,甚至一颦一笑都是那样动情得体,恰到好处。就好像一个大姐姐在同亲人唠家常一样介绍节目内容,引人入胜。既不呆板,也无做作,使观众心情愉悦,意往神驰。她出色地将中国妇女文明礼貌、感情丰富、凝重端庄的气质溢于言表,确实难能可贵。

甘肃 周先生

《为您服务》节目的主持人——沈力,给我们印象好极了。她亲切、热情、认真、细致、诚实;一口漂亮的普通话,说得清晰、自然,反映出一个老播音员语言基础功夫的深厚扎实。

四川 彭先生

《为您服务》主持节目的那位大姐,和蔼可亲,讲解时娓娓动听,像和我们谈家常一样亲切自如,好像是在给我们讲故事一样,把观众引导到知识的王国里去。

包头 求知观众

《为您服务》主持节目人像一位大姐,谈吐文雅、举止大方,给人以十分亲切的感觉。看她主持节目,就像倾听一位忠厚的长者在讲学,像看一位慈祥的母亲在耐心地教导她的孩子,无拘无束,亲切愉快,感到我们之间的心是相通的,真应该感谢你们的出色劳动,感谢你们的优质服务。

每次预告下次节目内容的办法也很好,便于观众收看。

大庆 本先生

热心观众的多次来信摘编

辽宁 魏姓观众

从您主持《为您服务》节目,认识您开始,我一直没有把您忘记,特别是您面带笑容、满面春风,显得那么和蔼可亲,性格是那么温柔善良,相貌文静秀丽,声音那么清晰柔美、委婉动听,深深印在我心中,使我永远难忘,真是慈祥典雅、充满理解和智慧的好妈妈。

——1999年12月30日

沈力阿姨,当我得到此书时如获至宝,我精心把书包妥,然后工整写下"偶像"——沈力,我认真阅读每一章节,使我这个普通观众对您有了更深刻的了解,使我更关心您,更尊重您,更喜欢您,更爱您……偶像的力量是无穷的。

——1999年8月4日午夜

"曾经沧海难为水",人生是短暂的,但每走一步又是漫长的,愿您能把漫长的岁月所经历的美丽的故事用文字记录下来,这是非常珍贵的,因为您已经走过了一个甲子,人生能有几个甲子,愿您留住每一道夕阳,这是一个最普通电视观众对您的愿望。

——1997年1月31日凌晨

沈力阿姨,不知您是否参加全国电视节目主持人大赛？无论您是否参加,我都要向您投去我最亲切的一票,因为您在主持节目和驾驭稿件时,吐字清晰且没有任何口误,嗓音甜润优美,应被选为全国电视节目主持人的皇太后,为此我用一千多元钱买了一台随身听收录机,录制了您的许多播音,希望能永远保存您那美丽动听的声音。每当我想起您时,便打开录音机一饱耳福。我经常和班中的同事们讲,沈力阿姨那么大年纪了,组织能力和嗓音绝不逊色年轻人。

——1995年12月19日晚

虽然我是刚入而立之年的青年人,但我非常喜欢看您主持的节目,节目内容丰富多彩,如《娱乐宫》《怡情园》《桑榆赞》等,特别是您那委婉动听的声音和美丽的倩影,深深地吸引着我收看您主持的每期节目,使我的心情特别惬意。为此,在您节目开播周年之际,在荧屏上为您拍照,留作永久的纪念,以表示对您艺术的追求。

……

我记得第一次看到您是在很早以前,您主持的《为您服务》节目(每周一),因为您吐字清晰润耳,对您的印象特别深……今年大年初二的下午,我们家正在团聚,突然打开电视机看到您正在主持节目,当时我真是欣喜若狂,只见您身着红绒外衣,显得格外高雅漂亮。

——1994 年 10 月 13 日

其他来信摘编

沈力同志过去主持《为您服务》节目就一直受群众欢迎,现在主持《夕阳红》节目同样受到广大群众的欢迎,特别中老年人最喜欢看她主持的节目,因为她主持的节目既生动、又实际、又新颖,叫人喜闻乐见,尤其她主持的节目对中老年和青少年都具有深刻的教育意义。沈力同志的节目总是发人深省,而且听得清,记得牢,观众想要提问的问题,沈力同志都在节目中提问和回答了。她的节目很吸引人,好像少看一次都觉得遗憾。例如最近她播出的革命老前辈的英雄事迹,告诉十一亿人民永远不要忘记战争年代打江山的革命前辈,教育青少年和儿童要无比尊重革命老前辈,并在生活上关心好老同志,让老同志过好幸福晚年。沈力同志现在还播出老年养生之道的知识和气功,和老年人再婚,都非常适合离退休人员和中老年人。由此可见,沈力同志一定经常调查了解中老年人的呼声和需要……下次中央台选举节目主持人优秀人物时,请一定把沈力同志选上,这次去信也是我们的选票。

西安音乐学院一观众

当沈老师那文静的音容出现在《为您服务》栏目中时，就给我留下了深刻美好的印象。您在主持的节目中，自始至终表达是那样准确，措辞是那样得体，简洁明快而又极富感染力，没有一句空话和套话，真了不起。尤使我敬佩的是您不辞辛劳为党的广播电视事业发挥余热，无私奉献。谨向您学习致敬！

1994 年 12 月 龚先生

1969 年后，仗着一口普通话当了 7 年的厂广播站的兼职广播员，我是男性，但对您的播音素养十分钦佩。那时电视播音员的姓名是很少出现在荧屏上的，直到 1977 年我回到了北京才知道了您的姓名。您是中央电视台第一位电视播音员，我印象中亦是第一位节目主持人，您是开拓者。您的播音，您美丽、端庄、标准中国知识妇女的美好形象永远铭记在观众的心目中。当初听到您退休的消息，我心中感到一股深深的遗憾，我看到中国荧屏上太缺少学识渊博、经验丰富、富于魅力的主持人了。我是中年人，但自从您复出主持《夕阳红》之后，我便经常观看，我感到一个被观众喜爱的主持人，不应过早地从荧屏上消失，可是想想那辛苦大量的工作又多少为您的身体担心。每当我看过您的节目，总是在心底想着：这是一位退休老人对社会、对人民的无私奉献，她理应得到社会和广大观众的崇敬和爱戴。

1995 年 10 月 张先生

看您主持的节目，不管是以前的《为您服务》，还是现在的《夕阳红》，我都看得心情特别愉快，心情舒畅，极其幸福！因为您主持的节目给人以亲切、诚挚、关怀、温馨的美好感觉，好像您不是在屏幕上主持节目，而是像亲人、诤友坐在我身边，平易近人、和蔼可亲、推心置腹地交流，促膝谈心。看您主持的节目不仅是一种美好的艺术享受，而且是一种真诚的感情交流，是一次美好的心灵撞击……

1994 年 7 月 肖先生

走下屏幕,生活中的您更具魅力:您那充沛、端庄的仪表,娴熟、儒雅的气质,真诚和蔼的笑容,柔和、甜美的声音,清晰、流畅的语言,充分显示出您高尚的人格修养和深厚的文化底蕴。短短几分钟的接触,使人感到您是那么随和,那么亲切,那么善解人意,难怪千千万万的观众都是那么敬慕您,喜欢您。

1999年2月 荧屏外见过沈力的观众

《夕阳红》节目,想老人之所想,及老人之所及,道出了一亿老人的心声。从荧屏上看到您的形象是那么亲切、和善,是那么精神愉快,看得出您是认为自己能够为全国亿万观众做出奉献而感到光荣和欣慰。

1994年3月 李先生

半年来,您为老年朋友付出的太多了,花了不少心血,费了不少精力。这一切都受到了全国各地老年朋友以及爱好《夕阳红》节目热心观众的热烈赞扬。诚然,离休了的您重现屏幕,投入这样既繁忙又严肃的工作,实在令人敬佩。您是最受观众尊敬和喜欢的主持人,为何得到今天这样多观众的信赖和爱戴,这真是您给了观众无私坦荡的爱心,为观众耗去了多少心血的结果。您对工作是那样认真,对观众是那样负责。纵然北京与我们相隔千山万水,然而电视拉近了我们的距离。通过电视,您已成为我最喜欢、最熟悉的人。当然现在好的主持人并不少,但我更喜欢像沈力老师您这样的主持人。

1994年5月 阿寿

你今天的形象在老一代主持人里是很出众的,很可爱、可敬的。人虽然老了,但是气质更好了,同时也更平易近人了。用朴实无华、真诚热情来形容你的风采、概括你的形象,可能是准确的吧!我想这就是你受到广大观众热爱的原因。……不仅是我这个老年人喜欢你,我的孩子们也喜欢你,一提起沈力来,异口同声:"好!"你属于无争议的主持人,做到这一点,谈何容易啊!

1996 年 2 月 于女士

　　您讲的内容是很好的,实事求是,分寸得当,有理有据,特别是许多具体事例,很能说明问题,也使人很感兴趣。同学们的笑声和掌声已经证明确实是这样的。更可贵,也更有说服力、感染力的是,您是以和蔼可亲的老大姐式的风度和言谈,来将主持人与接受者之间的情感联系起来。这方面的修养和学问,不仅是主持人应当具备的,也是普通人在日常说话和与人交际中很需要学习和掌握的。所以我的认真听讲,绝非只是出于礼貌,而是被您所讲的一切吸引住了。

听过沈力老师讲座的学生

　　我几乎每天都收看《夕阳红》节目,绝不轻易漏掉过!内容好不说,难能可贵的是主持人的平实态度、言语的恳切、解说的清晰等,都使人赞佩。大陆的节目有很多不比台湾地区的差,但台湾的节目却没有一个比得上"夕阳红"(指内涵)。我由衷地佩服你,也为我们妇女中有如此优秀的主持人而骄傲!

来自海外的热心观众

　　半决赛中,开始我很紧张,但当我看到慈祥的目光时,就打消了所有的恐惧,镇静下来。在决赛中,我本想好好发挥一下,结果我的嗓子不争气。当时,我非常气恼。这时,是您给我解了围,真的,沈老师,我不知该怎样感谢您,只想在这里深情地说上一句:谢谢您!

地方台主持人大赛选手

　　您坐在那里,表情、坐势、眼神都是那么落落大方、得体、和谐,声音语气也是那么准确、自然,恰到好处,表达出文字的意义,而这种意义就会使人经久不忘。尤其是在当今时代,您的稳重、端庄、老练的举止是任何节目主持都不具备的……您在中央台工作几十年非常辛苦,这是我能想象出的,从您的形象、眼睛就能感觉到这么多年来您的那种敬业精神。

1994年2月 张女士

沈力主持《为您服务》栏目改稿摘编

1.原稿:

您看了这两段影片,大概可以了解到什么是噪声,以及噪声会给人体带来什么样的危害。希望它能引起有关方面的注意,不要再人为地制造噪声了,让我们都来为创造一个舒适的工作环境和安静的学习、生活环境,为保障大家的健康,作出一些贡献。

改稿:

从刚才的影片中可以看到,噪声会给人体带来什么危害。希望它能引起重视,为了保障人民的健康,不要再人为地制造噪声了。让我们都来为创造一个安静的工作学习、生活环境,为保障大家的健康,作出一些贡献。

2.原稿:

前几天,我们收到了四川电视台寄来的一个节目,我告诉您它的题目,我想您会感兴趣的,它的名字叫"川味鱼"。有的同志跟我说,她和她周围的同志看《为您服务》节目时,经常要做些记录,因为"川味鱼"这个节目讲得稍快了一些,这对您的记录不大有利,您看这样好不好,我先把做川味鱼需要的调料用打字幕的方式告诉您,您先记下来,然后再看节目,这样可能方便一些。

改稿:

前几天,我们收到了四川电视台寄来的一个节目,我告诉您它的题目,我想您会感兴趣的,它的名字叫"川味鱼",就是给大家介绍两种四川风味鱼的做法。有的同志跟我说过,她和她周围的同志希望在看《为您服务》这类节目时,能有条件让他们记一记。这个节目讲得稍快了一些,恐怕您记不下来。您看这样好不好,我先把做川味鱼需要的主要调料用打字幕的方式告诉您,您先记下来,然后再看节目,这样可能方便一些。

3.原稿:

再过几天就是"三八"妇女节了,为了向妇女姐妹们表示祝贺,我们特意安排了一组节目,先来讲讲"妇"字的来源。

改稿:

再过几天就是"三八"妇女节了,为了向妇女姐妹们表示祝贺,我们特意安排了一组节目,先从"妇""女"二字说起。

4.原稿:

我采访过北京医学院附属三院口腔科的房德敏、马志和几位同志。他们把离体牙浸泡在茶水中,经一段时间后,发现这些牙的含氟量增加了33％—53％。大夫们建议制作含茶的牙膏和口香糖。

改稿:

我们采访过北京医学院附属三院口腔科的房德敏大夫,他对我们说,他们把离开人体的牙浸泡在茶水中,经过一段时间以后,发现这些牙的含氟量增加了 33％—53％,防酸的能力也大大加强了。大夫们还建议最好能制作含茶的牙膏和口香糖。

5.原稿:

有百利而无一弊的事情是没有的。除应提倡合理饮茶外,以下情况请注意:失眠者,晚上不宜饮浓茶;缺铁性贫血患者最好少饮茶,服药前后半小时不要喝茶;不常喝茶的人,您空腹不宜喝浓茶。

改稿:

有百利而无一害的事情是没有的。我们说喝茶对身体健康有好处,可是有几件事也希望您能注意:经常失眠的同志,下午四点以后不要喝浓茶;患有缺铁性贫血的人最好少喝茶,吃药前后半小时不要喝茶;还有不常喝茶的同志,空着肚子可别喝浓茶。

6.原稿:

今天我们就请教大家做两种冰点心,请王子苏的爸爸、妈妈,还有其他想学着做的朋友注意收看。

改稿:

今天我们就满足大家这个要求,请王子苏小朋友的爸爸、妈妈和其他观众朋友收看我们特意为您录制的节目。

7.原稿:

俗话说:"开门七件事,柴米油盐酱醋茶。"通过这几次的介绍,您一定更多地了解茶叶了吧!茶是生活之友,相信它定能受到您的喜爱。

改稿:

俗话说:"开门七件事,柴米油盐酱醋茶。"茶是我们生活中不可缺少的饮料,通过这几次的介绍,您大概对茶叶有了进一步的了解,愿茶叶能更好地为您的生活服务。观众朋友,漫话茶叶节目就播到这啦,谢谢您的收看,下次节目再见。

8.原稿:

又是冬天贮菜季节。蔬菜冬贮季节和朋友们见面,话题很自然说到种菜、收菜、卖菜、保管菜……

郑州今年秋菜种得足,长势好,白菜、白萝卜、大葱三个品种,居民凭票供应四十斤大白菜、十五斤白萝卜、五斤大葱。价钱呢,也比较便宜。大白菜每斤四分五,白萝卜每斤三分五,大葱每斤一角六分。现在贮上足量的菜,可以吃上一冬天。有了菜,就不用大雪天拎个篮子到处买菜了。

改稿:

又到了冬天贮菜的季节了。我们今天就是想和您谈谈有关冬贮菜品的话题。郑州今年的秋菜不仅种得足,长势好,而且价格也便宜。如果我们每家每户都能够存上些菜,我想到了三九天下大雪的时候,您就不用拎个篮子到处去买菜了。

9.原稿:

搞冬贮菜,郑州有历史记载的大概也有十年八年了,年年搞冬贮,市政府都要花很大气力,种菜的、买菜的,还有社会其他部门也都要协助,动用很多力量,政府补贴很多钱,搞蔬菜的都知道"多了不好,少了不好,不多不少正好,又很难做到"。所以,无论是丰年还是歉年,政府都要作难。

改稿:

搞越冬贮菜,郑州也有十年八年的历史了,每年搞冬贮,市政府都要花很大气力,而且还要补贴很多钱,还有农民朋友和社会其他部门也要动用很多力量,也许大家还不太了解,每年搞冬贮菜,无论是丰年还是歉年,政府都要作难。

10.原稿:

天灾人祸,蔬菜歉收了,政府要外调菜,不惜重金;风调雨顺,蔬菜丰收了,菜卖不完,就像这两年政府又发菜多卖不完的愁。作难也好,发愁也罢,为什么政府还要补贴几百万元、调动千军万马搞冬贮呢,一句话就是为了居民群众。

改稿:

如果遇上年景不好,菜歉收了,政府要不惜重金外调菜。要是风调雨顺,像这两年蔬菜丰收了,政府也要愁,愁什么哪?愁的是菜多了卖不出去。

不过作难也好,发愁也罢,政府还要补贴几百万元,调动千军万马搞冬贮为什么?我想,只有一句话,就是为了咱们老百姓今冬明春的餐桌上有足够的菜吃。

沈力主持《夕阳红》栏目改稿摘编

一般串联词改稿

1. 原稿：

张女士,您想没想过,老伴对您的疏远也许是因为您对他的爱好不屑一顾。也许最开始,他的确是想和您一起出去活动,可您总是忙家务,对跳舞提不起兴趣。时间一长,您老伴就去找别的人作舞伴了。张女士,如果您也试着培养一些跳舞的兴趣,说不定很容易就和老伴沟通得很好,您的一系列烦恼就会解决。

另外,我还想对像张女士老伴那样过度喜爱跳舞的老年朋友说句话:不管怎么样,跳舞对老年人也是一件很消耗体力的活动。如果活动量太大、情绪太兴奋,对健康反而没有好处。所以,即使是跳交谊舞,也要注意劳逸结合,否则,不但会有害健康,还会因为一味迷恋跳舞,忽视了和家人的感情交流。您说,是不是这样呢?

改稿:

我倒建议张女士,您不妨也去学跳舞,兴趣总是培养起来的。说不定有了兴趣,您也会上瘾的。到时候你们夫妇双双步入舞场,一定会增添许多乐趣,增进情感上的交流。刚开始不敢跳、不会跳,经常去看老伴那优美的舞姿或许还会唤起对老伴的爱慕之情呢。

当然啦,作为另一方,千万不能只顾自己跳得快乐。一方面要注意劳逸结合,另外也需要有点儿时间观。要经常想着老伴的辛苦,要帮她干点儿家务活,要和她说话,多一点儿感情上的交流。

2. 原稿:

观众朋友您好,欢迎收看我们的节目。原中央乐团指挥、76岁的韩中杰老先生,自幼就非常喜欢音乐。1937年考入上海国立音专本科,主修长笛。解放以后,进入上海交响乐团。为了交流、取经和授业,韩老曾到许多国家和地区,也曾指挥过世界上几个著名的交响乐团。下面就请您收看我们的节目《永远的旋律》上集。

改稿：

观众朋友您好，欢迎收看我们的节目。大家可能还记得，中央乐团后来有位指挥，韩中杰老先生。一晃，韩老呢，76岁了。说起来，韩老从小就喜欢音乐。1937年他考入上海国立音专，解放以后，进入了上海交响乐团，他一生与音乐结下了不解之缘。韩老曾到许多国家和地区，也曾指挥过世界上几支著名的交响乐队。下面就请您收看我们的节目《永远的旋律》上集。

3. 原稿：

观众朋友，您好！欢迎收看《夕阳红》栏目。今天我们为您安排的节目有：《老人与社会》《不倒翁》和《游乐快车》第二集。被誉为"砂仁爷"的周庆年，本是湖南人，从50年代起，便扎根西双版纳，从事砂仁的研究工作。砂仁是一种补气、健脾、安胎的中药。起初，他在基诺族山区推广（砂仁）种植时，并不那么一帆风顺，后来他又是利用了什么办法才使砂仁种植得以推广并得到人们认可的呢？好，下面就请您收看《老人与社会》节目。

改稿：

观众朋友，您好！欢迎收看《夕阳红》栏目。今天我们为您安排的节目有：《老人与社会》《不倒翁》和《游乐快车》第二集。今天有一位老同志，被人称为"砂仁爷"，本是湖南人，从50年代起便扎根西双版纳，从事砂仁的研究工作。砂仁是一味中药，具有补气、健脾、安胎作用。起初，他在基诺族山区推广（砂仁）种植时，并不那么一帆风顺，后来却因种植了砂仁使那个地方富了起来。请观看"砂仁爷"。

4. 原稿：

观众朋友，您好！近来，青年人自学的风气越来越浓，读书的劲头也越来越大。可在读书中，也会遇到这样或那样的问题，怎么办呢？最好的办法是借助工具书。那什么叫工具书？工具书的种类到底有多少？各种工具书的用途又如何呢？最近,我们录制了一个节目,名字叫《自学的钥匙—工具书》,希望能通过这个节目,帮助青年朋友更好地学习和了解。好,下面就请您观看,并希望您在这个节目中有所收获。

改稿:

观众朋友,您好！现在,青年人自学的风气越来越浓,读书的劲头也越来越大。据我们了解,自学中也会遇到这样或那样的问题,怎么办呢？我们觉得比较简便的一个办法是借助工具书。那什么叫工具书？工具书的种类有多少？它的用途又如何呢？下面就请您看我们最近为您录制的节目,名字叫《自学的钥匙——工具书》,希望这个节目能对青年朋友的自学有些帮助,并希望您能在这个节目中有所收获。

5.原稿:

光阴荏苒,世事变迁,可刘毓华的家却历经岁月的磨砺而始终和睦如初,温暖如初。有首歌名叫《好人一生平安》,我想这表达了人们对平凡善良的人们一种最深切的祝福,在这里,我们借这首歌祝愿充满爱心的刘毓华一家人一生平安。

改稿:

光阴荏苒,世事变迁,刘毓华的家虽历经岁月的磨砺可是都始终和睦,温暖如初。有首歌名叫《好人一生平安》,表达了人们对平凡善良的人们一种美好的祝福,在这里,我们借这首歌祝愿充满爱心的刘毓华一家人一生平安。

6.原稿:

孙大夫,"巧用一双手"节目播出以后,一些观众来信反映这几套自我按摩操很实际容易学,也有的观众对自我按摩操有哪些作用,自我按摩的操作要点还不太清楚,您是这套操的设计员,今天您是不是借这个机会和电视观众……

改稿：

观众朋友，"巧用一双手"节目播出以后，一些观众来信反映这几套自我按摩操很实际容易学，但是希望能再了解自我按摩操有哪些作用，以及做自我按摩时需要掌握哪些要点，今天我们请来了这套操的设计员天津××大夫，请他来和观众朋友们……

7. 原稿：

观众朋友，您好！在上一次的《夕阳红》节目里，我们介绍了天津家庭养老院；您还记得那位热心为老人服务的王姨吗？这位平日里乐呵呵地为老人而奔波的居委会主任还有一个令人感动的内心世界。

年逾花甲的王姨为了别人而终日操劳，她要求的回报却是一句话，咱们中国老百姓中间，能让大伙都说"这个人不错"，恐怕是对她人生价值的最高赞誉了。

改稿：

观众朋友，您好！在上星期六的节目里，我们向您介绍了天津的一个家庭养老院。您还记得那位热心为老人服务的王姨吗？王姨心里惦记着各家的老人，为他们奔波着、忙碌着，可又有谁知道她自己的家里也有一本难念的经，王姨到底图的是什么呢？

王姨最大的愿望就是希望当人们提到她的时候，能说一句"这人不错"，她就知足了，这是一句多么朴素的语言！听了让人感动，让人心酸。这，就是我们中国老人质朴的本色和高贵的品格。

8. 原稿：

各位观众，又到了《夕阳红》的节目时间了，很多老年朋友喜欢画画，退休在家，咏诗作画，很有几分超然情趣。我认识的一些老同志，就有的喜欢油画，有的喜欢国画、水彩画等，可最近遇到的一位爱画画的老同志，却与众不同，你知道他是用什么画的吗？看下他的节目你就会知道……

改稿：

有一位看上去很文静的女同志，可她却以坚忍不拔的毅力和灵巧的双手，创造着奇迹，创造着美。在她那间不大的屋子里，充满着生机，让人流连忘返。

9.原稿：

各位观众，您好！在咱们中国的大地上，一条铁路新干线正逐渐贯通南北，连接起北京和九龙。目前，几十万大军正日夜奋战，力争使这条共和国的大动脉早日建成。在京九线和陇海线交汇的商丘地区，还活跃着一支由离退休老人志愿组成的京九铁路老头队……

改稿：

各位观众，您好！在我国的大地上，一条铁路新干线正在连接起北京和九龙。目前，几十万大军正日夜奋战，力争使这条共和国的大动脉早日建成。在京九线和陇海线交汇的商丘地区，活跃着一支由离退休老人志愿组成的京九铁路老头队……

10.原稿：

这老两口真可说是白头偕老，同福同乐了，老年朋友，您为他们晚年的幸福而高兴吗？好，今天的《夕阳红》节目就到这，咱们下次节目再见！

改稿：

观众朋友们，看到了王玉倩大姐和姜老的幸福家庭，您或许会有几分羡慕，也许会说这是因为他们都有一技之长。其实，我觉得他们的晚年之所以充实、美满，主要还是因为他们有一颗不泯的童心和对生活持有的乐观态度，再就是他们善于从平凡的生活中找乐儿。您说呢？好，今天的《夕阳红》节目就到这儿，咱们下次节目再见！

11.原稿：

观众朋友,您好!

随着人们生活水平的不断提高,大家迫切需要一个丰富的文化生活。特别是在农村,老人们辛苦劳碌了一辈子,现在生活富裕了,该怎么个活法,村里、乡里又该提供哪些帮助呢?让我们一起到明星村的老人协会去看一看。

改稿：

观众朋友,您好!

随着生活水平的不断提高,人们迫切需要丰富的文化生活。特别是在农村,老人们辛苦劳碌了一辈子,现在生活富裕了,该怎么个活法,村里、乡里又该提供哪些帮助呢?今天就让我们一起到一个叫明星村的老人协会去看一看。

12.原稿：

各位观众,您好!欢迎您收看《夕阳红》节目。在河北省涞水县县城里,有一座令人羡慕的小小院落。小院里,各种果树成行,果实挂满枝头,更有大片的灵芝昂首挺立,像一朵朵不败的喇叭花。而小院的主人就是我们下面节目里要说的主人翁——孙××老两口。他们在这个小院里生活了十多年,植树种菜养灵芝,生活得有滋有味。

改稿：

各位观众,您好!欢迎您收看《夕阳红》节目。在河北省涞水县县城里,有一个挺让人羡慕的小院儿。院子里,果树成行,果实累累,还有一片像喇叭花似的灵芝。小院的主人就是孙××老两口,也就是我们今天要向您介绍的两位老人,他们在这个小院里生活了十多年,植树种菜养灵芝,日子过得有滋有味。

13.原稿：

各位观众,您好!欢迎收看我们的节目,在上期的《老人与社会》节目里,我们向大家介绍了一对种植灵芝的老两口。话说孙××老夫妇苦心学技术,将灵芝养得大又好,故事飘出了小院,便常有远近不同的人来向他们求教。一时间小院里热闹非凡,孙××老两口更是热情待客,乐此不疲,因为他们说他们要让更多的人感受种植灵芝的乐趣。

改稿:

各位观众,您好! 欢迎收看我们的节目,在前天的《老人与社会》节目里,我们向大家介绍了一对种植灵芝的老两口,两位老人苦心学技术,把灵芝养得又大又好。这事儿一传十,十传百,很多人都来登门求教,孙××老两口更是热情待客,乐此不疲,因为他们希望能有更多的人感受种植灵芝的乐趣。

14.原稿:

陕西省彬县韩家乡有一群苦孩子,由于这里生产力落后,家庭贫困,他们本上不起学。有一天,陕西军区干休所73岁的离休干部姚×来到这里,给孩子们送去温暖,并且带来了希望。

改稿:

现在有一些农村的孩子,由于家境贫寒上不起学。在陕西省有一位军区离休干部,今年已经73岁了,老人叫姚××,有一次他来到了陕西彬县韩家乡,给这里的孩子送去了温暖,带去了希望。

15.原稿:

观众朋友,今年秋天您登香山赏红叶了吗? 人们都说北京的秋天最美,而最美的秋天在香山,今年秋天,我们的编导扛着摄像机来到了"满山红叶似彩霞"的香山,但当我们拍完片子后,却不得不给它取了这么一个名字——秋色不只在香山。

改稿:

观众朋友,人们都说北京的秋天最美,而最美的秋天在香山。可今年秋天,当我们的编导扛着摄像机去拍摄美丽的秋色时却发现秋色不只在香山。

16.原稿：

观众朋友，您好，又到了我们《夕阳红》节目的时间了。在小兴安岭地区有一个我国最小的火车站——沙山车站，这里唯一的交通工具是火车。在沙山小站有一群每天坐着火车上学的孩子，学校叫他们"外站生"，这些外站生每天早晨5点多钟就坐上火车去上学，晚上6点多钟又坐着火车回家，像这样起早贪黑的，孩子们辛苦不说，万一在路上出点儿事怎么办？让我们感到欣慰的是，孩子们身边有一位处处体贴入微的张爷爷。

改稿：

观众朋友，您好，在小兴安岭地区有一个我国最小的火车站，别看火车站小，可它却是这里唯一的交通工具，就连孩子们上学也要火车接送。于是，××老人就当上了接送孩子的"保护神"。

17.原稿：

人们常用历尽沧桑来形容老年人的人生历程，生活中意外的不幸，会使意志薄弱者失去信心，然而也会使意志坚定的人更加坚强。让我们一起来认识一位历经苦难而不折不挠的老人。

改稿：

在人生历程中，意外的不幸会使意志薄弱者失去信心，然而对那些意志坚定的人来说，会使他们更加坚强。现在就让我们一起来认识一位历经苦难而不折不挠的老人。

18.原稿：

人生的海洋不会风平浪静，景××在双重打击下，勇敢面对人生。她战胜了自己，也战胜了病魔，终于走出了不幸，找到了新的幸福。当然，我们真诚地祝福天下的人们都一生平安，只是当您遇到苦难的时候，请不要忘记选择坚强。

改稿：

　　人生的海洋不会风平浪静，景××在双重打击下，勇敢面对人生，不仅战胜了自己，也战胜了病魔，重新获得了幸福。当然，我们真诚地祝福天下的人们都一生平安，只是当您遇到苦难的时候，请不要忘记选择坚强。让我们预祝老人家晚年安康！

19.原稿：

　　寺儿沟的农民可能一辈子都没登过首都的大舞台，可如今他们却走出了大山，自费坐飞机来到了北京，给我们带来了欢乐，从他们的欢笑声中，您是否感受到了中国农民老人特有的幸福？

　　改稿：

　　刚才大家看到了寺儿沟的农民朋友们可能一辈子都没登过首都的大舞台，可如今他们走出了大山，自费坐飞机来到了北京，给我们带来了欢乐。让我们说一声谢谢你们，寺儿沟的老年朋友们！

20.原稿：

　　张××老人制作相机的念头源于一种朴素的感情，一种莫名的责任感。靠着一点点退休金，用着简单的工具，他整天关在屋里制作自己的相机。十几周的时间里，他一次次成功了，而在经历过短暂的喜悦之后，涌上心头的却是深深的惆怅。请收看我们的节目《张××和手工相机》。

　　改稿：

　　在上一次的《老人与社会》节目里，我们向您介绍了一位用手工制作相机的同志张××。张××制作相机的念头源于一种朴素的感情和莫名的责任感，靠着并不丰厚的退休金，用着简单的工具，整天把自己关在屋里制作自己的相机。十几周的时间里，他有过一次次成功，而在经历过短暂的喜悦之后，涌上心头的却是深深的惆怅。请继续收看《张××和手工相机》。

21. 原稿：

张××和俞××还素不相识，是一台功能独到、结构合理的手工相机联结了这老少两代人，他们怀揣共同的理想和抱负，要在德国人、日本人一统天下的照相机市场中杀出一条中国人的路来。请收看《老人与社会》节目——《腾飞的龙》。

改稿：

一年以前，远隔千里的张××和俞××，原本是素不相识并远隔千里的人，是一台功能独到、结构合理的手工相机使这老少两代人走到了一起，他们怀着共同的理想和抱负，要在德国人、日本人一统天下的照相机市场中杀出一条中国人的路来。请看《腾飞的龙》。

22. 原稿：

病毒专家王××，在专业上获过多次奖，退下来后，生活中虽然也有不少的业余爱好，却始终不能使自己满足。现在，他加盟了一家动物保健公司，又忙上了生产抗病毒疫苗工作。这是他的老本行，可这于他又是个新课题。

改稿：

有一位病毒专家叫王××，过去他在专业上获过多次奖，他本人开始退休生活后，并不感到寂寞，可他总觉得生活还缺点什么。后来，他加盟了一家动物保健公司，又忙上了生产抗病毒疫苗工作。这是他的老本行，可却和过去在研究所里搞研究不一样。

23. 原稿：

刚才我们看了一位退休老工人，退休后在家庭生活待遇上发生的事而引起了夫妻矛盾。退休后家庭生活发生的矛盾与冲突各种各样，这涉及怎么对待……

改稿：

老同志在离退休之前，大部分时间是在工作岗位上度过的，可离退休之后几乎所有的时间都要在家里度过,所以家庭生活的和谐与美满对老年人来说就显得更为重要,刚才这个小品从另一方面也说明了这一点。那么应该怎样对待离退休以后的家庭生活？今天我们还是请王教授来说说他的看法。

24.原稿：
这一讲我们谈谈老年人为什么要重视心理卫生。心理卫生这个词,对一些老同志比较陌生。王教授,请您来谈谈心理卫生是什么意思好吗？
改稿：
健康长寿可以说是老年人的平生夙愿,可是要想健康长寿,只注意生理卫生是远远不够的,还必须重视心理卫生,做到身体和心理都健康,才能延年益寿。今天我们就请王教授来谈谈有关心理卫生方面的事。

25.原稿：
办好教育事业是振兴中华的根本大计,而千千万万个默默无闻的人民教师,犹如一支支火红的蜡烛,照亮了孩子,点燃了自己。在天涯海角的海南文昌县,华侨老教师张××退休之后不享清福,依然辛勤耕耘在三尺讲坛上。
改稿：
办好教育事业是振兴中华的根本大计,那些默默无闻的人民教师,犹如一支支蜡烛,照亮着孩子,点燃着自己。在天涯海角的海南文昌县,有一位华侨老教师退休之后不享清福,依然辛勤耕耘在三尺讲坛上。

26.原稿：
8月1日是中国人民解放军建军六十七周年,半个多世纪以来,在党的领导下,人民解放军为解放和建设新中国发挥了重要的作用,今天我们给大家介绍的这位军人,虽然没有金戈铁马、驰骋疆场,然而却让五星红旗飘扬在世界各地,为八一军徽增添了熠熠的金辉……

改稿：

在庆贺中国人民解放军建军六十七周年之际，我们要向您介绍一位军人，她虽然没有驰骋疆场，却让五星红旗在世界各地飘扬，她用自己的心血和汗水为八一军徽增添了熠熠金辉……

27. 原稿：

有这么一句老话，说是"久病床前无孝子"，然而在社会主义精神文明的春风中，孝顺父母、赡养老人已蔚成风气，在北京城南的一家大杂院里，一位82岁的老人已卧病在床三年多，让我们一起去看看她……

改稿：

有这么一句老话，"久病床前无孝子"，然而在社会主义精神文明的春风中，孝顺父母、赡养老人已经是很普遍的。今天，在北京城南的一家大杂院里，一位82岁的老人已卧病在床三年多，现在让我们一起去看看她……

28. 原稿：

老年朋友，你们好！明天是清明节日，普天之下，春满人间，很多老年朋友告诉我说，他们结伴游春，玩得很开心，青山碧水，使人仿佛年轻了许多。你是不是也有了这样的感觉：美好的环境能使人生充满情趣。那么今天呢，就让我们先来欣赏《插花与人生》。

改稿：

老年朋友，你们好！明天是清明节日，又到了踏青的季节了，前几天有几位老同志告诉我，他们准备结伴春游。是啊，春游除了健身之外，还可以唤起人生中很多美好的回忆。今天我们要为您播放的节目或许也能唤起您一些美好的回忆，这个节目叫《插花与人生》。

29. 原稿：

你看，重视情绪锻炼，学会控制自己，的确是走上长寿之路的重要条件。你记住了没有?好,今天的节目就到这儿,咱们明天再见!

改稿:

由此可见,重视情绪锻炼,学会控制自己,对老年人来说是非常重要的。今天的节目就到这儿,咱们明天再见!

30.原稿:

老年朋友,在阵阵的欢乐声中,今天的时间又快要到了,在节目的最后,我再和大家聊几句养生的话题。在上一次的《不倒翁》栏目中,国画大师谢××以文养生,今天的《不倒翁》节目中武术教授陈××以武健身,他们一文一武,一东一西,双双踏上长寿之路,今年都是92岁。由此可见,不管用什么方法,只要你坚持锻炼,持之以恒,一定会永葆青春,在这里,我们衷心地祝福您健康长寿!

改稿:

老年朋友,今天的时间快到了,最后,我再和大家聊几句养生的话题。在上一次的《不倒翁》栏目中,国画大师谢××以文养生,今天的《不倒翁》节目中武术教授陈××以武健身,两位老人都是92岁,一文一武,一东一西,双双踏上长寿之路,从二位老人身上我们可以总结这样一点,不管采用什么方法,只要坚持锻炼,持之以恒,一定会永葆青春。

31.原稿:

老年朋友,您好!您去过少林寺吗?您看过有关少林寺的影片吗?今天,就请大家和我们一道,去认识两位少林寺影片中的知名人物,他们会给你讲述许多鲜为人知的屏幕后的故事……

改稿:

老年朋友,您好!不知您是否去过少林寺?或者看过有关少林寺的影片吗?今天,就请大家和我们一道,去认识两位少林寺影片中的知名人物,他们会给你讲述一些鲜为人知的屏幕后的故事……

32. 原稿：

老年朋友,你如果同这些标准有些差距,那么,马上开始锻炼还来得及,你一定会走上长寿之路。

改稿：

您可以用这几条对应一下自己,如果哪一点还有差距的话,那么,就加强锻炼,愿您健康长寿。

33. 原稿：

观众朋友您好,欢迎收看我们的节目。年近七旬的刘××老人,出生于经学世家,自幼受长辈的影响,学习书法艺术,尤其擅长阿拉伯文书法,在继承传统文化的同时,他又有自己的创新。刘××的阿文书法作品字中有画、画中有字,深受广大书法爱好者和收藏者的喜爱。下面就请您收看我们的节目《阿文书法家——刘××》。

改稿：

观众朋友您好,欢迎收看我们的节目。年近七旬的刘××老人,出生于经学世家,他从小受长辈的影响,学习书法艺术,不过他的书法作品可非同一般,尤其擅长阿拉伯文书法,在继承传统文化的同时,他又有自己的创新。他的作品可以说是字中有画、画中有字,非常有特点,下面就请您欣赏我们的节目《刘××老人的阿拉伯文书法》。

34. 原稿：

观众朋友,您好!欢迎收看我们的节目。离开北京动物园的路上,许××的脚步有些依恋和迟疑,这里的动物都受过她呵护和细心照料,它们的健康和疾病都让她牵挂和操心过,现在她退休了,她得和这里的动物道一声别,去开始她新的事业,请收看我们的节目《许××的新事业》。

改稿：

观众朋友,您好!欢迎收看我们的节目。走出了北京动物园的大门,许××怀着依恋的心情,她的脚步有些迟缓,是啊,动物园里的动物都受到过她细心的照料,它们的健康和疾病都让她牵挂和操心过,现在她退休了,她得和这里的动物道一声别,然后去开始自己新的事业,请收看我们的节目《许××的新事业》。

35.原稿:

放风筝是儿童们非常喜爱的一项体育运动。浙江武义农行退休干部胡××就是为了满足小孙子的要求,才开始学做风筝,不料自己竟也迷上了风筝。

"贪玩"是孩子们的天性,但不是孩子们的"专利",对老年朋友而言,能"贪玩"且会"玩",确实对身体有益处。不过,在"玩"的时候,一定要注意量力而行,千万不要"玩"过了头,而忽视了睡眠和日常饮食。

改稿:

放风筝是孩子们非常喜爱的一项体育运动。浙江武义农行退休干部胡××就是为了满足小孙子的要求,才开始学做风筝的,没想到自己竟也迷上了风筝。

"爱玩"是孩子们的天性,但不是孩子们的"专利",对老年人来说,能"爱玩"且会"玩",无疑对身体是有益处的。不过,在"玩"的时候,一定要注意量力而行,千万不要"玩"过了头,而影响了睡眠和日常饮食。

36.原稿:

在家庭生活中,人们常常挂在嘴边上的一句话是"一碗水端平",这是指对小字辈不要有所偏爱。对儿子、女儿要一碗水端平,对儿媳们更要一碗水端平。因为几乎每一个儿媳都是带着强烈的自尊和攀比心理走进婆家大门的。一旦婆婆待她稍有疏忽,则会埋下阴影,影响日后的婆媳关系。

改稿:

有时候人们常用"一碗水端平"来形容对小字辈不要有所偏爱。特别是作为婆婆,对儿子、女儿要一碗水端平,对儿媳们更要一碗水端平。

因为绝大多数的儿媳都是带着忐忑不安的心情和自尊心走进婆家大门的。如果做婆婆的不能一碗水端平,就会在儿媳心里留下阴影,影响日后的婆媳关系。

37.原稿:

居委会负责很琐碎、很繁杂的工作,要做好它真是得花费很多的精力。明知待遇却不高、工作又累,这些已经有退休金、年纪都不小的居委会干部们,认识到这个工作就是"老有所为",图的就是这个"为"字,因此值得干。就这样,在我国大大小小的城镇中,一个个的居委会都在发挥着它们应起的作用。

改稿:

居委会的工作很琐碎、很繁杂,要花很多的精力,而待遇不高。可是这些老同志却做得那么认真,那么出色,他们图的是什么?图的就是一个"为"字,他们觉得能为社会做一些贡献,自己生活也会感到很充实。工作又累,这些已经有退休金、年纪都不小的居委会干部们,认识到这个工作就是"老有所为",图的就是这个"为"字,因此值得干。就这样,在我国大大小小的城镇中,一个个的居委会都在发挥着它们不可替代的作用。

38.原稿:

14岁入党,15岁参加八路军的赵××在部队里干了一辈子革命工作。可这位老革命离休之时竟立下了要在古稀之年加入中国作家协会的宏伟志愿。从此,赵老勤奋写作,马不停蹄,在他68岁半之时,已完成了百万字、六部书的创作,其中有广为人知的《板门店谈判》,赵老提前一年半加入了中国作协,圆了他的作家梦。下面我们就一起来结识一下这位难得的老八路、新作家。

改稿:

有一位老八路,在他60岁离休的时候,给自己立下了誓言,要在古稀之年加入中国作家协会。他说到做到,离休之后,埋头写作,终于在他68

岁半的时候完成了六部书,长达百万字的创作,提前一年半加入中国作协,圆了自己的作家梦。下面我们就一起来结识一下这位难得的老八路、新作家。

39.原稿:

曾经有不止一位的老年朋友当面和我讲:"沈老师,我真羡慕你,形象总是那么年轻,风采不减当年。"听了这样的赞美,我还是很高兴的,也很感谢他们对我的喜爱。说真的,我不知道自己是否真的被许多人羡慕,但是说心里话,我常常真心实意地羡慕别人,这个您也许就不太相信了,但的确是这样,比如,我就十分羡慕许多老年朋友童心依旧,能经常参加娱乐活动,甚至去外地旅游,既丰富了生活,又锻炼了身体。我还羡慕那些性格活泼外向的老同志,不但敢穿十分俏丽的时装,参加一些表演也不怯场,大大方方⋯⋯

改稿:

曾有不少观众朋友跟我交流或当面和我讲,他们很羡慕我,羡慕我离休以后还能有这样一个发挥余热的工作岗位,羡慕到我这年龄还没发胖,羡慕我能有这么多朋友。说心里话,我常常真心实意地羡慕别人,这个您也许就不太相信了,但的确是这样,比如,我就十分羡慕许多老年朋友,他们退下事业还能够重新找到生活的支撑点,还有不少老同志做出了那么多既美观又好吃的食物⋯⋯

40.原稿:

在人们的心目中,老干部工作似乎没有什么难度,一切遵照国家政策办事即可。可常××从五年前接手抚顺××化工厂离休处处长职务那天起,就把这份工作当作一项党的事业来做。为了让老干部生活得更好,常××不向组织伸手,而是千方百计自己集资白手起家,他组织成立了施工队,建起了鸡场、猪场和珍禽饲养场,分内分外的事忙得他顾不上自己多病的身体,顾不上自己多灾多难的家,他牺牲得太多。从他身上我懂得了毛主席说的"全心全意为人民服务"的真正含义。

改稿：

说到老干部工作，也许有些同志认为它似乎没有什么难度，一切按照国家的规定和政策办事就行了。可抚顺××化工厂离休处处长常××同志从五年前接任这个职务的那天起，就把这份工作当作党的事业努力来做。为了让老干部生活得更好，他不向组织伸手，而是千方百计克服困难自己集资白手起家，他组织成立了施工队，建起了鸡场、猪场和珍禽饲养场，分内分外的事忙得他顾不上自己多病的身体，也顾不上自己有诸多困难的家庭，他付出得太多了。老干部们说，从他身上我懂得了毛主席说的"全心全意为人民服务"的真正含义。

对话式串联词设计改稿

1.原稿：

沈：今天是九九重阳节，也是《夕阳红》开播一周年的日子，在这个特别的日子里，我们一直在想，应该送给老年朋友一份什么样的礼物呢？从大量的观众来信中我们发现，有很多老年朋友除了对《夕阳红》节目的喜爱之外，对《夕阳红》的主题歌更感兴趣。他们实在太喜欢这首歌了！

陈：我们也由此得来灵感，应该创作出更多更好的以老年人为主题的歌曲，用音乐去描绘金色的晚年。

沈：是的，这次我们就用最好的电视制作手段，联合国内著名的词曲作家、演唱者为老年朋友们精心制作了一组MTV，奉献给您。

改稿：

沈：今天是九九重阳节，也是《夕阳红》栏目开播一周年的日子，在这个特别的日子里，我们一直在想，应该送给老年朋友一份什么样的礼物呢？从大量的观众来信中我们发现，很多老年朋友不仅喜爱《夕阳红》节目，同时也非常喜欢《夕阳红》的主题歌。

陈：我们也由此得来灵感，应该创作出更多更好的以老年人为主题的歌曲，用音乐去描绘金色的晚年。

沈：是的，这次我们就用最好的电视制作手段，联合国内几位著名的词曲作家和演唱者为老年朋友们精心制作了一组属于老年人自己的MTV，奉献给大家。

2.原稿：

沈：观众朋友，要说时下的老年人，心气儿可真不小。个个忙活了多半辈子，虽说人间百味已一览无余，可他们对生活的热爱与眷恋，却有增无减。最大限度地发展自己的兴趣爱好，已经成为现今越来越多老年人对生活的一种追求。今天我们要向大家介绍一对夫妇，看他们别具一格的兴趣爱好。好，鲁老师，现在您是不是就给大家介绍一下您的宝贝呢？

鲁：我的兴趣爱好，就是收集这些鞋，这些鞋是我们家的宝贝。

画面：各种鞋。

沈：真是太丰实太精美了，鲁老师，您是从什么时候开始收集这些鞋品的？

鲁：算起来要从10多年以前开始的，一开始只有少数几件，指（最初几件鞋品，第一件鞋品），当时觉得挺可爱、挺艺术的，见有就存起来，后来慢慢多起来，兴趣随之增强，开始主动去找、去买，日积月累，越来越多了。

沈：就是说您是从一开始下意识地存，到后来有意识地集，那么从集到现在，您一共收集了多少件鞋品？

鲁：三百多件。

（分类介绍：最大的一件；最小的一件；民俗类、异国类、实用类、运动类、玩具类、玻璃类、皮制类、陶瓷类、钥匙链类、服饰类、微型类、情趣类）

沈：刚才我们一起欣赏了非常丰富多彩、美不胜收而又情趣盎然的鞋品，那么这些鞋品都是怎么收集的呢？其实，它们中间还凝结着不少小插曲、小故事，饱含着珍贵的人间真情。您感兴趣吗？由于时间关系，欢迎您在隔天的"怡情园"节目里继续收看。

改稿：

沈：观众朋友，要说时下的老年人，心气儿可真不小。个个忙活了多半辈子,虽说人间百味已一览无余,可他们对生活的热爱与眷恋,却有增无减。最大限度地发展自己的兴趣和爱好,已经成为现今越来越多老年人对生活的一种追求。今天我们要向大家介绍一对夫妇,看他们别具一格的兴趣和爱好。

画面:一双走动的玩具鞋(本身带有音乐)定格(或将画面拉至一角),音乐保留,字幕进入。一组各种鞋的快镜头。最后从主持人手中的一双鞋拉回主持人和主人。

沈:看您收藏的这些鞋真是一种艺术享受,请问您一共收集了多少种?(300多种)这么多,真要眼花缭乱了,能大致分类给我们介绍一下吗?

沈:真是太精彩了。观众朋友,刚才我们看到了这些情趣盎然的、精巧细致的鞋只是主人收集的鞋中的大部分,余下的那部分,我们将在下一次的"怡情院"节目里继续向您介绍。下一次,主人还要向您介绍收集过程中饱含着人间真情的小插曲和小故事,欢迎您到时观看。

3.原稿:

主人:对,所以我越来越珍爱它们,因为它们使我们的生活充满情趣而又美好。

沈:确实是,其实美就在我们生活中间。只要你留心,只要你用心去找、去发现,并且坚持下去,您就一定会有一个预料之外的收获,那么您也一定会拥有一个充实而又美好的退休生活。观众朋友,您说是吗?

改稿:

主人:对,所以我越来越珍爱它们,因为它们使我们的生活充满情趣而又美好。

沈:确实是,其实美就在生活中。只要我们用心去找、去发现,并且坚持下去,我想总是会有收获,会使我们的晚年生活更充实的。您说是吗?

4. 原稿：

沈：各位老年朋友，又到了我们《娱乐宫》的时间了，今天是第三期，我们邀请了……

（沈力抬头过去，切葛××提驴尾巴走上）

沈：葛××先生，今天请您来是主持《娱乐宫》节目，不是演电影"马尾巴的功能"！您搞错了。

葛：非也，沈力女士，这提的不是马尾巴，准确地说，这是驴尾巴！

改稿：

沈：观众朋友，一提到"驴尾巴的功能"，大家立刻会想到著名电影表演艺术家葛××先生。葛老今天也要给我们推荐一个节目，这不，他来了。

葛：老年朋友们，你们好！

沈：葛老，您不是来给大家推荐节目的吗？怎么还会手拿着马尾巴？

葛：非也，沈力女士，这提的不是马尾巴，准确地说，这是驴尾巴！

5. 原稿：

沈：观众朋友，我们又见面了！今天我们继续来进行第二组的历史知识竞赛。

时：哎，沈老师，你忘记了，上一次的奖品还没来得及发呢。

沈：噢，幸亏您提醒，要不，真忘了。好，现在，请第一组的一等奖获得者××上来领奖。

改稿：

沈：观众朋友，你们好。

时：观众朋友们好。

沈：今天我们继续进行第二组的历史知识竞赛。在比赛之前，我想向观众朋友们介绍几位为这次历史知识竞赛做了大量工作的幕后同志。他们出题目、判卷子、发通知，大部分都是利用业余时间做的。

时：他们确实很辛苦。

沈:现在我们来认识一下,这位是……

(每人讲一句话,例如"这是我们应该做的""希望您能喜欢这次节目""祝愿代表们取得好成绩")

沈:下面第二组竞赛开始!

6.原稿:

沈:表演得真不错,真是技艺惊人。

万:技艺惊人?我的老伙伴们还能一语惊人呢,不信你听他们一一道来。

沈:感谢三位老朋友给我们带来欢笑。

万:笑一笑,十年少嘛!

沈:我们在笑声中度过了8分钟的美好时光,下期娱乐宫再见!(掌声渐隐)

改稿:

沈:三位老同志表演得真不错,请问您几位有多大年纪了?每天都练吗?……怪不得,真是技艺惊人。

万:技艺惊人?我的老伙伴们还能一语惊人呢,不信你听他们一一道来。

沈:感谢三位老朋友给我们带来了欢笑。万老,也谢谢您给我们带来的精彩节目。

万:笑一笑,十年少嘛!只要老年朋友们高兴,我也算没白来一趟。

沈:愿老年朋友们笑口常开,青春常在,好,这次节目到这儿就结束了,下次节目再见!(掌声渐隐)

7.原稿:

沈:观众朋友,您大概已经认出来了,这位书法家是著名的歌唱家胡××。今天,我们来到了他的家中采访。(口念)老夫聊发少年狂,这是苏东坡的词——《江城子》里的一句。胡××为什么写这句?老夫指的是谁?为什么发狂?为什么偏偏要发少年狂?这只能请胡××自己跟大家说了。

改稿:

沈:观众朋友,您大概已经认出来了,这位挥笔者是我国著名歌唱家胡××,我们来看看他写的是什么。

胡放笔念:观众朋友您好,我写的是"老夫聊发少年狂"。

沈:这是苏轼的一首词《江城子》中的一句,请问您写这句是自喻还是喻人?

胡:就算是自喻吧,我今年××岁,夫人××岁,都算得上是老夫了。

沈:那这"少年狂"是不是指你们合拍的音乐会"长久万里情"这件事?

胡:是的。

沈:您已功成名就,按说可以放弃事业、颐养天年了,可为什么已年过花甲,还要发少年狂?能不能谈谈拍这个音乐会的初衷?

8.原稿:

沈:各位老年朋友们,第七期《娱乐宫》又和您见面了。您一定很关心这愉快的8分钟如何度过吧,下面我向您介绍这期内容——

(高××急上)

高:沈力小姐,噢,对了,沈力女士,这《娱乐宫》怎么没我们曲艺界的节目?

沈:高先生,我正找您呢。有好相声吗?

高:有是有,还没写呢。

沈:还是没有。

高:你别光顾看相声,人家有一段单弦《老年人》也够哏儿的。

沈:那咱就听听吧。

(单弦演唱,结束时,观众鼓掌)

改稿:

沈:观众朋友们,今天的《娱乐宫》我请了一位著名笑星,可临到上场的时候,不知道他跑哪儿去了。

(高××急上)

高:沈力小姐,噢,对了,沈力女士,我在这儿呢,我正想问,这《娱乐宫》怎么没我们曲艺界的节目?

沈:高先生,我正找您呢。请问有好相声吗?

高:有是有,还没写呢。

沈:那太遗憾了。

高:你别光顾看相声,人家有一段单弦《老年人》也够哏儿的。

沈:由谁唱?

高:您看这儿还有谁?

沈:这儿除了我就是您啊。

高:那您唱?

沈:我哪会?

高:这不结了,我唱。

沈:那太好啦,请。

(单弦演唱,结束时,观众鼓掌)

高:(唱几句)我不着调,还是请××唱吧。

(单弦演唱,结束时,采访林×)

沈:林×大姐,多才多艺又会跳又会唱,上次的大头娃娃舞太好了,今天又唱得好,请问还会什么?

林:跳迪斯科。

沈:太美了,真羡慕您,谢谢您了。(观众鼓掌)

9.原稿:

沈:各位老年朋友们,今天是第二期《娱乐宫》节目,今天节目有歌有舞,希望老年朋友们喜欢。

(音乐起,沈力惊愕地走去)

沈:怎么,小朋友也来了?

（几个"大头娃娃"载歌载舞,活泼可爱地上台表演）

（结束时,正欲下台）

沈:小朋友们,先不要走。

大头娃娃:(掀头盔)我们是老朋友!

（观众报以微笑及掌声）

沈:哎哟,真是返老还童了,请各位老大姐,各说一句话,表表你们的童心吧,比如说:"我每天都在家看小孙子,可是玩起来的时候我们是一对朋友!"

（老大姐们每人讲一句精彩幽默的语言）

改稿:

沈:观众朋友,一般说,人到了老年就越发喜爱孩子,孩子们那天真无邪的笑脸和纯洁的心灵,或许会给老年人寂寞的心灵注入一泉原力,带来几分温馨。不管怎么说,小朋友们的表演会给大家欢乐的。

（几个"大头娃娃"载歌载舞,活泼可爱地上台表演）

（结束时,正欲下台）

沈:小朋友们,请揭下你们的假面具和大家打个招呼好吗?

大头娃娃:(掀头盔)我们是老朋友!

（观众报以微笑及掌声）

沈:观众朋友,您大概没想到这几位竟是老顽童吧?他们真是童心未泯啊,看来几位大姐活得很开心,能不能请各位谈谈返老还童的经验?

10.原稿:

沈:老年朋友们,今天是第五期《娱乐宫》。这期内容,您一定会喜欢的,我们给您安排的是京剧片段演唱,今天是北京人民艺术剧院的著名表演艺术家李×同志与我合体主持。

（李×边唱边走上舞台）

李:沈力同志您好,今天来了不少业余京剧演员,他们都唱得不错,尤其是76岁高龄的龚××大姐,更是雄风不减,比我唱得强多了。

沈：那就请龚大姐唱吧。

李：为她擦琴的，是她的老伴儿，李××同志。

沈：这真是妇唱夫随啊，请！

改稿：

沈：观众朋友，很多老年人喜欢听京剧，今天的《娱乐宫》，我们特别为您安排了京剧演唱，您看谁来了。

（李×边唱边走上舞台）

李：老年朋友们你们好。

沈：您这是从哪儿来？

李：我刚吊完嗓子，我们那儿有不少京剧爱好者，他们都唱得不错，今天我可发现了个人才。

沈：是谁啊？

李：70多岁高龄的大姐，比我唱得强多了。

沈：那您请她来了吗？

李：请来了。（用京剧念白）有请，刘大姐。

刘：来了（京白）。

李：我介绍一下，这位是她的老伴琴师同志，他二位可是真正的妇唱夫随啊（京白）。

沈：欢迎二位来到我们的《娱乐宫》，请！

加批注的手稿改稿

1.原稿：

观众朋友们，现在我们是在北京市老年体协组织的一次活动的现场，您能猜出他们是在进行什么活动吗？你也许会说这是不是玩游戏呀？错了，这样吧，我们还是请他们自己说说吧。

（采访，一位正在做检测的老人）

好，观众朋友们您听清楚了吧，原来他们正在进行的是老年人体质测定评分，至于怎么测定、对老年同志的身体健康有什么好处，咱们还是听听老年体协的同志如何说吧!

(采访现场的一位工作人员谈一下怎么测和有何好处)

观众朋友,对于这项活动,您是不是觉得有点儿意思?那么,对于这项活动的组织者,也就是北京市老年体协,他们为什么要开展这项活动?更深层次的意义何在?采用的评分标准是否科学?对于这些问题,我们请老年体协的几位同志谈一下吧。

(唐主席等几位同志分别谈)

好,观众朋友们,看了今天的节目,您一定对北京市老年体协办的老年人体质测定评分这个活动有了大概的了解,下次的节目里,我们将给您介绍体质测定的具体操作方法,欢迎您收看。

【批注】第一集连线采访的人:

(1) 呆板、趣味性不强,本身极富趣味性;

(2) 开头就缺乏对老年人的心理的交流与共鸣,就缺乏吸引力;

(3) 主持人要传递信息,要吸引观众看你的节目,要了解观众的心态。

重点:把解释打乱,插进各集开头。

改稿:

开头的话:每一位老年人都很关心自己的身体状况,也很希望了解自己的体质情况。我们了解到北京市老年体协制定了一个老年人自我体质测定的标准,我们觉得这种自我测定的方法既简单又实用,准备分几次节目向大家做介绍。今天先请体协的几位同志介绍一下自我体质测定的内容和方法。

【批注】老年人最关心的是健康,要开门见山,把观众吸引过来。将某个节目吃透,介绍什么、采访什么人、讲些什么内容,要胸有成竹,运筹帷幄。

采访:1.怎么进行自我测定?通过什么方法来测定?(十项内容,评分)

【批注】首先要告诉观众的,不能放第二集。

2.为什么选定这十项内容?(科研项目)

3.唐主席,您是这项活动的发起和组织者,谈谈组织这项活动的初衷?(意义)

　　【批注】插入(原稿)第一项内容,以引起兴趣。

　　结尾:关于老年人自我体质测定的有关情况今天先介绍到这儿,从下次的"益寿之道"节目开始将向您做具体介绍。欢迎您踊跃地参加这项活动,祝您能有一个健康的体魄。今天的节目就播到这儿,明天再见!

　　2.原稿:

　　观众朋友,您好!又到了咱们《轻松作坊》的节目时间啦,我们《轻松作坊》节目是个新版块栏目,这个节目的定位是"说得清,学得会",这个定位主要来源于我们对老年朋友的理解,很多离退休的老年朋友都有一种愿望希望自己的晚年生活能"老有所学,老有所为,老有所乐",用老年朋友自己的话说,人生能有一点儿追求、有一些爱好,会使人们的精神生活丰富起来,对上了年纪的老人来说也不例外,更应该超脱繁杂的环境,引向无限乐趣的境界,永葆奋进的活力,因此我们也希望我们的《轻松作坊》节目能实实在在地为实现老年朋友的追求出一份力。

　　【批注】不需要和观众谈定位,和老年人说道理不要太白,点到为止,无须表白,要行动。

　　改稿:

　　很多老年朋友都有一种愿望,希望自己的晚年生活能有所为,有所学,有所乐。用老年朋友们自己的话来说就是,"人生需要有一点儿追求"。是啊,追求可以说是点燃美好生活的长明灯。我想"追求"并不是年轻人的专利,很多老年朋友都有自己的追求,像路大姐就是其中的一位。

　　【批注】简练了。

　　3.原稿:

　　在前不久的《养生杂谈》节目里,我们向大家介绍了老年人也缺钙,今天我们再请北京市卫生局的邹××大夫和老年朋友谈谈碘与健康。

改稿：

碘缺乏病已引起了世界各国的高度重视,我国政府在1991年的3月曾经向国际和合作作出了承诺——2000年在中国消除碘缺乏病。碘是人体必需的生命之泉,今天的《养生杂谈》节目,我们就来说说,碘和老年人的健康有些什么关系。

【批注】提供信息、增加知识、见缝插针。

4.原稿：

观众朋友您好,欢迎收看我们的节目。在北京香山植物园里,有一个小小的古植物演化展览馆,创办于1989年。原中国科学院古植物研究所的研究员、62岁的朱××先生,就是这个展览馆的创办者。朱老坚信科学知识的普及,就像高山隆起一样,只要每一个科学工作者,都有一点一滴的努力,就能筑起我们中华民族的高峰。下面就请您收看《慢慢隆起的高山》。

改稿：

观众朋友您好,欢迎收看我们的节目。在北京香山植物园里,有一个小小的古植物演化展览馆。62岁的朱××先生,不仅是这个展览馆的创办者,而且还是展览馆的研究员、讲解员、保卫员和保洁员。这恐怕是世界上独一无二的馆长了。下面就请您收看《慢慢隆起的高山》。

【批注】不能只重复节目内容,(要找)地点、人物、事件、有趣的事儿。

5.原稿：

【画外音】称他们是鲁班师,是当之无愧的,他们当中有当年青年鲁班突击队的师傅,从规模壮观的北京十大建筑、别致舒适的东郊使馆区,到崛起的亚运村惠贞酒楼、东城邮电大楼,无不留下了他们的足迹。如今他们都已年过花甲,又执着地走进钓鱼台。

【配合画面】一个个从低向高走出来(人民大会堂、民族宫、军博、北京饭店、北京站、历史博物馆、东郊使馆区、亚运村、东城邮电大楼,人人都走

在钓鱼台的路上）

【批注】这幅画面不入题,让人走进钓鱼台,却又出现常见的十大建筑,应换成老鲁班在钓鱼台工作情景。画外也需改,(建议)直接点题。

6.原稿：

沈：各位老年朋友们,我们中央电视台《夕阳红》栏目,今天首次开播,第一期《娱乐宫》也是首次和大家见面,非常荣幸的是,大家非常熟悉的汤同志和胡汉三的扮演者、著名电影艺术家刘×同志,将和我主持第一期《娱乐宫》。

（观众热烈的掌声）

沈：别看刘×同志经常演反派,生活中他可是个大好人。

刘：你说对了,大大的好人,我是部队文艺工作者,一辈子当兵、学兵,为民服务,所以,对解放军这个大家庭感情深,爱得深。

沈：今天,我特意邀请了几位部队的老战友,在第一期《娱乐宫》里亮相。

改稿：

沈：观众朋友,我们《娱乐宫》节目的主角可以说是清一色的老年朋友。我们非常希望老年朋友们都能走进我们的《娱乐宫》,现在我就向您发出邀请,让我们一起来把这个节目办好。非常有幸的是,我们这个节目得到了很多老一辈艺术家的支持和帮助。他们一听说要给老年人办节目积极性可高啦,您看,这就是其中的一位。

（刘×边招手边上）：老年朋友你们好！

（观众热烈的掌声）

沈：刘老,不知道怎么的了,一见到您就让人想起胡汉三,就想笑。

刘：想笑好哇,笑一笑十年少嘛。

沈：观众朋友,别看刘×同志经常演反派,生活中他可是个非常好的大好人。

刘：你说对了,大大的好人,我是部队文艺工作者,一辈子当兵、学兵,为民服务,所以,对解放军这个大家庭感情深,爱得深。

沈:今天,我特意邀请了几组部队的老战友。

【批注】

(1)不说"第几期"以免用时被动;

(2)尽可能体现群众的参与性。另,介绍表演者(可以用字幕形式,主持人语言中贯穿一些);

(3)每期开头不用"又和您见面""又到了——""××和我一起主持"俗语,尽可能别致一点儿,引导演员;

(4)嘉宾主持人,主要起活跃气氛的作用,是一个节目的主持者和节目的推荐者。(主持人开头语中做铺垫)

7.原稿:

看来建立科学的生活方式,对于一个人的身体健康和心理健康都是极为重要的。老年朋友,这回您对于自己的健康长寿该有信心了吧?那么,您将来如何安排自己的生活呢?

改稿:

人究竟能活多大岁数?人的正常寿命究竟有多长?这是从古至今人们十分关心的,尤其是近40年来形成的"生命科学"开始探索和解决的奥秘。随着社会的进步和生活水平的提高,"人生七十古来稀"已成为历史的写照。当今,我们已处在一个"百岁诚可期"的时代。愿我们的老年朋友们都能够长寿,都能够活过一百岁,那么怎样做才能延年益寿?我们将在今日的《不倒翁》节目里隆重向您介绍。

【批注】前面科学家的分析谈到了,人的正常寿命是100岁,但由于诸多客观因素,活不到那么久,最后谈到科学地生活方式的重要性,(但原稿结尾)我感到这么说简单些,潦草。因为不仅仅是一个科学生活方式,不能说我们讲了这些道理,就能让人建立信心了,应更客观地说明。

8.原稿:

老年朋友,听了这样的话,您是不是觉得很有道理呢？有的老人总喜欢怨年轻人对自己不理解,没有共同语言。依我看,如果您能像赵××老人那样乐于结识"忘年交",久而久之,那种孤独、封闭的心态就会逐渐变得开朗起来,使您的晚年增加色彩。

改稿:

我觉得赵××同志的做法是可以借鉴的,过去,我偶然也听到过有的老同志抱怨年轻人对自己不理解,他们缺乏共同语言。我想如果我们能像赵××同志那样乐于结识"忘年交",久而久之,那种孤独、封闭的心态就会逐渐变得开朗起来,会为自己的晚年增加色彩。

【批注】(原稿)太客观,有指责的口气,修改。

9.原稿:

沈:这几位选手,今天要在这里大显身手了,他们在规定的时间里,将露几手让您瞧瞧。说不定您也会从中受到启发,自己动手来丰富您的餐桌。好,让我们先听听这几位选手对观众说几句什么吧。

(依次谈一两句)

甲:自己做得最干净,最放心了。

乙:生吃凉拌,一定彻底消毒。

丙:不一定数量多,但要讲究实惠可口。

丁:洋为中用,您和我都换换口味。

(掌声)

沈:八仙过海,各显其能。请就位:预备——开始。

[四位"刀工"开始,丝、片、块、末……(推镜)]

(搭配到调和摆盘……)

(沈请高级拼盘师傅讲评)

改稿:

沈:等一会儿,我们邀请各位选手在规定的时间内大显身手,现在先请各位做个自我介绍,并向观众说一句话,好吗?

【批注】选手先自我介绍,每人的话不幽默。

(依次谈一两句)

甲:自己做得最干净,最放心了。

乙:生吃凉拌,一定彻底消毒。

丙:不一定数量多,但要讲究实惠可口。

丁:洋为中用,您和我都换换口味。

(掌声)

沈:八仙过海,各显其能。请就位:预备——开始。

[四位"刀工"开始,丝、片、块、末……(推镜)]

【批注】关键在做?

(搭配到调和摆盘……)

(沈请高级拼盘师傅讲评)

【批注】评讲时要讲出点拼盘知识,此点是立意,否则这一集不知所云。

10.原稿:

老年朋友看了这些由老年人自编、自演、自娱、自乐的节目,您觉得开心吗?

【批注】把球扔给了观众,主持人的感受?

改稿:

观众朋友,我们看到了刚才跳舞的这些老同志,论身材吧,算不上那么苗条,论动作吧也不那么规范,可当他们操劳了一生重新迸发出一种热情的时候,身材、动作又算得上什么呢?他们不只是在追寻青春的脚步,而是在记录幸福的晚年。让我们的心伴着他们那欢快的舞步一起跳动吧。

【批注】主持人要有感而发,要投入真挚情感。

后　记

　　沈力作为我国播音主持历史上的标杆性人物,她的身上彰显着一代老播音人的优良传统,无论是其一丝不苟的敬业精神,还是谦虚谨慎的工作作风,都值得年轻人学习,这些老一辈播音工作者的实践创作经验,以及为人处事原则也成为播音主持艺术领域"初心"教育最生动的范本。沈力作为播音主持领域杰出的女性代表,她的成功史也是一部职业女性的奋斗史。

　　本书重点研究的是沈力的电视节目主持风格,其个人主持风格则主要通过她的创作作品来体现。沈力是我国第一位电视播音员,她从事电视行业四十载,播报或主持过大大小小的节目。从现有的播音主持历史来看,沈力是我国公认的第一个固定的电视栏目主持人,其主持的主要代表作为 20 世纪 80 年代的《为您服务》和 90 年代的《夕阳红》,这也是本书进行主持风格研究的主要依据。沈力主持风格的形成不是一蹴而就的,它与沈力个人的成长经历密不可分。主持风格的研究归根结底还是一场对于"人"的研究,正所谓"风格即人"。

　　本书的框架和主体部分主要在博士论文写作期间完成,其间完成了对沈力老师和赵忠祥老师的访谈,留下了他们的宝贵口述资料。如今,两位播音名家都已离我们远去,这更加让我感受到研究播音历史人物的时间紧迫性。回溯过往,研究人物最大的收获就在于能够深入而全面地了解人物的人格甚至灵魂。感谢有这样一个研究机缘,让我与心中敬仰的老一辈播音人有这样的亲密接触,这也让我对沈力老师更多了几分敬重与欣赏。与沈力老师的初见是在医院的病房里,那时沈老师刚刚查出肺癌不久。我永远记得我们第一次见面的情景,当我坐上电梯到了她所在的楼层,还没来得及开口询问病房位置,就听到沈力老师在病房门口轻声召唤我的名字,仿佛我早已是她熟悉的晚辈。这个永远谦逊朴实、时刻为他人着想的老人,虽然头上顶了无数光环,却从未让我有任何距离感。我写作期间,沈力老师正在经受病痛折磨,但在接受访谈过程中,她从未抱怨病痛。相反,她却总是想着尽可能抓紧一切时间为我提供写作所需的资料。写作内外,我真实而强烈地感受到了沈力老师的人格魅力,明白了大家对她满口称赞的缘由。衷心感谢在病痛中的沈力老师给了我最最真诚的鼓励和支持,我永远记得那些温暖而愉快的聊天。沈力老师百折不挠的精神和豁达的人生态度也给予了我满满的人生正能量。

在写作过程中,我先后多次与沈力老师沟通交流,考虑到沈力老师的身体状况,我不忍经常去打扰她。但是,无论何时,面对我写作中的困惑,沈力老师总是给予我耐心的解答。为了丰富本书的研究基础,增加其历史厚重感和说服力,我还根据沈力老师提供的信息,在中国妇女儿童博物馆找到了沈力老师曾经捐赠的大量个人资料,包括早年其主持《为您服务》和《夕阳红》等的手稿近百份,以及其在20世纪60年代播音的视频片段等资料。遗憾的是,沈力老师还未能得见这些继续丰富补充的内容,就离开了。如今,唯有努力完成好本书,才是对沈力老师的最好纪念。为了进一步夯实本书的研究基础,我又先后对沈力老师的同事和家人进行了访谈,这些鲜活的材料让我找到了更加充分的研究依据,在整理材料的过程中,我再一次真切感受到了沈力老师作为播音主持工作者的那份炽热的"初心"。从学术上说,我与沈力老师交流所得的那些语料库将成为宝贵的历史资源,但更让我难忘和受益匪浅的是沈力老师的人格魅力。正是因为敬重,又让我多了几分慎重,我希望用自己的笔触,清晰而全面地诠释出沈力老师的主持风格内涵,折射出那一代播音人的优秀品质,供后辈学习了解。因此,本书从最初完成到后来的不断打磨与丰富,经历了近8个年头。尽管在这8年中,在繁重的教学和行政工作之余,我尽可能回溯沈力老师的主持年代,了解当时的社会,感受沈力老师口中说的"那一代人"的特点，也曾努力从不同人的视角探寻他们眼中的沈力老师。这一路走来的收获，让我开心的是，不论是史料里的感受，还是他人眼中的沈力老师，跟我最初的研究结果几乎都是一致的，但我又总觉得书中还有很多需要继续充实和完善的地方。在我看来，研究沈力老师的书应该具有厚重感，我觉得自己还没达到这个标准。感谢在写作最纠结的时候，导师姚喜双教授给予了我最关键的指点，他建议我把收集到的最宝贵的资料进行系统性梳理做一个汇编放在书中，这样既丰富了书中的内容，也为更多的播音主持研究者和喜爱沈力老师的人提供了最"原汁原味"的资料，这个资料汇编既可用作研究，也可用来感受，是一举两得的做法。后来，在沈力老师曾经的同事，也是我的师长应红老师的介绍下，我又有幸认识了沈力老师的长子吴林。在完成了全部书稿的整理后，我怀着忐忑的心情请吴林老师为书稿中的信息把关，并对吴林老师做了补充访谈。在我看来，真实是本书的基础和前提，尽管在整个写作过程中跟沈力老师有过很多交流，并且搜集到了很多宝贵的支撑材料，但我与沈力老师的年龄差距以及沈力老师主持艺术创作的历史跨度，都让我非常担心自己在书中对沈力老师的形象还原不够。没想到的是，吴林老师在仔细阅读书稿后，给予了我这样的反馈："这是到目前为止看过关于沈力的最全面也最深刻的一本书，写得很真实。"我心里的一块石头至此终于落地，同时也备受鼓舞。尽管我自知书中还有很多有待完善之处，但真实始终是这本书的生命。沈力老师为人低调，她从不主张对其个人进行过度著述，但她在播音主持艺术界所取得的成就又是不可磨灭的，它们应当也应该被世人记录。本书希望以业务研究为突破口，生动呈现沈力老师的人格魅力及再现沈力老师当年播音主持创作的时代风貌。希望通过本书的出版，让更多的人了解沈力老师丰满的人格。欢迎广大读者继续补充丰富信息，为后续书籍的进一步修订完善作出贡献。文中涉及不少早年历史材料，如引用资料有未尽标明之处，还望大家海涵。

在本书即将出版之际，要感谢的人和事实在太多，文字的罗列总显苍白，但内心早已被感动装满：我的博士生导师姚喜双教授为我提供了高屋建瓴的写作建议,并从播音历史的角度告诉我该如何做好人物研究,并为本书题目挥毫泼墨;硕士导师吴郁教授生前不仅跟我分享了很多沈力老师的故事,而且给我提供了早年沈力老师接受专访的宝贵影像资料;央视的赵忠祥老师、张悦老师、应红老师、吴林老师认真地接受了我的采访;邹煜老师、袁伟师兄、朱瑞师妹等同门当年给予论文的批评指正;博士同学欧阳夏丹对我的写作素材提供了大力支持,侯月、苏凡博在我论文艰难写作阶段给予了我建议和鼓励;学生王春雨、王一冰、宋冰焱在进行手稿资料电子化过程中提供了支持……点点滴滴,铭记在心。

最后,感谢我所在单位中华女子学院对本书出版的大力资助,感谢同事郭冬生教授和中国妇儿馆的工作人员对本书资料收集给予的大力帮助,感谢于水莲编辑在整个出版过程中与我耐心地沟通,感谢家人在我写作期间不计回报的付出。同时,本书完善期间还得到了本人所在的国家社科重大项目"百年中国播音史"课题组的大力支持和帮助,该书也将作为课题成果被收录其中。

吴　倩

2024年5月于北京

图书在版编目(CIP)数据

沈力的主持风格/吴倩著.--北京：中国传媒大学出版社，2024.7.
ISBN 978-7-5657-3664-3
Ⅰ.G222.2
中国国家版本馆 CIP 数据核字第 20249ZA745 号

沈力的主持风格
SHENLI DE ZHUCHI FENGGE

著　　者	吴　倩
责任编辑	于水莲
封面设计	拓美设计
责任印制	李志鹏

出版发行	**中国传媒大學**出版社			
社　　址	北京市朝阳区定福庄东街1号	邮　编	100024	
电　　话	86-10-65450528　65450532	传　真	65779405	
网　　址	http://cucp.cuc.edu.cn			
经　　销	全国新华书店			
印　　刷	唐山玺诚印务有限公司			
开　　本	710mm×1000mm　1/16			
印　　张	18.25			
字　　数	259 千字			
版　　次	2024 年 7 月第 1 版			
印　　次	2024 年 7 月第 1 次印刷			
书　　号	ISBN 978-7-5657-3664-3/G·3664	定　价	85.00 元	

本社法律顾问：北京嘉润律师事务所　郭建平